Doreen Virtue

Der weise Rat unserer Engel

Doreen Virtue

Der weise Rat unserer Engel

Spirituelle Lösungen für Liebe,
Freundschaft und Beruf

Für Gott, den Heiligen Geist, Jesus und die Engel,
die meine besten Freunde sind
und ein wichtiger Grund dafür,
dass ich mich glücklich, geliebt, sicher und friedvoll fühle.
Danke, dass ihr uns so bedingungslos liebt!

Titel der amerikanischen Originalausgabe
»Divine Prescriptions«
Copyright © 2000 by Doreen Virtue
Dieses Werk wurde im Auftrag von St. Martin's Press LLC
durch die Literarische Agentur
Thomas Schlück GmbH 30827 Garbsen vermittelt

Deutsche Ausgabe: © KOHA-Verlag GmbH Burgrain
Alle Rechte vorbehalten – 2. Auflage: 2011

Aus dem Englischen von Hanna Goldbach
Lektorat: Birgit-Inga Weber

Umschlagfoto: Angel, 1995 (w/c)
Gillian Lawson
© Bridgeman Art Library
Gesamtherstellung: Karin Schnellbach
Druck: Bercker, Kevelaer
ISBN 978-86728-150-8

Inhalt

Hinweis der Autorin

Dies ist ein überkonfessionelles, spirituelles Selbsthilfebuch. Es richtet sich an Menschen aller Glaubensrichtungen, Religionen und Überzeugungen genauso wie an Menschen, die nicht glauben. Es handelt nicht von Religion, auch wenn es in der Terminologie einiges geben mag, das an religiöse Zusammenhänge erinnert. Hier geht es vielmehr um spirituelle Prinzipien, die uns in unserem Alltag helfen können.

Alle Geschichten in diesem Buch sind wahr. Manche Namen und Details wurden abgewandelt, um den Persönlichkeitsschutz zu wahren. Geschichten, in denen ein authentischer Name auftaucht, wurden mit Erlaubnis der Betroffenen veröffentlicht.

Wenn ich über unseren Schöpfer spreche, wähle ich den Namen »Gott« und die männliche Form der Pronomen – was jedoch überhaupt nicht bedeutet, dass ich Gott als männlich betrachte. Für mich ist unser geliebter Schöpfer eine androgyne, liebende Macht, keine männliche oder weibliche Person. Ich verwende die maskulinen Begriffe einfach, weil es in unseren Sprachgebrauch passt und es ermöglicht, die sperrigen Er/Sie-Formulierungen zu vermeiden.* Wenn Sie statt »Gott« lieber einen anderen Begriff einsetzen und weibliche oder neutrale Pronomen vorziehen, bitte ich Sie, die betreffenden Stellen nach Ihrem Belieben zu verändern.

Göttliche Botschaften– die meisten wurden von den Engeln übermittelt – sind in diesem Buch *kursiv* gesetzt.

---

* Ähnliches gilt auch für Formulierungen, die eine umständliche Doppelung (wie »Patient und Patientin« bzw. »Patient/-in«, »er oder sie«, »Ihr Partner oder Ihre Partnerin« usw.) erfordern würden. Selbstverständlich soll die weibliche Bevölkerung ebenso angesprochen sein!

Vorwort

Wie ich anfing, himmlischen Rat zu empfangen

Im Frühjahr 1999 war ich an einer Radio-Talkshow beteiligt, in der es darum ging, wie uns die Engel in jedem Bereich unseres Lebens unterstützen wollen. »Ja, bei allem außer dem alltäglichen Kram«, meinte der Moderator trocken.

»Eigentlich wollen sie uns bei allem helfen«, erwiderte ich nachdrücklich. »Und dazu gehört unbedingt auch der tägliche Kleinkram. Die Engel sagen, die Größe des Problems ist einerlei. Es spielt keine Rolle, worum Sie bitten, ob um ein Wunder auf Leben und Tod oder einen kleinen Gefallen; ob um die Heilung von einer Sucht oder um einen passenden Parkplatz. Für die Engel ist nur wichtig, dass Sie die erforderliche Unterstützung erhalten, damit Sie sorgenfrei an der Erfüllung Ihrer Lebensaufgabe wirken können.«

Kurz gesagt, die Botschaften der Engel sind nicht auf Offenbarungen über das Wesen des Universums oder das Leben nach dem Tod beschränkt. Himmlische Botschaften sind oft zugleich simpel und tief. Ihre Themen sind so vielfältig wie das Universum und bieten Hinweise auf die Lösung großer und kleiner Probleme aus allen Lebensbereichen.

Ich will hier niemanden von der Existenz der Engel überzeugen oder zu einer bestimmten Philosophie bekehren. Ich bin einfach eine ausgebildete Therapeutin mit wissenschaftlichem Hintergrund, die einige erstaunliche Erfahrungen mit Engeln gemacht hat, sowohl beruflich als auch privat. Indem ich die Ratschläge der Engel für meine Klienten auch auf meine eigenen familiären oder gesundheitlichen Probleme sowie auf die Herausforderungen meiner Karriere angewandt habe, hat sich mein Leben dramatisch verbessert. Nach meiner Überzeugung kann jeder – so skeptisch er auch sein mag – von diesen Ratschlägen profitieren, sei es, um die Untreue eines Partners zu verkraften, einen Seelenpartner zu finden, eine Sucht zu heilen, eine sinnvolle Tätigkeit zu finden, ein ausreichendes Einkommen zu erzielen, mit Missbrauch in der Kindheit fertig zu werden oder andere menschliche Schwierigkeiten zu bewältigen.

In diesem Buch geht es um göttliche Wegweisung bei alltäglichen Problemen. Profitieren Sie einfach von den Empfehlungen der Engel und den vielfältigen Erkenntnissen, die meine Klienten daraus gewonnen haben, und lernen Sie, selbst zu einem Medium für solche himmlischen Botschaften zu werden.

Wie ich meinen sechsten Sinn verlor – und wiederfand

Vielleicht fragen Sie sich, wie eine promovierte Psychologin, eine pragmatische Heilerin mit klassischer Ausbildung und klinischer Berufserfahrung dazu kommt, mit Engeln und himmlischem Rat zu arbeiten. Ich gehöre zu jenen Menschen, die – sobald sie von etwas Neuem hören – vor allem fragen: Funktioniert es? Ich bitte die Engel um Hilfe, weil die Ratschläge, die sie meinen Klienten gegeben haben, weit bessere Ergebnisse erzielten als alle psychologischen Methoden, die ich sonst je kennengelernt habe. Ich habe nie damit gerechnet, eine Botschafterin für das Engelreich zu werden. Vor Jahren diagnostizierte ich die Patienten sofort als »möglicherweise schizophren«, wenn sie mir von Visionen oder Stimmen erzählten. Es hat schon seine eigene Ironie, dass ich heute anderen Menschen beibringe, mit dem himmlischen Reich zu kommunizieren und die Stimmen der Engel in sich zu hören.

Wie viele Kinder hatte ich als kleines Mädchen viele unsichtbare Freunde. Der 1999 erschienene Film *The Sixth Sense* hat mich in vieler Hinsicht an meine eigene Kindheit erinnert: Wie der kleine Cole sah ich überall Verstorbene und fragte mich, warum meine Mutter und meine Freunde sie nicht sahen. Anders als im Film waren diese Leute jedoch nicht blutig oder gruselig, sie waren mir nur fremd. Ich fürchtete mich, wenn mich diese Fremden so wortlos anstarrten. Ich wünschte, ich hätte gewusst, dass sie Hilfe brauchten. Sie wussten, dass ich sie sehen konnte, und sie suchten dringend jemanden, der sie von ihrer Angst befreien könnte, und sei es auch ein Kind.

Mitten in der Nacht bemerkte ich auch Funken, die ich als tröstlich empfand. Heute weiß ich, es waren Engelschweife: das Licht, das Engel hinterlassen, wenn sie sich durch unser Gesichtsfeld bewegen. Diese friedvollen, beglückenden Visionen wurden von einer überirdischen, enormen Stille begleitet, als wäre ich in ein beseligendes schwarzes Loch gefallen, in das keine irdischen Geräusche mehr vordringen konnten. Wenn die Funken und diese Stille auftauchten, fühlte ich mich vollkommen geliebt und in Frieden.

Doch ich kam mir mit meinen Visionen einsam vor. Rasch lernte ich, sie gegenüber den anderen Kindern nicht zu erwähnen, damit ich keine komischen Blicke und zynischen Bemerkungen erntete. Um nicht in den Ruf einer Verrückten zu geraten, behielt ich meine Visionen für mich. Ich versuchte sogar, sie abzublocken, um so »normal« wie die anderen zu sein. So verlor ich allmählich meine Wahrnehmung der spirituellen Welt.

Ich gebe niemandem die Schuld für meine Entscheidung, meine kindliche Hellsichtigkeit abzulegen. Langfristig war es ein Segen, dass ich als junge Erwachsene ein Dasein ohne Hellsichtigkeit erlebte. Diese Erfahrung hilft mir, wenn ich anderen beibringe, ihre Hellsicht zu entwickeln, denn ich kenne das Sehen und das Nichtsehen aus eigener Erfahrung.

Ich war immer ein spirituell interessierter Mensch, doch ich habe mich nicht besonders mit Engeln oder dem Leben nach dem Tod befasst. Ich wuchs in einer liebevollen christlichen Familie auf, aber Engel oder das Leben im Jenseits gehörten nicht zu den Themen in meinem Zuhause oder in meiner Kirche. Es ging mehr um Jesus und seine Heilungen und Lehren. Also verlor ich das Gewahrsein der Engel allmählich aus dem Sinn.

Mein Psychologie-Studium an der Chapman-Universität in Südkalifornien sowie meine Tätigkeit als Beraterin in einer psychiatrischen Suchtklinik prägten mein Weltbild. Ich hatte bei Größen der Psychologie wie Carl Rogers, Irvin Yalom, William Glasser, Rollo May und anderen gelernt. Meine Leidenschaft galt der psychologischen Forschung; ich verbrachte einen Großteil meiner Freizeit in der Universitätsbibliothek und las Fachliteratur.

Meine berufliche Laufbahn begann ich als Beraterin in der Aufnahme der Klinik. Jeder, der in die Klinik wollte, musste zuerst ein Gespräch mit mir führen. Meine Aufgabe war es, die mentale Gesundheit der Patienten zu diagnostizieren und einzuschätzen. Ich entwickelte ein aufmerksames Auge und Ohr für anormales menschliches Verhalten und Denken.

Hunderte von Patienten erzählten mir von optischen oder akustischen Wahrnehmungen, die ich als Halluzinationen einordnete. Viele davon waren sicherlich auch durch Drogen ausgelöst worden. Aber ich bin sicher, ich habe auch Menschen, die wirklich Engel sahen oder echte himmlische Stimmen hörten, aus derselben Perspektive betrachtet. Zu jener Zeit war ich überzeugt, die Welt besteht aus dem, was ich mit meinen fünf Sinnen wahrnehmen konnte. Wenn ich es nicht mit meinen Augen sehen, mit meinen Ohren hören oder mit meinen Fingern berühren konnte, war es nicht real. Jeder Patient, der behauptete, Dinge mit nichtkörperlichen Sinnen wahrzunehmen, hatte meiner Ansicht nach Halluzinationen und / oder stand unter Drogen. Punktum.

Ich hatte in meinem Leben zwar ein paar intensive mystische

Situationen erlebt, die sich anhand meiner Fachbücher nicht erklären ließen. Allerdings hatte ich mich gezwungen, sie zu ignorieren.

Eine dieser Erfahrungen ereignete sich, als ich siebzehn Jahre alt war. Meine Großmutter Pearl und mein Stiefgroßvater »Pop-pop« Ben waren mit dem Auto zu uns gereist, um ein paar Tage bei uns in Escondido zu verbringen. Ich erinnere mich, dass ich ihrer Ankunft aufgeregt entgegensah und aufmerksam lauschte, wann ihr Wagen in die Auffahrt einbog. Wir verlebten ein paar schöne Tage. Ich fühlte mich meinen Großeltern sehr nahe, als sie wieder abfuhren.

Etliche Stunden nach ihrem Abschied läutete das Telefon. Ich beobachtete, wie mein Vater am Telefon zu zittern anfing. »Ben und Mama hatten einen Unfall«, erklärte er uns mit gebrochener Stimme. »Ein betrunkener Fahrer kreuzte quer über die Straße und mit voller Wucht in sie hinein. Mama ist im Krankenhaus … und Ben ist tot.«

Wir fingen alle zu weinen an. Ich lief in mein abgedunkeltes Zimmer und umarmte meine Gitarre, um mich zu trösten. Ich spielte ein paar Akkorde, und die Musik gab mir inneren Frieden. Ich hörte, wie meine Eltern und mein Bruder im Wohnzimmer weinten, und fühlte mich unwohl, weil ich im Frieden war und nicht von Kummer zerrissen wie sie. Ja, ich liebte meinen Pop-pop sehr. Ja, ich würde ihn schrecklich vermissen. Aber in der Tiefe meiner Seele machte mich sein Tod nicht traurig. Genau genommen war ich nur verzweifelt, weil ich keinen Kummer verspürte.

In diesem Augenblick erschien am Fußende meines Bettes ein sanftes Leuchten. Ich schaute hin und erblickte Pop-pop Ben. Er sah genauso aus wie bei unserer letzten Begegnung: in seinem karierten Hemd und bequemen Hosen. Er war nur ein wenig kleiner und durchsichtiger und ein bläuliches Licht schien von ihm auszustrahlen. Er vermittelte mir auf telepathische Weise deutlich, dass es richtig sei, so zu empfinden, wie ich es tat. »Es geht mir gut, Doreen, alles ist in Ordnung.« Dann löste sich sein Bild wieder auf und er war verschwunden. Ich blieb mit der Gewissheit zurück, dass mein innerer Frieden angemessen war.

Als ich meinen Eltern später davon erzählte, erfuhr ich von ihnen, dass Bens Bruder, der weit von uns entfernt lebte, Ben ebenfalls kurz nach seinem Tod gesehen habe. Hatte Ben uns alle besucht, und manche hatten es nur nicht gemerkt, weil sie so stark trauerten? Ich weiß es nicht, aber ich weiß, Trauer ist zwar eine ganz normale Empfindung, die sehr heilend wirken kann – sie verhindert manchmal aber auch unsere Wahrnehmung des Lebens nach dem Tod.

Als Erwachsene war ich mir der Präsenz der Engel und vieler meiner verstorbenen Verwandten immer bewusst. Ich nahm sie ähnlich wahr, wie man eine vorbeisummende Fliege bemerkt, während man hoch konzentriert an etwas anderem arbeitet. Aber ich versuchte, über solche Dinge nicht nachzudenken. Schließlich war ich dabei, eine erfolgreiche Psychotherapeutin mit Spezialisierung auf Essstörungen zu werden. Mein zweites Buch über das Thema verkaufte sich sehr gut, ich trat in vielen Radio- und Fernsehsendungen auf und erfüllte außerdem meine Aufgaben in der Klinik. Zynische Kommentare meiner Kollegen über meine mystischen Erfahrungen waren das Letzte, worauf ich Lust hatte.

Außerdem missfielen mir die beharrlichen Botschaften meiner Engel: Ich sollte mein Leben von Grund auf verändern; ich sollte darauf verzichten, wie gewohnt am Abend Wein zu trinken, sollte meditieren und mich mit Spiritualität befassen, außerdem meine konventionelle psychotherapeutische Praxis zugunsten einer auf Spiritualität basierenden Therapie aufgeben. Die Engel erinnerten mich daran, dass mir die Stimme eines »männlich« erscheinenden Engels in meiner Kindheit mitgeteilt hatte, es sei meine Lebensaufgabe, Spiritualität zu lehren. Weil ich nicht kontrolliert werden oder den bislang errungenen Erfolg aufs Spiel setzen wollte, stellte ich mich gegenüber den Stimmen der Engel taub.

Heute weiß ich, ich hatte auf der Seelenebene eine Art »Vertrag« mit meinen Engeln geschlossen, dass sie mich drängen würden, meiner Lebensaufgabe nachzukommen. Und dieses Drängen wurde zunehmend stärker. Eines Tages brachten sie mich dazu, an einem Workshop des Psychotherapeuten Wayne Dyer teilzunehmen. Er beschrieb ein ähnliches Ringen, wie ich es erlebte; letztlich brachte es ihn dazu, seine traditionelle psychotherapeutische Praxis und seine Trinkgewohnheiten aufzugeben.

An jenem Tag hörte ich auf, Alkohol zu konsumieren, und begann zu meditieren. Als mein Geist nüchterner und fokussierter wurde, kehrte meine Hellsichtigkeit zurück. Ich merkte, dass ich über mir völlig fremde Menschen alle möglichen Dinge wusste. Morgens wachte ich auf und wusste, wem ich an diesem Tag begegnen würde und was diese Leute sagen würden. Die Engel legten mir nahe, meine Ernährung zu verändern (mehr dazu finden Sie im Anhang B), um meine intuitive Begabung noch weiter zu entwickeln. Jenes erste Jahr, nachdem ich mich meinen Engeln zugewandt hatte, war für mich ein einziges langes Déjà-vu-Erlebnis. Und ich empfand einen inneren Frieden, den ich bis dahin vergessen hatte.

Doch ich traute mich nicht, aus dem Schneckenhaus herauszukommen und mit meinen Klienten, Freunden oder Familienmitgliedern über diese übersinnlichen Dinge zu reden. Meine mystischen Erfahrungen blieben mein gut gehütetes Geheimnis. Ich fürchtete, dafür verlacht, abgelehnt oder kritisiert zu werden. Meine Engel drängten mich, öffentlich über meine spirituellen Überzeugungen zu sprechen, aber ich leistete Widerstand.

1995 legte ich endlich all diese Ängste vor der Meinung anderer ab. Damals rettete ein Engel mein Leben, als er mich mit lauter Stimme eine halbe Stunde vor einem Raubüberfall auf mein

Auto warnte und mir genaue Anweisungen gab, wie ich mich retten sollte. (Ich habe dieses Erlebnis in meinem Buch *Himmlische Führung* detailliert beschrieben.)

Danach drehte sich alles in mir vor Angst und Erstaunen. Nach den Maßstäben meiner klinischen Ausbildung bildete das Stimmenhören eine mentale Störung. Doch diese Stimme hatte nicht nur gewusst, was gleich geschehen würde, sondern auch mein Leben gerettet! Mein Unterbewusstes hätte zwar Stimmen produzieren können, aber es konnte nicht die Zukunft kennen. Dieser Aspekt faszinierte mich als wissenschaftlich interessierte Psychologin mehr als alles andere an dem Ereignis. Wie konnte eine körperlose Stimme wissen, dass mich gleich zwei Männer überfallen wollten?

Erinnerungen aus meiner Kindheit überfluteten mich. Als Kind hatte ich daran geglaubt, dass der Himmel über mich wacht. Jetzt, nach dem versuchten Überfall, hatte ich dasselbe warme Empfinden. Ich kam mir vor wie in einem Goldfischglas und fühlte mich dabei merkwürdig wohl. Die Wissenschaftlerin in mir drängte es jedoch dazu, diese Erfahrung zu erforschen und zu verstehen.

Im Lauf der nächsten Monate sprach ich mit vielen Menschen, von denen ich aus der Zeitung oder aus Zeitschriften erfahren hatte, dass ihnen eine warnende Stimme das Leben gerettet hatte. Als Psychologin konnte ich erkennen, dass diese Menschen nicht halluzinierten. Ihre Geschichten hatten keine Brüche und eine feste Grundlage. In Halluzinationen von Schizophrenen beispielsweise geht es oft um Gefühle der Verfolgung und/oder der Grandiosität. Sie stellen sich etwa vor, ein FBI-Agent sei hinter ihnen her; sie hören, sie sollten sich selbst Wunden zufügen, oder sie glauben, von Außerirdischen auserwählt zu sein.

Die Stimmen, die jene Menschen mit lebensrettenden Interventionen gehört hatten, vermittelten jedoch eher das Gefühl von Trost und Geborgenheit und führten oft dazu, dass sie mehr

Mitgefühl und Anteilnahme entwickelten. In meiner Ausbildung hatte ich gelernt, wie man an der Stimmlage und der Körpersprache erkennt, ob jemand lügt. Ich wusste, diese Menschen hier sagten die Wahrheit.

Im Lauf meiner Interviews zeigte sich mir ein klares Muster, das mich noch mehr davon überzeugte, dass die Geschichten dieser Menschen wahr waren:

- Es war ihnen nicht wichtig, ob man ihnen glaubte oder nicht.
- Sie versuchten nicht, irgendjemanden von ihrer Denkweise zu überzeugen.
- Sie redeten nur ungern öffentlich über ihre Erfahrungen. In den meisten Fällen handelte es sich darum, dass jemand beim Autofahren eine deutliche, lebensrettende Botschaft gehört hatte.

Je größer die Anzahl von Menschen wurde, mit denen ich sprach, desto mehr lösten sich alle noch verbliebenen Zweifel an göttlichen Interventionen in mir auf. Ich begann zu verstehen, warum angeblich 75 bis 85 Prozent der erwachsenen Amerikaner sagen, dass sie an Engel glauben. Während ich diese Interviews führte, versuchte ich, mit dem schwachen Überrest an sechstem Sinn, der mir aus meiner Kindheit noch geblieben war, mit der Quelle jener hilfreichen Stimme in Kontakt zu kommen.

Ich war neugierig, ob es mir auch zu anderen Zeiten möglich sein würde, diese Stimme wahrzunehmen, oder ob sie sich nur in Krisen meldete. Ich wusste nicht genau, wie ich mit dem Kontakt aufnehmen konnte, was auch immer es war, also versuchte ich es mit lautem Sprechen, mit mentalen Botschaften und mit Tagebuchschreiben. Nach wenigen Stunden fühlte und hörte ich innerlich die Antwort der Stimme. Das Wesen, das sich als einer meiner Schutzengel bezeichnete, redete sofort mit mir über die Angst, die von dem Überfall noch in mir steckte – eine Art leichter posttraumatischer Belastungsstörung. Als das Wesen zu Ende gesprochen hatte, war alle Angst verschwunden!

Dann hörte und spürte ich die Anwesenheit anderer Engel, die meinen ersten Schutzengel begleiteten. Ich konzentrierte mich immer mehr auf dieses Phänomen, um es tiefer zu begreifen, und allmählich sah ich auch die Engel, die uns alle umgeben. Zuerst erblickte ich nur ein blasses Leuchten oder Funkeln. Doch ähnlich, wie sich unsere Augen allmählich daran gewöhnen, auch in einem dunklen Raum Dinge wahrzunehmen, konnte ich nach einer Weile die Engel in ihrer ganzen Gestalt erkennen.

Seitdem bin ich Tausenden von Menschen begegnet, welche die Engel gesehen haben, und habe mit ihnen die Wahrnehmungen verglichen: Unsere Visionen erwiesen sich dabei als erstaunlich ähnlich, bis hin zu Details wie Gestalt, Helligkeit, Farben, Kleidung und Ansprache.

Engeltherapie

Zunächst gaben mir die Engel nur Ratschläge für mein eigenes Leben. Diese navigierten mich jedoch so hilfreich durch große Schwierigkeiten, dass sich mir als Therapeutin zunehmend der Gedanke aufdrängte, wie schön es doch wäre, alle meine Klienten könnten auf ähnliche Weise ihren sechsten Sinn verwenden und Ratschläge erhalten.

Eines Tages hatte ich es mit einer schwierigen Klientin zu tun. Ich war ratlos, was ich ihr sagen sollte, und überlegte, dass die Engel sicher bedeutungsvolle Hinweise für sie hätten, als ich hörte, wie die Engel mich fragten, ob ich bereit wäre, einen Rat von ihnen weiterzugeben. Als Therapeutin hatte ich Bedenken, aber ich selbst wusste nicht, wie ich der Frau noch weiterhelfen konnte. Ich dachte, weder sie noch ich hätten etwas zu verlieren, wenn wir es einfach einmal probierten.

Aus ethischen Gründen hatte ich jedoch das Bedürfnis, meiner Klientin offen mitzuteilen, aus welcher Quelle die Informationen stammten, selbst wenn sie mich für verrückt erklärte. Zum Glück glaubte sie an Engel und ging neugierig auf den ungewöhnlichen Vorschlag ein. Sie erklärte sich bereit, sich offen anzuhören, was ich sagen würde.

Was sie an jenem Tag hörte, veränderte ihr Leben und bewirkte eine Heilung, die ich selbst nie hätte in Gang setzen können. Von da an arbeitete ich als Therapeutin öfter mit den Engeln zusammen. Immer legte ich offen dar, aus welcher Quelle die Wegweisung kam, die ich weitergab. Schon bald stand ich in dem Ruf, eine Art »Engeltherapie« zu praktizieren. Klienten kamen zu mir, wenn sie ratlos, aber endlich bereit waren, Gott und den Engeln eine Chance zu geben.

Die Engel schenkten ihnen klare und wirksame Anweisungen, die meinen Klienten im Hinblick auf ihre Beziehungen, ihre finanziellen Angelegenheiten, ihre Gesundheit und ihre Gefühle zur Heilung verhalfen. Ich habe zwar noch keine wissenschaftlichen Studien über die Engeltherapie durchgeführt, aber ich sehe, dass sie eine erstaunlich effektive klinische Methode bildet. Auch andere Therapeuten, die ich in Engeltherapie ausgebildet habe, berichten, dass es ihren Klienten besser geht und sie mehr inneren Frieden haben.

Allein die Anzahl von Fällen, die ich mit Engeltherapie behandelt habe (es müssen inzwischen Tausende sein), hat in mir alle Zweifel an ihrer Wirksamkeit ausgelöscht. Skeptiker wie Gläubige sind durch das Befolgen der himmlischen Ratschläge gleichermaßen glücklicher und gesünder geworden. Ich denke, deswegen nehmen auch so viele Psychotherapeuten, Ärzte und andere Leute aus dem Gesundheitswesen an meinen Seminaren teil.

Typischerweise gehe ich in einer Engeltherapiesitzung in eine leichte Trance, weil ich dann schneller und tiefer mit den Engeln und ihren göttlichen Ratschlägen Verbindung aufnehmen kann. In diesem veränderten Bewusstseinszustand bin ich mir der meisten Worte, die ich sage, bewusst. Danach erinnere ich mich jedoch oft nur noch an die Hälfte. Insofern nehme ich viele dieser Sitzungen auf, um mir hinterher anzuhören, was gesagt wurde. Manchmal fordern mich die Engel auch ausdrücklich auf, die Sitzung für den Klienten aufzuzeichnen, damit er sie sich später noch einmal anhören kann. »Er kann es erst richtig verstehen, wenn er es wiederholt gehört hat«, erklären sie.

Am Anfang einer Sitzung beschreibe ich den Klienten ihre Engel. Nach meiner Erfahrung gibt es vier grundlegende Typen von Engeln (mehr darüber erfahren Sie im Anhang A am Ende dieses Buches):

Engel: Diese geflügelten Wesen sind Boten Gottes, die nicht als Menschen auf der Erde gelebt haben.

Erzengel: Diese »Manager« des Engelreichs sind meistens etwas größer und mächtiger als die Engel.

Nahestehende Verstorbene: Verwandte oder Freunde, die nicht mehr leibhaftig unter uns sind, aber in der Nähe verweilen, um ihren Lieben, ähnlich wie Schutzengel, zu helfen.

Aufgestiegene Meister: Erleuchtete Lehrer und Heiler wie Jesus, Moses, Mohammed, Buddha, Krishna, Mutter Maria, Saint Germaine und Kuan Yin, die den Menschen hilfreich zur Seite stehen.

Dann erkläre ich den Klienten, zu welchem Zweck ihre Begleiter jeweils da sind. Ein nahestehender Verstorbener zum Beispiel taucht vielleicht einfach in der Sitzung auf, um zu signalisieren: »Hallo, ich liebe dich«, oder: »Ich bin an deiner Seite, um dir bei deinen Eheproblemen zu helfen.« Die Engel sind aus persönlicheren Gründen bei uns, etwa um uns zu helfen, mehr Mut zu entwickeln, Geduld zu lernen, sicher Auto zu fahren oder mit anderen mitfühlender umzugehen.

Als Nächstes bitte ich die Klienten, zu beschreiben, warum sie mich aufgesucht haben. Meistens gibt es eine zentrale Frage wie: »Was kann ich tun, damit mein Freund mich heiratet?«, oder: »Ich bin kaufsüchtig, ich bin schon total verschuldet – wie kann ich damit aufhören?«, oder: »Meine Mutter und ich liegen ständig im Clinch – was kann ich tun, damit sie aufhört, an mir herumzunörgeln?«

Dann bitte ich die Engel der Klienten um Rat und gebe ihn an die Klienten weiter. Manchmal zeigen mir die Engel eine Art »Film«, in dem ich deutlich sehe, wie die Klienten den Vortrag halten, das Buch schreiben, die Heilarbeit machen – oder worum auch immer es für die Person geht. Ein anderes Mal empfange ich die Essenz des Lebenssinns des Betroffenen vielleicht eher in hörbaren Worten.

Die Engel vermitteln ihre Botschaft in der Regel durch einen der vier Kommunikationskanäle: *Hellsehen* (ich sehe Bilder aus der Vergangenheit, Gegenwart oder Zukunft meiner Klienten), *Hellhören* (die Engel sprechen mit mir), *Hellfühlen* (hier empfange ich die Perspektive der Engel in starken Gefühlen) oder *Hellwissen* (in Form von Gedankenübertragungen). Jeder hat Zugang zu diesen vier Kanälen – jeder kann selbst anfangen, sich dafür zu öffnen. Im ersten Kapitel finden Sie noch einmal einen Überblick über die vier Kommunikationstypen. (Wenn Sie lernen wollen, auf diese Weise Ratschläge der Engel zu empfangen, empfehle ich Ihnen mein Buch *Himmlische Führung,* in dem ich den Prozess detailliert beschreibe.)

Während der Sitzungen höre ich die Stimmen der Engel immer in meinem rechten Ohr. Aus irgendwelchen Gründen habe ich noch nie eine himmlische Botschaft durch mein linkes Ohr empfangen. Klienten und andere Menschen haben mir erzählt, dass sie ihre Botschaften auch mehr in einem Ohr als im anderen wahrnehmen. Manche hören jedoch mit beiden Ohren gleich gut.

Um sicherzugehen, dass es sich um eine göttliche Botschaft handelt und nicht um meine Fantasie, stelle ich die Frage wiederholt in unterschiedlichen Formulierungen. Ein wesentliches Merkmal der Authentizität liegt darin, dass derselbe Rat mehrmals wiederholt wird. Ich habe festgestellt, ich kann den Engeln mehrfach dieselbe Frage stellen und erhalte immer dieselbe Antwort. Auf diesem Weg finde ich heraus, ob wirklich die Engel sprechen, denn unsere Fantasie neigt dazu, jedes Mal etwas anderes zu antworten.

Falls die Klienten weitere Fragen haben (was meistens der Fall ist), werden sie ebenfalls von mir oder den Engeln beantwortet, bis der Rat klar verstanden wurde.

Es kommt nur selten vor, dass jemand ungehalten wird oder sich verweigert, wenn die Engel ihn auffordern, ein selbstzerstörerisches Verhalten (wie zu viel Aggressivität) oder eine selbstzerstörerische Gewohnheit (wie Rauchen oder zwanghafte Untreue) aufzugeben oder zu verändern. Manchmal fällt es mir schwer, solche Botschaften zu übermitteln, und sorge mich, wie der Klient es aufnehmen könnte. Dann helfen mir die Engel, den Rat auf eine liebevolle, einfühlsame Weise zu überbringen. Die Klienten spüren in der Regel die bedingungslose Liebe, die mit dieser Kommunikation einhergeht. Sie wissen, die Engel kritisieren oder verurteilen sie nicht, sondern antworten einfach auf die Bitte um Hilfe. In den Antworten liegt oft die Aufforderung zur Heilung. In der Tiefe ihres Herzens erkennen die Betroffenen fast immer die Weisheit in der Wegweisung ihres Engels.

Hängt das Problem eines Klienten mit anderen Menschen zusammen, bitte ich die Engel immer, mich mit dieser anderen Person in Kontakt zu bringen: Als Erstes bitte ich die Engel, mich mit ihr zu »verbinden«. Dann atme ich tief und wiederhole den Vornamen des Betreffenden drei Mal, um sicherzugehen, dass ich auf die richtige Person ausgerichtet bin. Mehr ist nicht nötig. Die Engel zeigen mir sofort eine Vision dieses Menschen, unabhängig davon, ob er noch lebt oder schon verstorben ist. Die Schwingung jedes Namens hat eine eigene Prägung, in der alles über die Vergangenheit, Gegenwart und Zukunft des Namensträgers eingeschrieben ist, ähnlich wie uns der Name eines Computerdokuments Zugang zu seinen Inhalten gibt.

Falls ich von Klienten gebeten werde, in die Zukunft zu schauen, zeigen mir die Engel wie in einem schnell vorwärtsgespulten Video den Prozess verschiedener alternativer Zukünfte, die die Person erleben kann. Jeder Mensch hat die freie Wahl. Die Realisierung der verschiedenen Möglichkeiten hängt von den Entscheidungen ab, die die Person trifft. Es ist nicht an den Engeln, diese Entscheidungen für die Menschen zu fällen, doch wenn sie merken, jemand neigt dazu, eher seinem Ego zu folgen als seinem besseren Wissen, versuchen sie, ihm andere Optionen aufzuzeigen.

Wenn eine Klientin aufgestaute negative Gefühle hat, zum Beispiel Ärger, Schuld und Anklagen, die Probleme verursachen, unterstützen die Engel sie dabei, die Hindernisse abzubauen. Wie Schornsteinfeger putzen die Engel dann den ganzen Ruß der negativen Gedanken und Gefühle aus, der sich in der Person angesammelt hat.

Weil ich als Psychologin auch im Bereich der Paar- und Familienberatung gearbeitet habe, fließt mein klinisches Wissen auch in meine Engeltherapien ein. Die Engel lassen mich wissen, wann dies angemessen ist, und ich setze meine Klienten in Kenntnis, ob das Gesagte von mir stammt oder von den Engeln. Nach einer Engeltherapiesitzung bestätigen meine Klienten oft, dass sie sich durch den Ratschlag der Engel und ihre Hilfe beim Auflösen von Negativität erleichtert, freier und glücklicher fühlen. Meistens melden sie sich noch einmal per Mail oder per Telefon, oder sie berichten mir bei unserem nächsten Treffen, die himmlischen Botschaften hätten ihnen zu einer deutlich positiveren Perspektive und zu guten Veränderungen in ihrem Leben verholfen.

Himmlische Botschaften, ihre Überbringer – und Sie

Sie müssen jetzt nicht abwarten, bis Sie eine Engeltherapeutin konsultieren können, oder nach jemand besonders Talentiertem suchen, um in den Genuss himmlischen Rats zu gelangen. Die Botschaften sind für jeden da, und Gott hat dafür gesorgt, dass sie leicht zu empfangen sind. Auch Sie können das! Zehntausende meiner Klienten und Seminarteilnehmer haben inzwischen selbst gelernt, sich mit Gottes himmlischem Nachrichtendienst zu verbinden. Sie haben es eingeübt, sich der Gegenwart ihrer Engel bewusst zu sein, und merken, wenn ihnen die Engel etwas mitteilen wollen. Diese Menschen haben keine besonderen Fähigkeiten, die Sie nicht auch hätten; sie sind ganz normale, gewöhnliche Leute. Ich bin davon überzeugt, wir verfügen alle über einen sechsten Sinn – und dieser sechste Sinn, der es uns ermöglicht, uns mit den himmlischen Heerscharen in Verbindung zu setzen, ist nichts Geringeres als die kontinuierliche Gegenwart Gottes in uns. Jeder kann das tun (oder lernen), zu jedem Zeitpunkt, denn das, womit Sie Kontakt aufnehmen, ist bereits in Ihnen. Wir selbst sind Gottes und unser eigenes Kommunikationsmedium, unser eigener sechster Sinn. Wenn Sie lernen, sich auf Ihre inneren Empfindungen, Gedanken, Visionen und Klänge einzustimmen, können Sie die Empfehlungen der Engel noch besser empfangen.

22

Im ersten Kapitel geht es um das Konzept der göttlichen Ratschläge. Sie erfahren ...

- was göttliche Ratschläge sind und wie sie Ihnen persönlich dienen;
- die drei Arten, wie Gebete erhört werden: als Tröstung, als Wunder und als göttliche Führung;
- warum manche Menschen göttliche Ratschläge abblocken oder ihnen nicht folgen;
- wie Sie Ihre Angst vor Kontakt mit den Engeln überwinden;
- wie Sie die vier Kanäle des sechsten Sinns erkennen können.

Die Kapitel 2 bis 7 enthalten praktische Hinweise von Gott und den Engeln für Dutzende unserer häufig auftretenden und dringenden menschlichen Probleme. Sie stammen aus Mitteilungen der Engel an Klienten, Freunde, Familienmitglieder und Seminarteilnehmer. Ich selbst habe ebenfalls davon profitiert, indem ich viele dieser Ratschläge in meinem eigenen Leben umgesetzt habe, und Sie können ebenso aus ihnen Nutzen ziehen. Zu den angesprochenen Problemen gehören ...

- persönliche Themen wie Sucht, Depression und Kummer;
- Beziehungsthemen wie Partnersuche, Eifersucht, Angst vor Verbindlichkeit u.a.;
- Partnerschaftsprobleme wie Untreue, sexuelle Differenzen und der Verlust von Intimität;
- Familienthemen wie Kindererziehung, Auseinandersetzungen mit den Eltern u.a.;
- finanzielle und berufliche Themen wie Arbeitsstress, Unternehmensgründung, Geldprobleme u.a.

Im achten Kapitel finden Sie detaillierte Anweisungen zu jedem Aspekt des Bittens und Empfangens göttlicher Empfehlungen für Ihre eigenen Probleme, unter anderem …

- wie Sie stürmische Emotionen so klären können, dass die Signale der Engel nicht gestört werden;
- wie Sie in zwei ganz einfachen Schritten himmlischen Rat für Ihre eigenen Probleme erhalten;
- wie Sie sicher sein können, dass der Rat, den Sie empfangen, auch wirklich göttlich ist.

Das neunte Kapitel bietet all jenen, die auch anderen den Rat der Engel übermitteln möchten, eine schrittweise Anleitung. Hier lernen Sie …

- wie Sie anderen göttliche Empfehlungen vermitteln können;
- wie Sie unangenehme Informationen überbringen;
- was Sie tun können, wenn andere von dem durch Sie überbrachten himmlischen Rat abhängig werden.

Dieses Buch zeigt Ihnen, wie Sie sich mit dem himmlischen Rat in direkten Kontakt bringen können. Ich hoffe, Sie werden den Wegweisungen, die Sie empfangen, auch folgen. Als Therapeutin habe ich beobachtet, dass Menschen, die sich regelmäßig durch Gott, die Aufgestiegenen Meister oder die Engel beraten lassen, besser mit sich im Einklang sind als andere. Sie sind tendenziell weniger negativ und verschlossen als jene, die sich von Gott und den Engeln getrennt fühlen, und scheinen sich im Leben seltener festzufahren. Sie tendieren auch mehr dazu, glückliche, optimistische Menschen zu sein.

1

Himmlische Lösungen für Sie und Ihre Probleme

Sie haben sicherlich schon von Momenten himmlischer Tröstung oder wundersamer Intervention gehört oder sie sogar selbst
erfahren. Ich meine solche Gänsehaut erzeugenden Geschichten, in denen einem Menschen durch eine geheimnisvolle Kraft,
Stimme oder Person das Leben gerettet wurde, oder etwas ähnlich Dramatisches. Solche Ereignisse helfen den Menschen,
daran zu glauben, dass Sie von Gott und den Engeln behütet
und geleitet werden. Wenn notwendig, greifen die Engel auf die
wundersamste Weise ein.

Doch Gott und die Engel wirken nicht nur durch lebensrettende
Wunder. Die himmlischen Heerscharen verfügen auch über eine
Fülle praktischer Wegweisungen für persönliche Probleme, zur
Heilung emotionaler Wunden und Lösung schwieriger Konflikte. Am häufigsten steht der Himmel den Menschen wohl zur
Seite, indem er ihnen – wie ich es nenne – »göttliche Rezepte«
[engl. *Divine prescriptions*] gibt: Heilmittel der Engel für die Leiden, Verwundungen und Herausforderungen unseres Alltags.

In alten spirituellen Texten lesen wir auch, wie Gott und die
Engel bei alltäglichen Problemen weiterhelfen. In der Thora beispielsweise (der heiligen Schrift des Judentums, die dem Alten
Testament der Bibel entspricht) werden Klangtechniken zur
Lösung familiärer und anderer Konflikte beschrieben, es gibt
Vorschriften für die Essenszubereitung, für das Zusammenleben
in der Ehe, für die Viehzucht und für den Ackerbau. Und der
Himmel hat mit dieser Art von Unterstützung nicht aufgehört,

als die Bibel fertig gestellt war. Heute, gut 2000 Jahre später, bieten Gott und die Engel immer noch himmlischen Rat für alle Probleme, die uns in unserem Leben begegnen.

Das himmlische Selbsthilfeprogramm

Wenn Sie den Engeln erlauben, Ihnen Empfehlungen zu geben; wenn Sie lernen, sich den vier Kommunikationskanälen zu öffnen, und sich entsprechend der empfangenen Wegweisung verhalten, dann werden Sie auf einem Luftkissen himmlischer Unterstützung durchs Leben gleiten. Die Ratschläge der Engel sind Gottes Geschenk an die Menschen. Diese Unterstützung anzunehmen, lohnt sich für Sie in vielfacher Hinsicht: Sie haben Erfolg (was auch immer Erfolg für Sie bedeutet), sind mehr im Frieden mit sich selbst und leben in erfüllenden partnerschaftlichen und familiären Beziehungen.

Seien wir ehrlich: Jeder hat hin und wieder schwierige Zeiten zu bestehen und wird mit nervigen bis niederschmetternden Problemen konfrontiert. Finanzen, Kinder, Gesundheit, Beziehungen – wer ist über diese Themen *nicht* schon irgendwann in seinem Leben in Verzweiflung geraten? Wir geben unser Bestes, uns den Herausforderungen zu stellen, aber manchmal scheint es, als würde ein Problem nahtlos ins nächste münden. Und manche dieser Schwierigkeiten kommen uns unüberwindbar vor, zum Beispiel der Bankrott eines Geschäfts oder große Differenzen zwischen Ehepartnern.

Obwohl in den letzten Jahrzehnten Millionen von Selbsthilfebüchern, therapeutischen Methoden und Beratungssendungen angeboten wurden, scheint sich die Menschheit immer noch im selben Maß an denselben Herausforderungen abzuarbeiten wie zuvor. Trotz bester Absichten haben es diese menschlichen Methoden nicht geschafft, uns spürbar glücklicher und gesünder zu machen, und zwar einfach weil sie von Menschen erdacht und damit ein Produkt unserer Begrenzung und Gebrechlichkeit sind.

Der einzige Ansatz zu psychischer Heilung, der nach meiner Erfahrung anhaltende therapeutische Wirkung zeigt, ist der spirituelle. Egal um welches Problem es sich handelt – eine unglückliche Ehe, widerspenstige Kinder, Depression, Sucht, finanzielle oder berufliche Probleme oder altersbedingte Leiden –, die Engel kennen einen Weg zu einer erfolgreichen, heilenden Lösung.

Während meiner Therapiesitzungen haben die Engel meinen Klienten und meinem Publikum durch mich Antworten auf eine Fülle von Fragen gegeben. Viele dieser Ratschläge habe ich daraufhin in meinem eigenen Leben angewandt und mit ihrer Hilfe nicht nur Probleme gelöst, die mir zuvor unüberwindbar erschienen waren, sondern auch insgesamt zu einem glücklicheren, gesünderen Leben gefunden. Ich habe auch Tipps an Freunde und Verwandte weitergegeben und festgestellt, dass sie anderen offenbar genauso gut helfen wie der Person, an die sie ursprünglich gerichtet waren. Das hat mich ermutigt, diese Lösungen und Strategien zu veröffentlichen, damit andere Menschen ähnliche Situationen bewältigen können.

In diesem Buch finden Sie in den Kapiteln 2 bis 7 fast fünfzig göttliche Empfehlungen der Engel an meine Klienten – himmlische Hinweise, mit denen sich weit verbreitete Probleme lösen lassen.

Aus meiner Sicht sind die Ratschläge psychologisch gesunde Ansätze zur Problembewältigung, Heilung, Genesung und Persönlichkeitsentwicklung. Ich habe auch erlebt, dass sich jene, die dem Rat der Engel folgen, gesünder, energiereicher und friedvoller fühlen. Sie wissen, dass sie behütet, geliebt und beschützt sind. Diese innere Gelassenheit zieht wundervolle Menschen, Gelegenheiten und Erfahrungen in ihr Leben.

Die Bedeutung des Bittens

Es gibt nur eine Voraussetzung, um himmlische Empfehlungen zu erhalten: Sie müssen bewusst darum bitten, egal ob laut oder im Stillen! Sie können einfach an die Engel denken und dann innerlich sagen: »Bitte helft mir bei …« Auf die meisten Bitten wird sofort geantwortet. Wenn Sie diesen enorm wichtigen ersten Schritt auslassen und die Engel nicht ausdrücklich um Unterstützung bitten, sind dem Himmel sozusagen die Hände gebunden. Dann können Sie sich nach göttlicher Unterstützung sehnen, so viel Sie wollen. Wenn Sie keine bewusste Bitte aussenden, werden die Engel Ihnen nicht helfen.

Die Engel *wollen* uns mit ihrem Rat helfen, aber sie dürfen nicht den freien Willen missachten, den Gott uns allen gegeben hat. Deswegen ist es so wichtig, um Hilfe zu bitten und dann offen zu empfangen. Die einzige Ausnahme sind lebensbedrohliche Situationen, wie ein Autounfall oder dergleichen. Und selbst dann können die Engel Ihnen nur helfen, wenn Sie es zulassen.

Eines Abends lehrten mich die Engel mit ihrem einzigartigen Humor eine unvergessliche Lektion in Sachen Bitten: Ich gab in North Scottsdale in Arizona ein Wochenendseminar. Freunde hatten mich am Samstagabend an einem Fitnessklub abgesetzt und mir angeboten, mich später wieder abzuholen, aber ich meinte, ich käme mit dem Taxi zurück ins Hotel. Nachdem ich mein Sportprogramm absolviert hatte, rief ich vom Telefon des Klubs mithilfe der Gelben Seiten ein Taxiunternehmen an. Unter der ersten Nummer teilte man mir mit, sie führen nicht in North Scottsdale. Die nächste Firma erklärte, die Straße des Fitnessklubs sei ihnen unbekannt. Und unter der dritten Nummer hieß es, sie seien im Moment völlig ausgelastet, sie könnten mich erst in einer Dreiviertelstunde abholen.

Entmutigt beschloss ich, zu Fuß zum Hotel zu gelangen. Schließlich hatte ich gerade eine Stunde auf dem Laufband verbracht, warum nicht noch eine Stunde gehen?

Die Strecke stellte sich allerdings als schwierig heraus. Es gab keine Gehwege und ich stolperte im Dunkeln über unwegsames Gelände. So ging ich in Richtung einer belebten Straße, um dort nach einem Taxi oder Bus Ausschau zu halten.

Der Verkehr brauste mit 70 Stundenkilometern an mir vorbei – kein Anzeichen von öffentlichen Transportmitteln weit und breit. »Offenbar eine reine Wohngegend«, dachte ich. »Warum lasst ihr mich so im Stich?«, murrte ich im Stillen meine Engel an. »Den ganzen Tag habe ich den Leuten etwas über Engel erzählt. Ich habe meinen Teil geleistet, und jetzt lasst ihr mich so hängen?!«

In diesem Augenblick hörte ich ihre freundliche, leicht ironische Stimme antworten: »*Entschuldigung, hast du uns denn gebeten, ein Taxi zu besorgen?*«

Ich schnappte erstaunt nach Luft. Stimmt, ich hatte sie nicht gebeten. Kein Wunder, dass es so schwierig war. Ich hatte versucht, das Problem auf der menschlichen Ebene zu lösen, ohne um Hilfe von oben zu bitten. »Ich bitte darum, dies als meine offizielle Anfrage zu betrachten, meine Lieben«, erwiderte ich mental. »Bitte schickt mir jetzt ein Taxi!«

Es dauerte keine zwei Minuten, bis ein großes, nagelneues gelbes Taxi langsam auf der Spur neben mir heranfuhr. Ich winkte, und der Fahrer bemerkte mich sofort.

Während er mich zum Hotel zurückfuhr, lächelte ich still vor mich hin. Irgendwann gab er zu verstehen, ich hätte ja großes Glück gehabt: »Normalerweise fahren in dieser Gegend keine Taxis«, erklärte er.

Seit jenem Ereignis habe ich immer daran gedacht, die Engel bei jedem Aspekt meines Lebens um Beteiligung zu bitten.

Ich kann nicht genug betonen, wie wichtig es ist, die Engel bei allem, was Sie quält oder bedrückt, um Hilfe zu bitten. Ich weiß, dass viele Menschen davor zurückschrecken, Gott um Hilfe zu bitten, wenn es nicht gerade um Leben und Tod geht. Aber denken Sie daran: In Krisen braucht Gott Ihre Bitte ohnehin nicht. Bis Sie um Hilfe rufen, hat er Ihnen längst seine Engel gesandt. Im Alltäglichen braucht er jedoch Ihre Erlaubnis, um sich einzuschalten.

Manche Menschen zögern auch, weil Sie fürchten, etwas falsch zu machen. Sie meinen, Gott helfe ihnen nicht, wenn sie sich nicht in der richtigen Form an ihn wenden. Die Engel sagen dazu: »*Ihr braucht keine formellen Anrufungen, um uns um Hilfe zu bitten. Wir freuen uns über euren Wunsch, respektvoll mit uns umzugehen. Doch wir kommen einfach geschwind, wenn ihr uns ruft, und stehen euch hilfreich zur Seite bei allem, was euch Sorgen bereitet. Alles, was nötig ist, ist ein Gedanke, ein Wort oder eine Vision. Der genaue Wortlaut spielt wirklich keine Rolle. Das einzig Wichtige ist, dass ihr uns um Hilfe bittet.*«

Vielleicht fühlen Sie sich anfangs etwas komisch, wenn Sie die Engel um Hilfe anrufen, aber bitte machen Sie sich keine Gedanken. Solange Ihre Absicht darin besteht, sich mit Gott und den Engeln zu verbinden, können Sie nichts falsch machen. Selbst dann, wenn es Ihnen so vorkommen mag, als seien Sie nicht gehört worden: Ich versichere Ihnen, der Himmel hört Sie. Die Bitte um himmlischen Beistand – manchmal auch »Gebet« genannt – bildet eine notwendige Voraussetzung, um ihn zu empfangen. Einerlei, ob Sie dabei in einer Kirche, einem Tempel, einer Synagoge oder einfach bei sich zu Hause Gott anrufen; ob Sie gläubig oder Atheist sind, ob Sie ein Leben des selbstlosen Dienstes oder der Gier und des Betrugs gelebt haben: Der Himmel erhört Ihre Gebete. (Natürlich erfüllt Gott nicht die Bitten »schlechter« Menschen nach Unterstützung ihrer »Bosheit«. Solchen Menschen werden die Engel Hinweise geben, wie sie wieder auf den Pfad zurückfinden, ein besserer Mensch zu werden.) Der Himmel verurteilt nicht und beantwortet alle Anfragen.

Wie Bitten erhört werden: Tröstungen, Wunder und Empfehlungen

Gott schickt uns seine Hilfe im Wesentlichen auf drei verschiedene Arten, je nachdem, worum Sie gebeten haben. Ihre Bitten werden in Form von Trost, wundersamen Interventionen oder göttlichen Empfehlungen erfüllt.

Himmlischer Trost: Sollten Sie je deprimiert, besorgt, wütend, einsam oder ängstlich sein oder unter anderen negativen Gefühlen leiden und den Himmel um Hilfe bitten, dann vermitteln Ihnen Gott und die Engel in der Regel eine Botschaft, die Ihnen Sicherheit und Trost spendet. Dabei kann es sich einfach um ein plötzliches Gefühl des Friedens und des Wohlbefindens handeln oder um einen Traum, der Ihnen Sinn und Trost schenkt. Vielleicht haben Sie auch plötzlich eine Erkenntnis, und die Situation erscheint Ihnen in einem ganz neuen Licht. Oder Sie sehen ein für Sie bedeutsames Zeichen: einen Schmetterling, einen Regenbogen oder eine Feder, die Ihnen vor die Füße fällt.

Wundersame Interventionen: Wenn Sie mitten in einer Krise um Hilfe flehen, können Sie auf wundersame Weise gerettet werden. Diese Rettung kommt nicht durch Ihr eigenes Bemühen zustande, sondern durch eine erstaunliche Reihe von Ereignissen. Möglicherweise taucht plötzlich von irgendwoher ein Fremder auf, der Ihnen in einer menschenverlassenen Gegend den Weg zeigt, und verschwindet dann wieder genauso schnell. Vielleicht hören Sie vor einer grünen Ampel plötzlich eine Stimme laut »Bremsen!« rufen; sie bewahrt Sie vor dem Zusammenprall mit einem anderen Wagen, dessen Fahrer die rote Ampel übersehen hat. Gott und die Engel versuchen immer einzugreifen, wenn Ihr Leben in Gefahr ist.

Göttliche Empfehlungen: Vielleicht brauchen Sie dringend Geld, um die Hochzeit Ihrer Tochter auszurichten? Sie wollen mit dem Rauchen aufhören? Sie wissen nicht, wie Sie Ihrem Kind in der Schule helfen können oder wie Sie das Weihnachtsessen mit Ihrer anstrengenden Verwandtschaft überstehen sollen? Eventuell müssen Sie sich zwischen zwei scheinbar gleich guten Jobangeboten entscheiden oder wollen endlich den richtigen Partner finden? Dann können Sie Gott und die Engel um Hilfe bitten. Wenig später wird Ihnen genau der richtige Rat durch den Sinn gehen oder das Ersehnte über den Weg laufen: Sie hören eine innere Stimme; jemand anderes äußert etwas, das Sie spontan als Ihre Antwort begreifen; Sie lesen etwas für Sie Bedeutsames in einem Artikel oder sehen es im Fernsehen. Die Antwort kann sogar durch Ihren Therapeuten kommen. Alles Mögliche kann als Medium für himmlische Informationen dienen.

Warum sich manche Menschen vor göttlichen Empfehlungen verschließen

Manche Menschen kommen zu mir und klagen, dass sie die Engel um Rat gebeten hätten, aber ohne Antwort geblieben seien. Ich frage dann, ob es denn keine intuitiven Gedanken gegeben habe, keine intensiven Träume oder eine Zeile aus einem Lied oder Text, die ihnen immer wieder durch den Kopf ging. Meistens gab es so etwas. Der Himmel hatte ihnen durchaus einen Rat geschickt, aber sie haben ihn unbewusst abgeblockt. Nicht Gott hatte ihnen nicht zugehört, sondern sie hatten Gott nicht zugehört.

Warum sollten sich Menschen vor ihrem sechsten Sinn verschließen und so etwas Hilfreiches wie den Rat Gottes ignorieren wollen? Vielleicht weil sie insgeheim sehr misstrauisch sind oder sich vor den folgenden Veränderungen fürchten. Der Anteil dieser Menschen, der so empfindet, ist das niedere Selbst, das Ego: Es besteht zu hundert Prozent aus Angst. Es fürchtet sich vor allem: vor Gott, vor den Engeln, vor Liebe und vor Glück. Und ganz besonders fürchtet es, zu verschwinden, falls die Person sich verändert oder ihre Ängste ablegt.

So schürt das Ego immer wieder Ängste. Schließlich ist es schon vorgekommen, dass Sie Ihrer Intuition gefolgt sind und es nicht geklappt hat. Was ist, wenn es wieder so kommt und sich Ihr Leben vielleicht verschlechtert? Was werden die anderen sagen? Womöglich werden Sie ausgelacht, verlassen oder sogar verklagt. Ihr Ego liegt immer im Clinch mit Ihrem höheren Selbst, das göttlichen Botschaften instinktiv vertraut und sie befolgt. Zu den Ängsten, die das Ego hegt und welche die Wahrnehmung göttlicher Botschaften verhindern, gehören folgende:

Angst, Gott zu beleidigen

Manche Menschen hören die göttlichen Botschaften nicht, weil sie fürchten, die Regeln der Religion zu verletzen. Wer in einer stark religiös geprägten Umgebung aufwuchs, ist sich vielleicht nicht sicher, ob es in Ordnung ist, direkt mit den Engeln zu kommunizieren. Man hat Angst, dabei irgendeine göttliche Regel zu missachten und dafür bestraft zu werden. Solche Menschen fragen auch oft: »Ist es in Ordnung, mich an die Engel zu wenden, oder sollte ich nicht lieber alle meine Bitten direkt an Gott richten?«

Falls Sie einer Religion angehören, in der die Überzeugung vertreten wird, man solle nur mit Jesus, Gott oder einem anderen spirituellen Wesen Kontakt aufnehmen, dann wenden Sie sich mit Ihren Bitten einfach dorthin. Was Sie als Antwort erhalten, sind Ihre göttlichen Empfehlungen.

Ich muss sagen, ich habe noch nie gehört, dass Gott sich etwa von jemandem »hintergangen« fühlte, weil diese Person mit den Engeln kommunizierte. Die Engel verweisen immer darauf, dass alle Herrlichkeit Gott gebührt, und sie wollen nicht verehrt werden. Sie wollen nicht, dass wir sie anbeten, sondern uns mit unseren Bitten an sie wenden. In der Bibel und in anderen spirituellen Texten gibt es viele Beispiele von Menschen, die mit Engeln geredet haben. Das sollte uns ermutigen.

Angst, einen Fehler zu machen

Viele Menschen fürchten, bei der Befolgung des göttlichen Rats irgendetwas schrecklich falsch zu machen. Sie fürchten, Gottes Absicht zu missverstehen oder ihre Situation vielleicht noch zu verschlimmern. Himmlischer Rat ist immer heilsam. Er wird Ihr Leben verbessern, nicht verschlechtern. Auf Ihre Bitte werden die Engel Ihnen auch helfen, mehr Vertrauen zu entwickeln, damit Sie ihren Rat mit mehr Selbstsicherheit umsetzen können.

Angst, kein Glück zu verdienen

Wer als Kind misshandelt oder missbraucht wurde, glaubt vielleicht, kein Leben in Harmonie, Wachstum, Fülle und Liebe verdient zu haben. Doch genau dies ist das von Freude erfüllte Leben, das Gott für uns vorgesehen hat und zu dem die Ratschläge der Engel hinführen. Zum Beispiel könnten Sie sich eines glücklichen Lebens unwürdig fühlen, weil Sie irgendwie verletzt oder betrogen wurden, oder Sie meinen, nicht gut genug zu sein, einen falschen Lebensstil zu haben oder sich bisher nicht genug Mühe gegeben zu haben. Dann fürchten Sie sich vielleicht vor himmlischem Rat.

Obwohl die Liebe Gottes wahrlich bedingungslos ist, verhalten sich viele Menschen so, als wäre sie an Bedingungen geknüpft. Das weist darauf hin, dass sie sich selbst nur bedingt lieben. Sie meinen, keine Liebe zu verdienen, bis sie … (abgenommen, ihren Abschluss gemacht, die Schulden bezahlt etc.) haben. Dann erst dürften sie glücklich sein. Das ist gerade so, als würde jemand jedes Mal sein Haus putzen, bevor die Reinemachefrau kommt.

Diese Leute leiden unter einem Missverständnis. Wenn sie glücklich wären und ihr Leben vollkommen, bräuchte Gott ja nichts mehr für sie zu tun. Es sind besonders die Unglücklichen, denen Gott und die Engel helfen wollen. Sie wollen ihnen den Weg zu einem reichhaltigen, erfüllenden, befriedigenden Leben weisen. Doch damit Gott geben kann, braucht er jemanden, der um Hilfe bittet. Wenn Sie Gott erlauben, Sie zu unterstützen, kann der Himmel den Wünschen nachkommen und Ihnen die Führung geben, nach der Sie sich so sehnen.

Angst vor göttlicher Macht

Viele Menschen fürchten, Gottes Rat könnte sie immer stärker machen. Sie verstehen zwar, dass sie nach dem Bild Gottes geschaffen wurden, doch sie ziehen nicht in Betracht, dass Gott allmächtig ist. Wenn Sie nach dem Bild Gottes erschaffen wurden – sollte das nicht bedeuten, dass auch Sie naturgemäß sehr machtvoll sein können?

Häufig benehmen sich Menschen, als wären sie hilflose Opfer äußerer Kräfte. Das rührt daher, dass die meisten von uns gelernt haben, uns vor Macht zu fürchten. Frauen wachsen zum Beispiel oft mit der Vorstellung auf, Machtbesitz bedeute das Gleiche wie Aggression – was als unweiblich gilt. Deshalb fürchten viele Frauen, verlassen oder kritisiert zu werden, wenn sie machtvoll werden. Männer sind gegenüber Macht oft misstrauisch, weil sie erlebt haben, wie ihre Väter oder andere Männer durch Macht zerstört wurden. Beide Geschlechter fürchten, als »Mächtige« könnten sie unabsichtlich Fehler machen, unter denen sie und andere dann zu leiden hätten.

Falls Sie, wie viele Menschen, in der Vergangenheit eine Machtposition missbraucht haben, erinnern die Engel Sie daran, dass Sie und Ihre Umstände sich seitdem verändert haben. Sie sagen: *»Ihr seid heute aufmerksamer für die Gefühle eurer Mitmenschen, und diese Aufmerksamkeit wird verhindern, dass ihr anderen durch*

*eure Macht Leid zufügt. Ihr seid heute gar nicht mehr in der Lage,
eure Macht in dem Maß zu missbrauchen, wie ihr es einmal getan
habt.«*

Erlauben Sie der Macht, mit der der Schöpfer Sie ausgestattet hat,
in Ihnen zum Ausdruck zu kommen, dann können Sie sie auch
zum Wohl anderer einsetzen. Zum Beispiel könnten Sie mithilfe
der Engel einen lange schwelenden Familienstreit auflösen, Ihrer
Abteilung eine Anerkennung einbringen, eine missbräuchliche
Beziehung beenden oder Ihr schwankendes Unternehmen retten. Sie könnten diese Macht auch in einer Dienstleistungsstelle
zum Ausdruck bringen, zum Beispiel als Lehrer oder als Berater.

Angst vor gefallenen Engeln

Viele Menschen fürchten, mit einem gefallenen Engel in Kontakt zu treten, wenn Sie sich nicht direkt an Gott wenden. Sie
fragen mich: »Was wäre, wenn ich mich durch einen gefallenen
Engel oder den Antichrist täuschen ließe und mir dadurch ein
Leben des Leidens aufhalse? Schließlich neigt die dunkle Seite ja
dazu, ihre Identität zu verschleiern.«

Der durchschnittliche Mensch, der in guter Absicht lebt und
bittet, braucht sich um gefallene Engel keine Sorgen zu machen.
Jene, deren Bewusstsein in Liebe ruht, werden auch andere liebevolle Wesen in ihr Leben ziehen. Wer ein reines Leben führt,
ist für die dunkle Seite ohnehin langweilig. (Im Anhang A habe
ich mehr dazu geschrieben, wie man die sogenannten gefallenen
Engel erkennt und vermeidet.)

Die vier Kanäle göttlicher Kommunikation

Ein weiterer Grund, warum Menschen manchmal die Empfehlungen nicht empfangen, die der Himmel ihnen schickt: Sie
erkennen die Antworten einfach nicht; sie tun sie vielleicht als

Tagtraum ab, als merkwürdige Empfindung, als ungewöhnliche Stimmung oder als Gedanke, der ihnen halt nicht aus dem Kopf geht. Sie merken nicht, dass der heiß ersehnte göttliche Rat unerkannt an ihnen vorübergeht, und beklagen sich dann, die Engel hätten ihre Bitte nicht erhört.

In etlichen Büchern wird zwar davon gesprochen, himmlische Botschaften zu »hören«, aber viele der Antworten kommen nicht unbedingt auf auditivem Weg. Nur etwa ein Viertel der Menschen, die ich daraufhin befragt habe, empfangen göttliche Botschaften durch eine Stimme, die sie in sich oder auch äußerlich wahrnehmen. Die meisten Menschen erhalten den Rat der Engel durch Gedanken oder Gefühle. Manche nehmen sie auch in innerlich gesehenen Bildern oder durch Körperempfindungen wahr. Und es gibt einige, die von einem tiefen, wortlosen Verstehen berichten.

Warum gibt es so viele Kanäle, durch die himmlischer Rat auf die Erde gelangt? Nun, wenn Sie einer Freundin eine Botschaft zukommen lassen wollen, sind Sie auch nicht auf ein bestimmtes Medium beschränkt; Sie können telefonieren, einen Brief oder eine Mail schreiben oder sich persönlich mit ihr treffen, je nachdem, was gerade am besten geeignet ist. Auf ähnliche Weise beschränkt sich auch der Himmel nicht auf einen einzigen Weg, seine Weisungen zu übermitteln, sondern wählt aus einer Vielzahl von Möglichkeiten aus, was zur allgemeinen und Ihrer persönlichen Situation am besten passt.

Die himmlischen Ratschläge erreichen uns in der Regel auf einem oder mehreren der vier folgenden Kanäle:

- Hellhören (Worte oder Klänge)
- Hellsehen (Bilder)
- Hellfühlen (Gefühle und Empfindungen)
- Hellwissen (plötzliches Wissen)

Zwar kann jeder lernen, alle vier Arten anzuwenden, aber meine eigenen Erfahrungen zeigen ebenso wie jene von Wissenschaftlern, dass den meisten Menschen zumindest anfänglich eine dieser Modalitäten mehr liegt als die anderen. Neuere Forschungsarbeiten, viele davon aus Harvard, sehen eine Verbindung dieser vier Arten der Wahrnehmung zu vier grundlegenden »Intelligenzen« des Gehirns, die jeweils ihre eigene Art des Lernens, Wahrnehmens und Denkens haben. Bei manchen Menschen ist zum Beispiel die visuelle Intelligenz dominant; sie lernen und denken besser in Bildern als in Worten.

Wenn Ihre dominante Art der Wahrnehmung und des Denkens visuell ist, fällt es Ihnen wahrscheinlich leichter, sich auf himmlischen Rat einzustellen, der in Form von Bildern zu Ihnen kommt. Schätzen Sie hingegen Personen und Situationen eher mit Ihren Gefühlen ein, dann werden Ihnen die Engel ihre Botschaften in Form von emotionalen Eingebungen und Warnungen schicken.

Sie werden sich Ihrer Wahrnehmung der himmlischen Empfehlungen sicherer sein, sobald Sie wissen, welches Ihr bester Empfangsmodus ist. Je besser Sie auf solche göttlichen Signale eingestimmt sind, desto mehr wird sich Ihr Vertrauen in Ihre Fähigkeit entwickeln, sie wahrzunehmen und beurteilen zu können. Und so wird Ihre Fähigkeit, mit dem Göttlichen in Kontakt zu treten, anwachsen.

Beim Lesen der folgenden Beschreibungen können Sie überprüfen, welcher Kanal Ihnen am meisten liegt. Kreuzen Sie hier jede Erfahrung an, die Sie selbst ebenfalls erlebt haben. Und achten Sie in der kommenden Woche auf ähnliche Erlebnisse. Fügen Sie dem Stichwort des jeweiligen Kanals weitere Kreuzchen hinzu, sobald Sie damit neue Erfahrungen gemacht haben. Machen Sie das Kreuzchen auch, falls Sie sich unsicher sind, ob Ihre Erfahrung real war oder ob Sie sich das Betreffende vielleicht nur vorgestellt haben. Selbst wenn es nur in Ihrer Vorstellung geschah, dass ein Engelsflügel Sie gestreift hat: Allein die Tatsache, dass Ihre Vorstellung etwas produziert, das mit Ihren körperlichen Empfindungen zu tun hat, gilt als ein Zeichen dafür, dass Ihnen dieser Modus liegen könnte. Sonst hätten Sie sich vielleicht im Zusammenhang mit der Gegenwart der Engel eher ein Bild oder einen Klang vorgestellt. Ihr bester Kanal für himmlische Kommunikation wird dort liegen, wo Sie am meisten Kreuzchen finden.

Hellhören: Viele himmlische Empfehlungen werden durch eine leise innere Stimme übermittelt, die Ihnen die Lösung Ihres Problems detailliert beschreibt, als hörten Sie quasi eine Radiosendung. Vielleicht schicken Ihnen die Engel auch irgendein Lied als »Ohrwurm«. Vor allem wenn das morgens unmittelbar nach dem Aufwachen passiert, kann es eine Mitteilung der Engel sein. Oder Sie hören die Stimme eines Ihnen nahestehenden Verstorbenen; Sie hören, wie Ihr Name gerufen wird, oder Sie vernehmen einen glockenhellen Ton. Falls Sie diese Dinge nur ganz leise hören, bitten Sie die Engel, die Lautstärke etwas aufzudrehen.

Hellsehen: Die Engel kommunizieren auch in Form von Bildern, die plötzlich vor dem inneren Auge auftauchen. Vielleicht nehmen Sie sie wie Schnappschüsse wahr, oder Sie haben einen Traum, in dem Ihnen ein nahestehender Verstorbener eine Botschaft überbringt. Diese Bilder sind meistens ziemlich klar verständlich, aber wenn Sie einmal Mühe damit haben, bitten Sie um Klarstellung. Die Engel brauchen Ihre Rückmeldung, um zu wissen, ob ihre Botschaft angekommen ist.

Hellfühlen: Manche himmlischen Empfehlungen werden durch Emotionen und Körperempfindungen übermittelt. Sie haben dann zum Beispiel den Eindruck, ein Engelsflügel streiche über

Sie und schubse Sie sanft in eine bestimmte Richtung, zu einer bestimmten Verhaltensweise oder zu einer anderen Sicht der Dinge. Eine gewisse Anspannung und Scheu vor Situationen oder Personen kann als Warnung dienen, Vorsicht walten zu lassen. Ein warmes, entspanntes Gefühl kann Sie ermutigen, Ihrem Kurs weiterhin zu folgen oder dem neuen Bekannten zu vertrauen. Andere Beispiele: ein Bauchgefühl, dass etwas richtig ist; der Duft eines Parfüms, den Sie mit einem lieben Verstorbenen assoziieren; das Gefühl, jemand berührt Sie oder sitzt an Ihrem Bett, obwohl niemand da ist.

Hellwissen: Haben Sie die Engel um Rat gefragt, dann kann es sein, die Lösung kommt Ihnen im nächsten Augenblick klar und deutlich in den Sinn, ohne dass Sie direkt darüber nachgedacht hätten. Es ist, als hätte Gott eine Datei mit dem Titel »Lösung für dein Problem« in Ihren Geist geladen. In diesem wortlosen, stillen Wissen können auch komplexe, abstrakte Konzepte aufgenommen werden. Alles wird auf einer tiefen Ebene verstanden.

Vertrauen in himmlischen Rat entwickeln

Manche Menschen folgen dem Rat ihrer Engel nicht, weil ihnen das Vertrauen in sich selbst, in die Engel und in den Prozess fehlt. Die ganze Idee, himmlische Wegweisung zu empfangen, ist manchen sehr fremd. Andere bezweifeln, dass Gott ihre Bitten wirklich hört und beantwortet. Und wieder andere glauben nicht, dass ein Ratschlag der Engel bei so konkreten irdischen Dingen wie Finanzen oder Eheproblemen weiterhelfen kann.
Doch in den meisten Fällen bestätigen meine Klienten die Botschaften der Engel mit den Worten: »Ich habe mir schon gedacht, dass mein Engel das sagen würde.« Das heißt, die Person erkennt den Wert der Botschaft auf einer tiefen Ebene. Sie

hat die Information schon früher empfangen, wollte sie jedoch nicht wahrhaben. Jetzt wird sie wiederholt. Doch manche von uns zweifeln selbst dann noch und folgen dem Rat nicht.

Mir ist klar, wie groß anfangs die Versuchung ist, den himmlischen Botschaften Widerstand entgegenzusetzen. Ich habe einfach aus Erfahrung gelernt, darauf zu vertrauen, dass Gott und die Engel wissen, was sie tun. Sobald Sie anfangen, den göttlichen Weisungen zu folgen, wird Ihr Leben laufen wie eine gut geölte Maschine. Und wenn Sie regelmäßig die überzeugenden Ergebnisse erfahren, die ein Befolgen der Ratschläge nach sich zieht, wird auch in Ihnen ein starkes Vertrauen in die Weisheit des Himmels erwachsen.

Häufig können wir nicht sehen, wie uns der empfangene Rat weiterhelfen wird; wir müssen einfach vertrauensvoll die ersten Schritte wagen. Vielleicht erfahren Sie von den Engeln, wie Sie mit jemandem umgehen können, der Ihnen ein Dorn im Auge ist, oder was Sie zugunsten einer ersehnten Gehaltserhöhung unternehmen sollten. Bevor sie aktiv werden, wollen viele zuerst wissen, ob sie das Befolgen des Rats auch garantiert zu dem gewünschten Ziel führen wird. Doch Gott offenbart nur selten einen schrittweisen Entwurf dessen, wie sich alles fügen wird. Ihre einzige Sicherheit ruht darin, zu wissen: Alles liegt in Gottes Hand. Folgen Sie den Empfehlungen voller Vertrauen, dann wird alles seinen Gang gehen.

Die Erwartung, vor dem Tätigwerden erst sicher wissen zu wollen, dass alles gut geht, ist der Hauptgrund, weshalb viele Menschen nicht die Früchte genießen können, die sich aus dem Rat der Engel ergeben. Sie müssen Ihren Anteil leisten, indem Sie der göttlichen Weisung folgen, und den Rest können Sie Gott überlassen.

Ein hervorragender Weg, mit den Zweifeln fertig zu werden: Bitten Sie die Engel, während Ihres Schlafs Ihr Vertrauen in den himmlischen Rat zu stärken. Sagen Sie ihnen heute Abend, bevor Sie einschlafen: »Bitte kommt heute Nacht in meine Träume und entfernt alle Ängste, die mich davon abhalten, göttliche Botschaften zu empfangen und ihnen zu folgen.«

Gott und die Engel übermitteln Ihnen gerne Lösungen für Ihre Probleme und zeigen Ihnen, welche Schritte Sie unternehmen können, um heil zu werden, zu wachsen und mit Krisen und Leid besser zurechtzukommen. Die himmlischen Heerscharen nehmen Ihnen jedoch nicht alle Arbeit ab. Der Himmel möchte den Menschen den Kurs zeigen, wie sie die Minenfelder des Lebens umschiffen können. Sie überlassen es jedoch jedem Einzelnen, ihren Empfehlungen zu folgen. Sie sind frei, die Vorschläge der Engel umzusetzen oder sie zu ignorieren und weiterhin zu leiden. Dieses unsichtbare Team von Begleitern, das uns ständig umgibt, kann jedem helfen, zu heilen, spirituell, emotional und physisch zu wachsen und sich zu einem liebevollen und verantwortungsbewussten Menschen zu entwickeln.

2

*Himmlischer Rat bei persönlichen
Herausforderungen und Krisen*

Wir alle ringen ab und zu mit ernsten Schwierigkeiten und persönlichen Notlagen wie Sucht, Depression, Eifersucht, Einsamkeit oder Verlust. Wir brauchen uns damit nicht allein zu fühlen. Jeden Tag kämpfen Menschen aller Kulturen und sozialen Hintergründe mit ähnlichen Problemen. Wie auch immer sie nach außen hin wirken, innerlich leiden viele still unter dem einen oder anderen Missstand. Zum Glück haben die Engel hilfreichen Rat für all Ihre persönliche Drangsal und können selbst die schrecklichsten Lebenserfahrungen heilen. Ihr Lohn besteht darin, Sie wieder glücklich und in Frieden zu sehen.

Sie meinen jetzt vielleicht irrigerweise, wenn die Engel Ihnen wirklich zur Seite stünden, müssten Sie ein leichtes, problemloses Leben haben. »Ich kann kaum glauben, dass mich jemand behütet«, sagte mir einst ein Klient. »Immer hatte ich ein Problem nach dem anderen. Sobald ich einen Bereich meines Lebens in Ordnung gebracht hatte, passierte etwas anderes, das mein Glück ruinierte. Wo waren da meine Schutzengel?«

Die Engel sind nicht dazu da, Ihnen alle Hürden aus dem Weg zu räumen, denn diese Hindernisse stellen vielleicht wichtige Lernerfahrungen und Wachstumsmöglichkeiten für Sie dar. Die Engel legen Ihnen vielmehr Hinweise nahe, um Ihnen zu zeigen, wie Sie mit den Situationen am besten umgehen können. Diese himmlischen Empfehlungen sind nicht mehr und nicht weniger als Gottes Werkplan für das notwendige innere Wachstum, das Sie brauchen, um innere und äußere Herausforderungen erfolgreich zu bestehen.

Wenn Sie Gott oder seine Boten um Rat bitten, weil Sie innerlich leiden oder mit einem schier unlösbaren Problem konfrontiert sind, und den Hinweisen folgen, die Sie erhalten, können Sie ein harmonisches Leben führen. Innerlich im Frieden zu sein macht einen großen Teil Ihrer Lebensaufgabe aus, und der Himmel möchte, dass Sie das erreichen. Die Engel wissen, dass Sie nicht die Kraft haben, Ihren Aufgaben auf der Erde nachzukommen, wenn Sie nachts vor Sorge stundenlang wach liegen; stattdessen werden Sie angespannt und ängstlich sein – was sich auf alle, mit denen Sie zu tun haben, negativ auswirkt.

Gemeinsam mit den Engeln müssen Sie sich eine friedvolle Existenz schaffen. Wenn Sie die Disziplin haben, unter der Führung des Himmels auf Ihrem Kurs zu bleiben, ist es durchaus möglich, auch stürmische Gewässer erfolgreich zu durchqueren. Sie sind wie der Kapitän eines Schiffes: Sie empfangen ständig Rückmeldungen von Wettersatelliten und Positionsmeldern und bringen Ihr Schiff mithilfe dieser Informationen auch bei schwerer See sicher in den Hafen. Doch häufig vergessen wir, mit den Engeln in Kontakt zu treten, bis es richtig turbulent wird. Dann rufen wir um Hilfe, und die Engel lassen sie uns gerne zukommen und zeigen uns, wie wir wieder in ruhiges Fahrwasser gelangen.

Die Engel wissen, dass es eine Gratwanderung ist, Menschen zu unterstützen. Einerseits besteht ein Teil Ihres Lebenssinns darin, zu lernen, verantwortungsbewusst Entscheidungen zu treffen und durch die Bewältigung von Herausforderungen zu lernen. Andererseits wollen die Engel gerne verhindern, dass Sie Ihre kostbare Lebenszeit vergeuden, indem Sie immer wieder dieselben zerstörerischen Muster wiederholen. Sie sind also in der schwierigen Lage, Sie möglichst zu unterstützen, ohne Sie zu bevormunden.

Wenn Sie Gott und die Engel um Hilfe bitten, führen die Hinweise, die sie Ihnen geben, meistens zu inneren Veränderungen. In dem Maß, wie Sie heil werden, können Sie manche Situationen, Beziehungen, Nahrungsmittel und Orte, die Ihnen schaden, nicht mehr gut aushalten. So haben Sie dann vielleicht den Impuls, sich in einem Fitnessklub anzumelden, Ihre Arbeitsstelle zu wechseln, Ihre Besitztümer zu verkaufen, ein neues Unternehmen zu gründen oder in eine Selbsthilfegruppe zu gehen. Sie fangen vielleicht an, jeden Bereich Ihres Lebens infrage zu stellen: Ihre Ehe, Ihren Beruf, Ihr Familienleben. Ihre innere Zufriedenheit scheint davon abzuhängen, gesunde innere und äußere Veränderungen in Gang zu setzen.

Himmlischer Rat bei selbst erzeugten Problemen

Unglückliche Menschen sehnen sich danach, glücklich zu sein. Doch oft scheint das Glück sie geradezu links liegen zu lassen. Die Engel meinen jedoch, es sei eher anders herum: Diese Menschen meiden das Glück.

Der Himmel möchte zwar, dass jeder glücklich ist, und versorgt uns alle mit Umständen, die dies potenziell ermöglichen, doch manche Menschen leisten unwissentlich Widerstand. Sie denken vielleicht, sie seien wegen anderer Menschen oder Umstände unglücklich, aber die Engel haben mir gezeigt, dass fast jeder Druck und jedes Problem selbst gemacht ist.

Ich glaube, es gibt keinen Menschen, der nicht irgendwann Selbstsabotage betrieben hat. Vermutlich gilt dies also auch für Sie – sei es, dass Sie zu viel Geld ausgeben oder in einer wichtigen Besprechung genau das Falsche sagen; dass Sie aufhören, Sport zu treiben, sich an einen falschen Partner binden oder versuchen, dem Schmerz des Lebens durch Alkohol zu entfliehen; dass Sie Hilfe ablehnen, obwohl Sie sie bitter nötig hätten, oder sich durch eine Dummheit alles vermasseln, obwohl der Erfolg schon in Reichweite lag.

Leider kann diese Art von Selbstsabotage zur Lebenseinstellung werden, wenn Sie es sich unwissentlich zur Gewohnheit gemacht haben, Probleme zu erzeugen. Dann scheint das Leben aus einer unablässigen Folge von Krisen zu bestehen (auch wenn die Engel es eher als eine Reihe von Lernerfahrungen und Wachstumschancen bezeichnen würden). Falls Sie nicht das Glück haben, den Prozess zu durchschauen, werden Sie meinen, all diese Schwierigkeiten kämen von außen; zu Ihrer Freundin oder Ihrem Therapeuten sagen Sie: »Ich glaube, Gott ist gegen mich«, oder: »Warum habe ich immer so viel Pech?«

Doch was immer die Ursache sein mag: Der Verlust eines lieben Menschen, ein irreparabler Familienstreit oder die nicht erfolgte Beförderung – es tut weh. Auch selbst erzeugte Wunden sind Wunden und bluten genauso wie andere. Solange Sie nicht wissen, dass Sie selbst die Ursache Ihrer Probleme sind, und anfangen, Schritte zur Heilung der Situation zu unternehmen, werden Sie sich wahrscheinlich immer wieder in Kalamitäten und Elend wiederfinden.

Die Arbeit mit den Engeln hat mir vier Hauptgründe offenbart, warum Menschen dem Glück Widerstand leisten und sich Schwierigkeiten erzeugen:

- Sie meinen, es nicht verdient zu haben, glücklich zu sein;
- sie fürchten, Glücklichsein sei langweilig;
- sie glauben, es gäbe ihrem Leben Sinn, Krisen zu bewältigen;
- sie haben nie ein glückliches Dasein erlebt und kennen nichts anderes als eine schwere, problematische Existenz.

Viel zu viele Menschen haben das Gefühl, Glück nicht verdient zu haben. Häufig ist diese Fehleinstellung auf extrem kritische Eltern oder ein Kindheitstrauma zurückzuführen. Ein Teil in ihnen möchte natürlich gern genauso glücklich sein wie so viele andere, doch ein anderer Teil meint, sie wären es nicht wert. Und wenn sich dann eine Gelegenheit zum Glücklichsein zeigt, behält der zweite Teil oft die Oberhand und sie finden einen Grund oder eine Möglichkeit, die Chance zunichte zu machen. (Die Engel versichern diesen Leuten, dass Gott jeden gleich wertvoll erschaffen habe und dass ihre Mängel oder Fehler sie in seinen Augen in keiner Weise weniger des Glückes wert machten. Die Engel empfehlen ihnen, jede Gelegenheit zum Glück zu nutzen, die ihren Weg kreuzt.)

Manche Menschen genießen auch die Aufregung eines Lebens im Achterbahnstil. Sie lieben die Adrenalinausschüttung, das Herzklopfen und die Anspannung, die mit Beziehungsbrüchen oder finanziellen Krisen einhergehen. Sie fürchten, Stabilität, Frieden, ja selbst Glück könnten langweilig sein. Bei der Vorstellung eines problemlosen Lebens fangen sie zu gähnen an. Sie behaupten zwar, glücklich sein zu wollen, fürchten aber, dem Leben dann keine Motivation mehr abgewinnen zu können. Was sollten sie dann mit der ganzen Zeit anfangen? Keine Probleme? Wie öde! (Die Engel versichern solchen Klienten, dass ein friedvolles Leben kein eintöniges Leben sein muss. Die Aufregung hat dann nur einen anderen Geschmack. Frieden muss nicht langweilig sein, sondern kann erfüllt sein von erfolgreichen Projekten, interessanten Freundschaften, Unternehmungen, Reisen, Wohlstand und Romantik.)

Menschen, die ihr Glück unbewusst ablehnen, halten es für den Sinn ihres Lebens, Probleme zu lösen und Krisen zu bestehen. Unwissentlich lassen sie es immer wieder zu Krisen kommen, um sich nützlich und gebraucht zu fühlen. (Die Engel helfen diesen Menschen, eine sinnvollere Verwendung ihrer Fähigkeiten zu finden, zum Beispiel in ehrenamtlichen Tätigkeiten.)

Manche Menschen sind in chaotischen Familien aufgewachsen und kennen nahezu nichts anderes als ständige Aufregung und Krisen. Aus Gewohnheit fühlen sie sich darin wohler, als wenn alles glatt und friedvoll verläuft. Instinktiv suchen sie sich immer wieder dysfunktionale Situationen, sei es bei ihrer Arbeit, in ihren Beziehungen oder in ihren Freundschaften. (Die Engel raten ihnen, um Hilfe zu bitten, damit sich die Gedanken, Überzeugungen und Gefühle, mit denen sie sich an ein schwieriges Leben klammern, auflösen können. Sie schlagen ihnen vor, sich einer guten Sache zu widmen, an die sie leidenschaftlich glauben.)

Den Menschen, denen Selbstsabotage zu schaffen macht, empfehlen die Engel meistens, daran zu arbeiten, diese Muster zu ändern, um die Quelle der Probleme zu beseitigen. Viele Klienten, die den Engeln Fragen zu persönlichen Problemen stellen, erhalten Antworten, die wie spirituell-psychologische Selbsthilfe klingen. Der Himmel weiß, dass es ihnen besser gehen wird, sobald sie die zerstörerischen und zu Schwierigkeiten führenden Denkweisen, Gefühle und Verhaltensmuster geheilt haben. Die Engel helfen diesen Menschen, ihre inneren Welten zu transformieren und damit das Chaos um sie herum aufzulösen. In meinen Seminaren mache ich manchmal unter den Teilnehmern kleine Erhebungen, welche Art von Botschaften sie von Gott und den Engeln erhalten haben. »Wer hat einen Hinweis erhalten, etwas in seinem Leben zu ändern?«, frage ich dann. Fast alle heben die Hand.

Meine Klientin Velda, eine schlanke Managerin in den Vierzigern, die in einem privaten Sicherheitsunternehmen arbeitet, war völlig verzweifelt, weil in ihrem Leben nichts zu funktionieren schien. »Vor drei Jahren bekam ich einen tollen Job«, erzählte sie. »Aber dann habe ich mit diesem pensionierten Polizisten Schluss gemacht und er fing an, mich zu verfolgen und mir bei der Arbeit Ärger zu machen. Also wurde mir gekündigt. Ein wenig später hätte ich einen großartigen Mann haben können, aber ich hatte gerade eine Affäre mit diesem Dummkopf angefangen, der sich später als drogensüchtig erwies. Dann hatte ich einen anderen guten Job, aber diesmal war ich die Idiotin. Ich konnte es nicht ertragen, wie meine Chefin redete. Jetzt habe ich eine wunderbare Beziehung mit einem tollen Mann. Sobald ich denke, er könnte der Richtige sein, und übers Heiraten nachdenke, verkrampfe ich mich und wir kriegen Streit. Ich weiß nicht warum, aber irgendwie will der Vogel des Glücks nicht bei mir landen.«

Die Engel wiesen mich an, Velda nach ihrer Kindheit zu fragen. Sie beschrieb ihr chaotisches und unberechenbares Elternhaus. »Meine Eltern lagen sich oft in den Haaren, und meine Mutter nahm mich dann mit zu ihren Eltern, bis sie sich wieder beruhigt hatte. Mein Vater war beim Militär – wir sind fast jedes Jahr umgezogen. Ich war immer die Neue in der Klasse, und gerade wenn ich Freunde gefunden hatte, mussten wir wieder packen.«

»*Liebe Velda*«, sagten die Engel zu ihr, »*das Glück meidet dich nicht. Vielmehr meidest du das Glück. Die ersten Jahre deines Lebens waren so verwirrend und schwierig, dass dir die Vorstellung von Frieden und Glück befremdlich erscheint. Es ist so anders als das, womit du aufgewachsen bist, dass du es scheust und instinktiv Situationen suchst, in denen wieder das dir vertraute Chaos und die Unberechenbarkeit deiner Kindheit herrschen. Du meinst, das Dasein müsse immer schwierig sein. Aber es ist auch für dich möglich, ein sorgenfreies Leben zu führen. Erwarte nicht, von Problemen überwältigt zu werden, dann wird dir deine veränderte Erwartung zunehmend Erfahrungen der Freude und Harmonie bescheren.*«

»Es stimmt«, sann Velda nach, »das leuchtet mir ein. Ich erwarte immer das Schlimmste. Und die paar Male, wo ich einem tollen Mann wirklich nahe gekommen bin und die Möglichkeit der Ehe am Horizont auftauchte, kriegte ich die Panik. Ich hielt es einfach für Bindungsangst. Doch wenn ich das jetzt höre, merke ich, ja, ich hatte wohl das Gefühl, das Gute nicht verdient zu haben. Aber wie kann ich meine Erwartung verändern, wenn ich bis jetzt nur Schwierigkeiten kennengelernt habe?«

Die Engel empfahlen ihr: »*Akzeptiere kein Leiden, kein Unglück mehr in deinem Leben. Null Toleranz für Leiden! In dem Augenblick, da du merkst, du bist unglücklich, überlass uns die ganze Situation und das Gefühl. Wenn du uns dein Unglück übergibst, können wir dir helfen, die Situation durch eine glücklichere zu ersetzen oder sie zu heilen. So oder so werden wir dir helfen, eine Freude in deinem Herzen zu spüren, die deine Energie und deine Stimmung aufrechterhält.*«

»Null Toleranz für Leiden«, wiederholte Velda lächelnd. »Das gefällt mir. Auf die Idee bin ich noch nie gekommen.« Doch dann runzelte sie die Stirn. »Aber was ist, wenn etwas Schlimmes passiert: Ist es dann nicht normal, unglücklich zu sein?«

Ich erklärte Velda, dass es in der Tat natürlich ist, ab und zu unglücklich zu sein. Wenn sie jedoch die Engel um Hilfe bittet, sooft sie sich unglücklich fühlt, könnten sie ihr schnell Gedanken schicken, die ihr die Last erleichtern. Die Engel sind sehr gut darin, negative Muster aufzulösen.

Die Engel fügten hinzu: »*Wir raten dir, eine Gruppe zu suchen, in der Menschen geholfen wird, die weniger Glück im Leben haben als du. Das wird dir helfen, deine Probleme zu relativieren, und dir des Segens bewusster zu werden, den du in deinem Leben hast.*«

»Ich weiß«, erwiderte Velda, ähnlich wie viele andere, deren Probleme selbst erzeugt waren. »Ich hatte auch schon die Idee, im Frauenhaus unserer Gemeinde mitzuhelfen. Ob das wohl auch schon die Engel waren, die mir diesen Impuls gegeben haben?« (Natürlich waren sie es!)

Die Engel hatten die Idee zu ehrenamtlicher Arbeit in Veldas Kopf gepflanzt, um ihr zu helfen, aus den Mustern auszubrechen, die sie in ihren selbst kreierten Schwierigkeiten hielten. Aber Velda hatte gezögert und sich an ihr vertrautes Muster eines schwierigen, chaotischen Lebens geklammert. Als die

Engel ihr dann durch mich noch einmal dasselbe sagten, bestätigten sie nur, was sie bereits wusste. Ich riet Velda, die Engel zu bitten, nachts in ihre Träume zu kommen und die Gedanken, Überzeugungen und Gefühle aufzulösen, die sie immer wieder zu schwierigen Beziehungen und dergleichen hintrieben.

Velda versprach, der Wegweisung zu folgen – auch dem Rat der Engel, sich ehrenamtlich zu betätigen –, und das half ihr sehr, ihre Haltung gegenüber dem Leben zu ändern. Probleme, die sie als ein Hindernis begriff, erschienen ihr nach einer Weile nebensächlich. Sie entwickelte Dankbarkeit für die vielen wundervollen Dinge in ihrem Leben, die sie zuvor nicht wertschätzen konnte, zum Beispiel eine gute Arbeit, Freunde, ein ordentliches Gehalt. Bei der nächsten Chance, sich beruflich weiterzuentwickeln, zögerte sie nicht, das Angebot anzunehmen. Sie hat zwar noch nicht den Mann gefunden, nach dem sie sucht, ist aber entschlossen, das Glück mit ihm verdient zu haben, sobald sie ihm begegnet. Die Engel können die Prioritäten in jemandem schneller und effizienter neu sortieren als jede Form von Psychotherapie, die ich je kennengelernt habe.

Die Engel sagen, viele Menschen haben eine übermäßig große Toleranz gegenüber Unzufriedenheit und Leiden – als wäre das ein normaler Bestandteil des Lebens. Wir kennen den berühmten Autoaufkleber »Shit happens«. Was wäre, wenn wir diese Erwartungshaltung änderten und stattdessen verkündeten: »Peace happens«?!

☖ Himmlischer Rat
Falls Ihr Leben aus einer Kette von Problemen zu bestehen scheint, ergründen Sie, warum Sie meinen, kein Glück zu verdienen. Erwarten Sie Glück und entwickeln Sie die Haltung »Null Toleranz gegenüber Unglücksgefühlen«.

Himmlischer Rat bei Suchtproblemen

Süchte aller Art scheinen die Seuche der heutigen Zeit zu sein. Die Zerstörung und die Leiden, die durch Drogen- und Alkoholmissbrauch verursacht werden, haben ein noch nie da gewesenes Ausmaß erreicht. Daneben scheinen Hunderte von Millionen Menschen weltweit subtileren Abhängigkeiten verfallen zu sein: zwanghaftes Geldausgeben, Gewinnspiele, draufgängerisches Leben oder – noch weniger bemerkt – Sucht nach einem bequemen Leben, nach leichter Arbeit, nach gutem Essen, nach Fernsehen, sonstigen Medien und Internet, nach Autos, nach Shopping etc. Die Liste ließe sich leicht verlängern.

Die gesellschaftlichen und privaten Folgen der schlimmsten Süchte – Drogen und Alkohol – sind verheerend. Vor allem in den Innenstädten haben sie ungeheuer viel Zerstörung angerichtet, und jetzt sehen wir es in den Vorstädten und sogar in ländlichen Gebieten. Millionen von Menschen haben durch die Sucht nach bestimmten Substanzen ihren Beruf, ihre Familien, ihr Geld und ihre Gesundheit verloren, und die Zahl steigt weiter.

Die Engel sind voller Mitgefühl für die »existenzielle Leere« – wie es von Therapeuten genannt wird –, die viele Menschen in die Sucht treibt. Sie wissen um den Schaden, den diese Süchte im Leben der Betroffenen anrichten. Deswegen liegt ihnen so viel daran, die der Sucht zugrunde liegenden Probleme zu heilen. Den Engeln zufolge entstehen Süchte und Zwangsverhalten aus einem Gefühl der Unerfülltheit sowie der Getrenntheit von Gott und von der allumfassenden Liebe, die wir vor der Geburt im Mutterleib erfuhren. Sie erklären, dass Gott allgegenwärtig und daher auch in jedem Atom und jedem Objekt ist. Nach der Geburt verlieren die Menschen dieses Bewusstsein der Liebe Gottes. Selbsterniedrigende Gedanken, die sie von Eltern und der Gesellschaft lernen, vermitteln vielen Menschen die Überzeugung, schlecht oder unwürdig zu sein, sodass sie sich noch mehr von Gott getrennt fühlen.

So suchen diese Menschen schließlich nach etwas im Außen, das die Leere in ihnen irgendwie erfüllt oder zumindest den Schmerz betäubt. Sie wenden sich Substanzen wie Drogen und Alkohol zu oder widmen sich Aktivitäten wie dem Spielen, Essen, Rauchen, Internetsurfen oder Fernsehen, die ihnen ein vorübergehendes Hochgefühl verleihen und die Leere verdrängen. Für kurze Zeit scheinen sie dann befriedigt zu sein – bevor das Empfinden in Schuld- und Schamgefühle umkippt. Diese verstärken dann das ursprüngliche Gefühl der Leere – was die Betroffenen in den Kreislauf der Sucht zurücktreibt.

Eine Klientin, Barbara, war in einem solchen Zyklus gefangen. Nach der zweiten Fehlgeburt innerhalb von zwei Jahren wurde sie depressiv und litt unter Schlaflosigkeit. Ihr Mann und sie wollten so gerne Kinder. Nachdem sie es fünf Jahre lang versucht hatten, fürchtete Barbara, ihr Mann werde sich aus Enttäuschung von ihr entfernen. Ihr Arzt verschrieb ihr ein Beruhigungsmittel, damit sie besser schlafen konnte. Schon bald schluckte Barbara das Mittel auch tagsüber, nur zur Entspannung, wie sie sich sagte. In einem Monat hatte sie das Doppelte der empfohlenen Pillendosis verbraucht.

Damit ihr Arzt nicht misstrauisch würde, begann Barbara, weniger Beruhigungsmittel zu nehmen und stattdessen tagsüber Wein zu trinken – nur zur Entspannung. Eines Tages fand ihr Mann sie ohnmächtig auf dem Sofa liegen und brachte sie in die Notaufnahme. Der Arzt, selbst ein ehemaliger Drogensüchtiger, erkannte sofort die Symptome und riet ihr zu einer Therapie. Nach dem Aufenthalt in einer Entzugsklinik schaffte sie es zwar, trocken zu bleiben. Doch da ihre eigentlichen Probleme ungelöst waren, verlegte sie sich auf andere Süchte. Sie begann zu rauchen und zwanghaft zu essen, sodass sie rapide zunahm. Ihr Mann verließ sie.

Bei unserem Kennenlernen war Barbara eine »trockene Alkoholikerin«, wie es die Anonymen Alkoholiker nennen: jemand, der die Droge nicht mehr konsumiert, aber sich immer noch wie ein Süchtiger verhält.

»Liebe Barbara«, begannen die Engel, »wie viele andere hast du dich diesen Substanzen zugewandt, weil sie einen Augenblick lang den Schmerz betäuben, der durch die Leere entsteht, die du in dir spürst. Dein Unbewusstes erinnert sich daran, wie erfüllend es ist, dich im Himmel von Gott und den Engeln geliebt zu fühlen. Schon bald nach ihrer Geburt vergessen die meisten Menschen die nach wie vor intensive Liebe und beständige Gegenwart ihrer Schutzengel. Manche Menschen, wie du, sind für dieses Gefühl der Leere besonders empfindlich; es entsteht, wenn sich Menschen von dieser Liebe abgeschnitten fühlen. Sobald du dich mit dieser Liebe wieder verbindest, wird deine Angst vor Leere verschwinden.«

Während die Engel zu ihr sprachen, erkannte Barbara, dass sich unter ihrer Gier eine Leere befand, entstanden durch ihr Bedürfnis, sich geliebt zu fühlen. Solange sie sich der Liebe ihres Mannes sicher war und erwartete, dass bald Kinder da sein würden, um dieses Bedürfnis in Zukunft zu stillen, konnte Barbara mit der Situation umgehen. Doch als sie die Abwendung ihres Mannes fürchtete und sie keine Hoffnung mehr hatte, Kinder zu gebären, erschienen ihr Drogen und Alkohol als der einzige Weg, um die Leere zu ertragen, die sie umklammerte. Später versuchte sie es mit Essen und Rauchen. Unter Tränen gestand sie, sie habe sich immer leer und bedürftig gefühlt.

»Die Leere, die du zu füllen versuchst, ist eine Illusion«, erklärten die Engel. »Es gibt keinen Ort in dir, der nicht von Liebe erfüllt wäre. Du kannst die Erfahrung der Leere mit genau der Liebe ersetzen, nach der du dich sehnst. Wenn die Gier nach den Suchtmitteln aufkommt, nimm dir einen Augenblick Zeit, schließe die Augen, atme und rufe uns. Wir werden dich mit Extraportionen von Gottes Liebe überströmen, die dich im Herzen, in der Brust

und im Bauch erwärmen werden. Atme tief, fülle dich mit Gottes Liebe, und dein Heißhunger auf materielle Dinge wird aufhören, dich zu überwältigen.

Wir bitten dich auch, dir für all das zu vergeben, was du meinst, falsch gemacht zu haben. Wir sehen, dass ein großer Teil der Sucht aus Schuldgefühlen entsteht, weil du glaubst, etwas falsch gemacht zu haben. Du bist unschuldig, du liebes Gotteskind. Bitte uns, deine Schuldattacken zu besänftigen, und sie werden dich nicht mehr plagen.«

Als unsere Sitzung vorüber war, schwor sich Barbara, jeden Tag über diese Liebe zu meditieren. Am Telefon erzählte sie mir später, ihr Zwangsverhalten sei vermindert. Ich lehrte sie, mit ihren Schutzengeln sowie ihrer geliebten verstorbenen Großmutter in Kontakt zu treten, um zusätzlich Liebe zu erfahren. Sooft Barbara Hunger nach Liebe spürte, schrieb sie ihren Schutzengeln einen Brief und wurde mit Gefühlen inneren Friedens belohnt. Manchmal unterhielt sie sich auch mit ihren Engeln, indem sie Fragen aufschrieb und dann notierte, was sie hörte und fühlte. Sie empfand diesen Prozess als äußerst heilsam.

Dank meiner persönlichen und klinischen Erfahrungen weiß ich, dass Süchte mit der Hilfe des Himmels geheilt werden können. Ich habe Dutzende von Fällen erlebt, in denen Betroffene auf diese Weise mit Drogen oder einem bestimmten Verhalten aufhören konnten. Schließlich beruht auch das bestbewährte Verfahren zur Suchtbehandlung – die zwölf Schritte der Anonymen Alkoholiker – auf spirituellen Prinzipien.

△ Himmlischer Rat

Umgeben Sie sich mit Bildern der Liebe, wenn Sie den Drang zum Suchtverhalten in sich spüren: Dadurch ersetzen Sie die Leere und den Schmerz in Ihnen durch Wärme und Erfülltheit.

Himmlischer Rat bei Depressionen

Jeder fühlt sich hin und wieder niedergeschlagen. Wenn Sie sich jedoch dauerhaft so fühlen, ist das ein Warnzeichen. Depressionen rauben Ihnen Energie, Freude und Motivation. Und sie bewirken, dass andere Menschen Sie meiden – was die Einsamkeit und Traurigkeit nur noch verstärkt.

Studien zeigen, dass eine Depression die Betroffenen zu Gefangenen ihrer eigenen vier Wände machen und es ihnen kaum möglich ist, sich an ihrer Arbeit, ihren Beziehungen und ihrem Leben insgesamt zu erfreuen. Sie kann auch den Mitmenschen der Betroffenen großen Schmerz zufügen. Kinder zum Beispiel verstehen nicht, warum Mama oder Papa immer so traurig sind. Partner werden unter Umständen selbst depressiv, weil all ihre Liebesmüh vergeblich zu sein scheint.

Depressionen können tödlich enden, wenn sie zu Suizid oder Suchtverhalten führen. Es gibt auch Tod durch Verwahrlosung. Sogar bei schweren Unfällen scheint oft Depression im Spiel zu sein.

Die Engel weisen darauf hin, dass der Begriff »Depression« auch für eine Vertiefung im Boden steht, also einen Tiefpunkt. Sie verstehen, dass Menschen bei starker Verletzung durch ein Ereignis natürlicherweise depressiv reagieren und der Welt für eine Weile entfliehen wollen, indem sie sich nach innen zurückziehen. Die Betroffenen verkriechen sich in einen inneren Schutzwall der Depression, weil sie sich von der Welt nicht gewürdigt fühlen.

Die Engel sagen, wenn Menschen sich ihr Elend jedoch immer wieder vergegenwärtigen, um ihre emotionale und körperliche Isolation zu rechtfertigen, geht die Abwärtsspirale immer weiter: Wenn sie sich selbst leidtun oder darauf bestehen, niemand verstehe oder liebe sie, dann verlängert und vertieft das die Depression. Zum Glück haben die Engel jedoch ein Mittel, das jedem helfen kann – so wie meiner Klientin Bernice.

Bernice ist verheiratet und Mutter von zwei erwachsenen Kindern. Sie ist dreiundfünfzig Jahre alt, sieht allerdings zehn Jahre älter aus. Sie klagt darüber, dass alle – Nachbarn, Freunde, Familie – zu viel zu tun haben, um sich mit ihr abzugeben. Angesichts ihrer hängenden Schultern, dem gebeugten Kopf und ihrer apathischen Art erkenne ich schnell, wo das Problem liegt – und die Engel bestätigen es mir: Bernice ist depressiv, und ihre Negativität wirkt auf andere abschreckend.

Der größte Teil ihres bisherigen Erwachsenenlebens kreiste um die Familie. Bei ihrem Ehemann Mike drehte sich alles um seine berufliche Karriere, doch Bernice fiel das nicht weiter auf, weil sie mit den Kindern beschäftigt war. Erst nachdem ihr jüngstes Kind geheiratet hatte und ausgezogen war, bemerkte Bernice die Leere in ihrem Leben: eine Kombination aus dem Kummer, dass ihr Nest jetzt leer war, Einsamkeit, weil Mann und Kinder weg waren, und Angst, was sie jetzt mit dem leeren Haus und ihrem Leben anfangen sollte.

Wenige Wochen nach der Hochzeit ihrer Tochter fühlte sich Bernice ständig müde und niedergeschlagen. Sie besuchte ihre Kinder und die Nachbarn, doch alle schienen zu beschäftigt zu sein, um sich mit ihr hinzusetzen und zu reden. So entstand eine Bitterkeit in ihr und zugleich die Überzeugung, niemand möge sie. Ihre Depression verstärkte sich. Sie begann, den ganzen Tag im Bett liegen zu bleiben und sich nicht mehr anzuziehen. Ihr Mann machte sich allmählich Sorgen, aber sie ignorierte sein Drängen, sich Hilfe zu suchen.

Eines Abends nahm sie eine Überdosis vom Schlafmittel ihres Mannes. Nachdem ihr Magen ausgepumpt war, verbrachte sie einige Wochen in einer neuropsychiatrischen Klinik. Zu Hause gingen ihre Depressionen weiter. Sie bekam Lithium. Eine Freundin riet ihr dann, zu mir zu kommen.

»Ein großer Teil deiner Depression stammt aus der Überzeugung, du seist allein und würdest missverstanden«, erklärten die Engel

Bernice. »*Sei versichert, wir sind immer bei dir und verstehen dich mit bedingungsloser Liebe. Sooft wir fühlen, dass du depressiv bist, schweben wir sogar noch näher an dich heran. Wir, deine Engel, versuchen, deine Stimmung und deine Perspektive zu heben. Widerstehe nicht dem Lachen oder Lächeln, wenn du dich in dir vergräbst. Wenn du spürst, dass dein Herz leichter wird, ist das unser Einfluss. Sobald du dir der Gegenwart der Engel-Energie bewusst wirst, atme sie tief ein. So ziehst du die Wärme und Sicherheit in dich, nach denen du dich so sehnst.*«

Bernice erwiderte: »Ich habe das schon gespürt, wissen Sie. Ich hatte schon mehrfach das deutliche Gefühl, eine himmlische Kraft ist in meiner Nähe und versucht, zu mir durchzudringen. Aber ich war so weit unten, dass ich nichts davon wissen wollte.«

Ich erklärte Bernice, die Engel seien darauf aus, jemandem, der so tief in der Depression versunken ist, stets wieder die lichte Seite von Situationen zu zeigen und ihm zu helfen, zu vergeben und zu lachen. Sie versuchen, den Betreffenden an einen Witz zu erinnern, oder geben ihm den Impuls, den Fernseher einzuschalten, wenn eine lustige Sendung läuft. Ich ermutigte Bernice, den Bemühungen der Engel keinen Widerstand entgegenzusetzen.

Dann boten ihr die Engel ihren Rat an: »*Wir empfehlen dir dringend, deine Augenblicke dunkelster Depression als Antrieb zu nehmen, nach dem Funken Gottes zu suchen, der immer in dir brennt. Betrachte diese Zeit als einen Ruf, dankbar für den Segen zu sein, der dir zuteil wird. Sooft du dich niedergeschlagen fühlst, nimm dir einen Augenblick Zeit und erinnere dich an sieben Situationen während des vergangenen Tages, in denen Liebe zum Ausdruck kam: vielleicht Mutter und Kind, die Hand in Hand die Straße entlanggingen, oder eine Freundlichkeit zwischen Fremden. Diese Übung wird dir helfen, deine Depression zu lindern. Wenn du dich darauf konzentrierst, dankbar für das zu sein, was du siehst,*

erfährst und hast, wird sich deine Stimmung heben und auch die
Stimmung derer, die mit dir in Kontakt kommen.«
Bernice saß eine Weile still da. Dann fing sie zu lächeln an. »Ich
habe gerade gemerkt, dass ich seit dem Aufstehen heute Morgen fünf Augenblicke der Liebe gesehen habe. Die Engel haben
recht, das hilft.«
Die Engel rieten Bernice auch, auf ihre Worte zu achten, wenn
sie über ihre Stimmung nachdenkt oder spricht. Sie empfahlen
ihr, Formeln wie »Meine Depression …« oder »Ich bin depressiv«
zu meiden, die ihr diesen Zustand zu eigen machten. Sie solle lieber vom »Anschein der Depression« sprechen oder die Wendung
»Ich scheine mich niedergeschlagen zu fühlen« gebrauchen. So
wird die Verbindung zu diesem Zustand nicht unnötig verstärkt.
Sie rieten ihr auch, die Dinge so anzusprechen, wie sie sie gerne
hätte, und nicht auf das abzuzielen, was sie verändern will.
Einige Monate später suchte mich Bernice wegen eines anderen
Themas noch einmal auf. Ich sah sofort, dass die Depression
verschwunden war. Sie lächelte mich zur Begrüßung an und in
ihrem Händedruck und ihren Bewegungen lag Energie. »Die
Engel haben mir gut geraten, was meine Perspektive betraf«,
erklärte sie. »Meine Familie und meine Freunde sind wieder
da, und meine Tochter lässt mich hoffen, dass ich bald meinen
ersten Enkel hüten kann.«

△ Himmlischer Rat
Schauen Sie auf Ihren Tag zurück und erinnern Sie sich
an sieben Situationen, in denen Liebe zum Ausdruck
kam. Jede dieser Erinnerungen wird in Ihnen ein golde-
nes Leuchten verstärken und die Wolken der Depression
vertreiben.

Himmlischer Rat gegen chronische Angst

Chronische Angst scheint ähnlich wie Depressionen ein fester Bestandteil des Lebens im 21. Jahrhundert zu sein. Angesichts des Bombardements mit Fernsehbildern der Gewalt und der Katastrophen aus aller Welt sowie Aids und anderer biologischer Bedrohungen ist es nur verständlich, dass jeder Einzelne häufiger mit Angst konfrontiert wird. Bei manchen Menschen entwickelt die Angst jedoch eine Eigendynamik und vergiftet jeden Aspekt ihres Daseins. Sie leben mit einer allumfassenden, dauerhaften Form von Angst, die sie lähmt und lebensuntüchtig macht.

Den Engeln zufolge beginnt chronische Angst, indem unkontrollierbarer Pessimismus und ständige Sorge zusammenkommen. Die Engel meinen, dass sich die Menschen grundlos um ihre Zukunft sorgen. *»Ihr erkennt nicht, dass Gott bei euch ist und ihr die Meister eures Tages seid.«* Sie erklären auch, dass die gegenwärtigen Gedanken und Emotionen alle unsere zukünftigen Erfahrungen bestimmen. Das heißt, die Menschen haben Einfluss darauf, was ihnen widerfährt, und es gibt keinen Grund zur Sorge – außer um die Sorge selbst.

Die sechsundzwanzigjährige Sarita sah überhaupt nicht so aus, als litte sie unter chronischer Angst. Sie hatte auch alles, was das Leben angenehm macht: einen liebevollen Mann mit solider finanzieller Basis, zwei kluge, gesunde Kinder und ein hübsches Haus. Sarita arbeitete Teilzeit in einem Buchladen, nicht aus finanzieller Notwendigkeit, sondern wegen des Kontakts mit Menschen.

Warum also kam Sarita zu einem Engel-Reading und stellte so viele ängstliche Fragen über die Zukunft? Sie fragte nach ihrem eigenen Leben, nach dem ihres Mannes, ihrer Kinder, ihrer Familie und der Welt insgesamt. »Wie steht es um die Gesundheit der Kinder?«, fragte sie, und: »Ist der Job meines Mannes sicher?«, »Wird meine Mutter noch lange leben?«, »Sind sie im Buchladen zufrieden mit mir?« und so weiter.

Die Engel bestätigten ihr, es gehe allen gut und zumindest in unmittelbarer Zukunft seien keine größeren Probleme erkennbar. Ich fragte die Engel innerlich, warum Sarita sich denn solche Sorgen machte, obwohl es keinerlei Anzeichen für irgendwelche Probleme gebe.

»Sie ängstigt sich krank«, erklärten mir die Engel. *»Sie wacht morgens mit Sorgen um die Kinder auf, dann sorgt sie sich den ganzen Tag um ihren Mann und alle anderen, die sie kennt. Sarita ist ein liebevoller Mensch, der gerne anderen hilft. Deine Aufgabe ist es, ihr beizubringen, wie sie mit dem Sorgen aufhören und stattdessen anfangen kann, ihr Leben und ihre Beziehungen zu genießen.«*

Ich fragte Sarita, warum sie sich so viele Sorgen machte. Weinend schlug sie die Hände vors Gesicht. »Ich ängstige mich immer. Ich höre nie auf, mir um meine Kinder, meinen Mann und unser Leben Sorgen zu machen.«

Die Kraft und die liebevolle Energie, mit der die Engel Sarita ihre Botschaft vermittelten, überraschten sogar mich. *»In gewisser Weise bist du ängstlich, weil du die Dunkelheit fürchtest und du versuchst, ihr zu entgehen. Du fürchtest, von Personen oder Umständen überwältigt oder verletzt zu werden. Genau diese Angst verleiht einer Kraft Leben, die eigentlich gar nicht existiert. Wenn du gegen die Dunkelheit ankämpfst, indem du dich ängstigst, machst du aus der Illusion eine Realität. Du erschaffst also gewissermaßen gerade jenes, wovor du dich fürchtest.«*

Ich erklärte Sarita: »Jeder Gedanke und jedes Gefühl ist ein Gebet. Man zieht das in sein Leben, worauf man sich konzentriert. Sie sorgen sich, Ihre Lieben zu verlieren, sei es durch ein Unglück oder weil sie Ihnen böse sind. Tatsächlich erzeugen Ihre Sorgen erst das Problem.«

Sarita weinte immer noch. »Das ist so wahr! Ich habe immer solche Angst, mein Mann könnte mich verlassen oder die Kinder würden mich nicht mehr lieben, dass ich sie von mir forttreibe. Mein Mann und ich streiten oft, weil er es so satt hat, dass ich ständig frage, ob es allen gut geht oder ob sie mir böse sind. Ich will nicht alle verrückt machen. Ich will nur sicher sein, dass sie mich nicht verlassen.«

»Deswegen bitten wir dich: Lade uns ein, dir zu helfen. Statt dich vor der Dunkelheit zu fürchten, wisse, dass wir dich ewig behüten und beschützen. Widerstehe dem Drang, mit selbst erzeugten Feinden zu ringen, und wende dich lieber an deine Freunde, die sichtbaren und die unsichtbaren. Nichts Äußeres bedroht dich oder deine Familie. Du musst nur deine innere Einstellung ein wenig verändern, um in dir eine friedlichere Situation herzustellen.«

Die Engel rieten Sarita auch, viele Quellen negativer Perspektiven aus ihrer Umgebung zu entfernen, um eine positive Haltung zu bewahren. Sie warnten sie davor, in der nächsten Zeit die Zeitung zu lesen oder Nachrichten zu sehen, bis ihre Ängstlichkeit sich beruhigt hatte. Sie empfahlen ihr auch zu meditieren, um mehr inneren Frieden zu erfahren.

»Es ist viel besser, wenn du deine Zeit mit sinnvollen und erbaulichen Aktivitäten und Beziehungen verbringst. Habe Spaß mit deinen Kindern, meditiere, lies inspirierende Bücher, treibe Sport oder halte dich in der freien Natur auf.«

Die Engel zeigten mir dann das Bild einer Frau, die ein paar Jahre älter als Sarita zu sein schien. Ich beschrieb Sarita, was ich sah: eine etwas füllige Brünette mit kurzem, dunklem Haar. Sarita erkannte darin ihre Freundin Patty.

»Die Engel sagen, diese Freundin ist die Quelle eines großen Teils Ihrer Ängstlichkeit«, erklärte ich ihr. »Es scheint, als sickerte Pattys Negativität in Sie ein.«

Sarita berichtete, Patty sei in der Tat oft niedergeschlagen und mache sich dann viele Sorgen; häufig komme sie bei Sarita vorbei, um Probleme zu besprechen.

Die Engel sagten: *»Wenn du mit dieser sogenannten Freundin* *sprichst, dann hat ihre negative Sicht der Dinge eine Wirkung auf dich. Ein großer Teil deiner Angewohnheit, dich zu sorgen, kommt aus deinen vielen Gesprächen mit Patty. Du verbringst Zeit mit ihr, weil du dich dazu verpflichtet fühlst. Das ist keine gute Grundlage für eine Beziehung, und wir möchten dich ermutigen, aus Liebe zu wählen, wie du deine Zeit verbringst, und nicht aus Angst.«*

Die Engel zeigten mir ihre Empfehlungen für Sarita in Form beweglicher Bilder. *»Du solltest auch Nahrungsmittel und Getränke meiden, die aufputschend wirken und deine Nervosität verstärken, zum Beispiel alles, was Koffein enthält. Deine gegenwärtige Ernährung trägt dazu bei, dass dein Körper ähnlich reagiert, als hättest du einen hohen Blutdruck. Wir empfehlen dir, weniger Schokolade und Zucker zu dir zu nehmen, denn du bist für ihre stimulierende Wirkung empfänglich.«*

Nachdem Sarita diese Ratschläge beherzigte, nahm ihr Leben eine Wende zum Besseren. (Im Anhang finden Sie weitere Gedanken der Engel zu Ernährung und Gesundheit.)

> ⚘ Himmlischer Rat
> Entfernen Sie alle Quellen für Negativität aus Ihrem Leben:
> vom Fernsehen bis zu kritischen Freundschaften. Konzen-
> trieren Sie sich auf positive, erfüllende Aktivitäten. Meiden
> Sie Nahrungsmittel, die Ihre Nervosität verstärken.

Himmlischer Rat bei Missbrauch

Seit Anbeginn der Menschheitsgeschichte sind Menschen missbraucht worden – und haben andere missbraucht. Millionen, vor allem Frauen, sind im Namen verschiedener fundamentalistischer Religionen missbraucht worden. Jungen wurden oft von ihren Vätern brutal behandelt, angeblich, um einen »Mann« aus ihnen zu machen. Mädchen waren oft den Übergriffen von älteren männlichen Verwandten ausgeliefert, wobei behauptet wurde, sie wollten das so, oder um ihnen beizubringen, eine »Frau« zu sein. Und im Namen des »Profits« oder der »Effizienz« litten Arbeiter unter gefühlsstumpfen oder gierigen Arbeitgebern.

In der Vergangenheit wurde Missbrauch oft unter den Teppich gekehrt. Erst in jüngster Zeit hat sich ein psychologisches Verständnis der menschlichen emotionalen Entwicklung verbreitet, das den Opfern erlaubt, sich Gehör zu verschaffen und sich gegen die Täter zur Wehr zu setzen.

Die Engel möchten nicht, dass irgendjemand in einer missbräuchlichen Situation verharrt oder sie akzeptiert, egal ob es sich dabei um die Eltern, einen Partner, eine Freundin oder einen Arbeitgeber handelt. Wenn Sie sich in einer privaten oder beruflichen Beziehung in irgendeiner Weise Übergriffen ausgeliefert fühlen, bitten Sie um spirituelle Intervention. Gott und die Engel werden Sie in die Freiheit geleiten – entweder indem Sie sich inspiriert fühlen, für sich selbst einzustehen, oder indem jemand in Ihr Leben tritt, der Ihnen die Dynamik so zu verändern hilft, dass der Missbrauch aufhört; oder Sie finden einen anderen Partner oder einen anderen Job oder Sie stoßen auf einen professionellen Therapeuten.

Die Engel sagen, die leidende Person brauche nur bereit sein, den alten Schmerz der Vergangenheit loszulassen, dann sorgen sie für den Rest. Allein die Bereitschaft, vergiftete Emotionen bezüglich des Missbrauchs loszulassen, öffnet die Tür und gibt den Engeln Zutritt zum Schmerzspeicher des Betroffenen. Dort können sie sich dann ans Werk machen, die bitteren Erinnerungen und die aus dem Missbrauch hervorgegangenen Selbstanklagen zu entfernen.

Bei der ersten Begegnung mit Beth und Gary bei einem meiner Seminare war mir sofort klar, dass diese Geschwister ein schwieriges Leben hinter sich hatten. Als Beth um ein Reading mit den Engeln bat, zeigten mir die Engel, dass ihr Vater sie emotional und körperlich misshandelt hatte – ja noch schlimmer, dass sie auch sexuell belästigt und missbraucht worden war. Auch Gary war emotional und körperlich misshandelt worden. Beide Geschwister hatten starkes Übergewicht, ein häufiges Symptom bei Opfern eines Missbrauchs: Sie versuchen, ihren Schmerz mit Essen zu verdrängen.

Um Beths und Garys Privatsphäre zu wahren, erwähnte ich vor der Gruppe nichts von dem, was mir die Engel zeigten. Stattdessen bot ich ihnen nach dem Seminar ein Einzelgespräch an. Beide erklärten sich einverstanden.

In der Einzelsitzung zeigten mir die Engel: Das Selbstbewusstsein der beiden hatte stark darunter gelitten, dass ihnen jahrelang »Du taugst zu nichts!« in die Ohren geschrien wurde – abgesehen von den Schlägen und anderen Qualen. Schwester und Bruder hatten dieses Muster beibehalten, nachdem sie ihr Elternhaus verlassen hatten. Ihre erste Heirat mit einem älteren Militärangehörigen war Beth vor allem eingegangen, um ihrem Elternhaus zu entkommen. Doch die Ehe verwandelte sich in einen Albtraum, als klar wurde, dass ihr Mann ein dominanter, krankhaft eifersüchtiger Mensch war, der sie in betrunkenem Zustand regelmäßig verprügelte. Gary war inzwischen drogenabhängig geworden, wurde bei seinen Jobs ausgebeutet und stieß immer wieder auf Freunde, die ihn betrogen, schlugen, bestahlen oder verließen.

Dies ist ein typisches Verhalten für Opfer von Missbrauch. Psychologen haben festgestellt: Menschen, die nicht vergeben und vergessen können, sind in der Vergangenheit fixiert und wiederholen sie in ihrer gegenwärtigen Umgebung. Deswegen finden sich ungeheilte Opfer eines Missbrauchs oft in missbräuchlichen Beziehungen oder Arbeitssituationen wieder. Indem sie an ihrem Groll festhielten, bestraften Beth und Gary letztendlich sich selbst mehr als die Personen, auf die sie wütend waren.

Die Engel sagten den beiden: »*Wir bitten euch, die Szenen des Missbrauchs durch den Filter der Liebe zu betrachten. Seht alle Situationen, die ihr ertragen musstet, als Herausforderungen, durch die ihr stärker geworden seid. Widersteht der Versuchung, euer Herz vor dem Gewahrsein der Liebe zu verschließen. Durch eure Erfahrungen habt ihr viel zu geben. Jene, die mit ähnlichen Erfahrungen ringen, brauchen euch, und jetzt ist es Zeit, eure Schatztruhe der Erfahrungen zu nutzen und sie nicht mehr zu verstecken. Stellt euch euren Erfahrungen, stellt euch euren Gefühlen und stellt euch euch selbst. Dann geht hinaus und teilt es mit anderen. Ihr werdet viel Schönheit finden, wo ihr meintet, dass dort nur Hässlichkeit sei. Wenn ihr unsere Hilfe braucht, um eine bestimmte Situation hinter euch zu lassen, stehen wir euch gerne zur Verfügung.*«

Wie viele Opfer von Missbrauch und Misshandlung gaben Beth und Gary sich selbst die Schuld für das, was ihnen angetan worden war. Zum Teil lag es daran, weil ihnen von ihrem Vater gesagt worden war, sie seien schlecht und hätten es nicht besser verdient. Er war der Erwachsene und sie waren die Kinder, also dachten sie, er müsse wohl recht haben. Als die Jugendlichen erwachsen geworden waren, dachten sie, sie hätten das Ganze irgendwie verhindern sollen. Irgendwo in sich beschlossen sie: »Ich muss wohl wirklich schlecht gewesen sein, dass Papa mich so behandelt hat und Mama es zuließ.«

Die Engel versicherten ihnen: »*Wisset in euren Herzen, der Missbrauch war nicht euer Fehler; ihr habt ihn nie verdient. Gottes Wille ist, dass ihr geliebt seid und in allen euren Beziehungen geachtet werdet. Egal welche Fehler ihr meint, begangen zu haben, ihr seid es wert, mit Würde und Freundlichkeit behandelt zu werden.*«

Daraufhin gaben ihnen die Engel eine himmlische Empfehlung, wie sie die Wut, den Ärger und die Depressionen loswerden könnten, die aus ihrem Missbrauch entstanden waren: »*Ihr müsst euch durch Vergebung heilen. Das bedeutet, den Ärger auf euch selbst genauso loszulassen wie die Wut auf jene, die euch etwas angetan haben, und auf jene, die euch nicht gerettet haben. Gott möchte, dass ihr den vergiftenden Ärger loslasst, den ihr in euch tragt. Eure Wut auf Menschen und Umstände verhindert, dass ihr den jetzigen Augenblick genießen könnt. Während ihr wütend seid, vergehen Augenblicke potenzieller Freude, die nie wieder in derselben Weise da sein werden. Verschwendet nicht eure Jahre, indem ihr in eurem Kummer verharrt.«*

Zunächst taten sich Gary und Beth mit dieser Vorstellung schwer. Ich erklärte ihnen, die Engel würden ihnen nicht empfehlen, das Geschehene gutzuheißen oder zu übersehen. Die Engel leugneten nicht die Wirkung des Missbrauchs auf sie oder das Fehlverhalten des Vaters. Den Engeln zufolge geht es nicht darum, das Geschehen des Missbrauchs zu entschuldigen, sondern den betroffenen Personen zu vergeben, und zwar ihrer eigenen Heilung zuliebe, nicht um des Täters willen.

Die Engel raten den Opfern von Missbrauch und Misshandlung, den Schmerz und den Hass der Vergangenheit loszulassen, den sie hinter sich her ziehen »wie ein Ochse den Pflug«. Die Engel sagen, Vergebung sei eine Art, das Joch dieses Pfluges abzuwerfen und sich von der Last zu befreien. Diese Vergebung dient einzig und allein demjenigen, der missbraucht worden ist.

Als Nächstes empfahlen mir die Engel, Beth und Gary die folgende Übung zu zeigen, um mithilfe göttlicher Energie den Schmerz und die Narben der kindlichen Erfahrungen loszulassen: »Atmet tief ein und gewährt den heilenden Engeln freien Zugang zu eurem Körper«, leitete ich sie an. »Erlaubt den Engeln, in euren Geist, euer Herz und in jede Zelle eures Körpers zu kommen und euch mit göttlicher Liebe zu erfüllen. Dann spürt ihr vielleicht ein Vibrieren, eine spontane Bewegung eurer Muskeln oder ein leichtes Ansteigen eurer Körpertemperatur. Das sind positive Zeichen der Intervention der Engel und der Befreiung.«

Ich beobachtete, wie Gary und Beth den Engeln erlaubten, auf diese Weise mit ihnen zu arbeiten. Beth genoss dies offensichtlich besonders stark. Sie schien erleichtert, den Missbrauch endlich hinter sich zu lassen.

»Die Engel bitten euch um die Bereitschaft, allen alten Ärger loszulassen, den ihr vielleicht noch in euch tragt und der mit Verletzung, Missbrauch, Misshandlung, Manipulation, Kontrolle oder Übergriffen zu tun hat. Seid einfach willens, euren Widerstand gegenüber der Vergebung loszulassen, und lasst die Engel den Rest erledigen.«

Ich sah, wie ein Schauer Gary überlief, ein sicheres Zeichen dafür, dass sich etwas gelöst hatte.

Ich habe die Erfahrung gemacht, dass jeder, der zumindest teilweise bereit ist, die emotionalen Narben des Missbrauchs heilen zu lassen, durch diese Arbeit mit den Engeln enorme Verwandlungen durchmachen kann.

Himmlischer Rat
Lösen Sie sich von dem Schmerz in Ihnen, indem Sie den Menschen vergeben, ohne deswegen unbedingt auch das zu vergeben, was getan wurde – auch von Ihnen.

Himmlischer Rat bei Einsamkeit

Sich einsam fühlen – ohne Freunde oder Unterstützung, abgeschnitten von der Wärme und Liebe, an der alle anderen sich zu erfreuen scheinen –, das kann eine der schlimmsten Erfahrungen dieser Welt sein. Die meisten Menschen leiden irgendwann in ihrem Leben einmal unter Einsamkeit. Doch bei manchen Menschen ist diese Erfahrung so intensiv und dauerhaft, dass sie kaum noch funktionsfähig sind und sogar über Suizid nachdenken.

Vicky, eine sechsunddreißig Jahre alte Sekretärin und alleinerziehende Mutter ohne nahe Freunde, klagte über Einsamkeit. Es ging ihr dabei nicht nur um eine Partnerbeziehung. Sie war zwar ein aktives Kirchengemeindemitglied und arbeitete in einem großen Unternehmen, aber sie schien keine persönlichen Freunde zu haben und fragte sich manchmal, ob es sich lohnte, noch weiterzuleben. Vicky hungerte nach tiefen emotionalen Verbindungen und nach Kontakt mit gleichgesinnten Erwachsenen.

Ich sah, dass Vicky, wie wir alle, von liebevollen Engeln umgeben war – und von Menschen, die Freunde sein könnten. Ich sah auch, dass Vicky sich emotional abgeschottet hatte und deswegen die Wärme der Engel und anderer Menschen nicht spüren konnte. Ganz offensichtlich merkte sie gar nicht, dass andere Menschen sie liebten.

Ich sagte ihr: »Sie sind definitiv nicht allein, selbst wenn Sie sehr oft dieses Gefühl haben. Ihre Engel senden Ihnen besonders viel Liebe, weil sie wissen, was Sie alles durchgemacht haben. Infolge vergangener Schwierigkeiten versuchen Sie, sich vor zukünftigem Leid zu schützen, und dieser Schutz wird von manchen als Unfreundlichkeit wahrgenommen. Doch sie sehen auch, wie Sie durch diese Schwierigkeiten gewachsen sind.«

Und die Engel sagten Vicky durch mich: »*Wenn du dich entscheidest, dich zurückzuziehen und deine Wunden der Enttäuschung oder der Verlassenheit zu lecken, wie kämen wir dazu, dich dabei zu stören? In solchen Momenten genießt du das Selbstmitleid, weil du glaubst, niemand liebe dich – selbst wenn wir dir gleichzeitig unsere größte Liebe zukommen lassen. Wir wollen deine Wünsche nicht missachten, denn letztlich bist du selbst für deine Träume verantwortlich. Doch wir möchten, dass du weißt: In Augenblicken, in denen du dich einsam fühlst, sind wir dir näher denn je. Viele Engel schweben dann in deiner Nähe und versuchen, dich aus deiner albtraumartigen Illusion aufzuwecken – der Illusion, Gott oder seine Kinder hätten dich verlassen.*«

Vicky schüttelte sich, während ich sprach. Ihr war offenbar unwohl dabei. »Ich hasse es, das zugeben zu müssen«, erklärte sie schließlich und seufzte, »aber ich tue offensichtlich genau das Gleiche wie damals meine Mutter, als ich aufwuchs. Ich hätte nie gedacht, dass ich ihr darin einmal ähnlich würde. Sie machte immer den Eindruck, niemanden zu brauchen, und das führte dazu, dass sich die Leute von ihr abwandten.«

Ich nahm Vickys Hand und gab ihr ein Taschentuch, um sich die Tränen abzuwischen. Dann nahm ich in ihrer Körpersprache eine kleine Stärkung wahr, als habe ihr diese Begegnung mit der Wahrheit geholfen, mit inneren Reserven in Kontakt zu gelangen.

»Die Botschaft Ihrer Engel lautet, sich nicht davor zu fürchten, die Liebe in Ihr Herz zu lassen«, erklärte ich ihr. »Sie helfen Ihnen, Ihren Schutzschild ein wenig aufzumachen und sich mehr zu entspannen, wenn Ihnen Menschen nahekommen wollen. Die Engel wirken darauf hin, Sie mit Menschen zusammenzubringen, die Sie mit Liebe, Respekt und Würde behandeln, damit Sie sich ihnen öffnen können.«

Die Engel sagten: »*Möchtest du dich auch nur für einen Augenblick in unsere Liebe eingehüllt fühlen, dann sei versichert, dass wir diesen Wunsch augenblicklich erfüllen. Wir sind für dich da, wenn du wünschst, dass wir dir neue Freunde organisieren. Strebe nach Frieden und Trost, nicht durch Isolation, sondern durch Kommunion mit dem Geist, der in allen von uns lebt. Du bist nicht allein, weder jetzt noch jemals. Erlaube uns, diese Tatsache für dich ohne Verzug spürbar werden zu lassen.*«

Zwei Monate später erhielt ich einen Brief von Vicky, in dem sie schrieb: »Unsere Sitzung hat mein Leben verändert, und ich kann Ihnen und den Engeln gar nicht genug danken. Es war nicht einfach für mich, einige der Dinge anzuerkennen, die die Engel gesagt haben, vor allem was mein Selbstmitleid betraf. Ich hatte das bis dahin überhaupt nicht so gesehen. Aber jetzt weiß ich, es war wahr; ich hatte die gleiche ›Keiner liebt mich‹-Haltung angenommen, unter der meine Mutter ihr Leben lang litt. Aber das ist vorbei. Ich habe meinen Engeln den Auftrag gegeben, mich zu reinigen, und fast über Nacht eine unglaubliche Verwandlung erlebt.«

Vicky berichtete, sie habe angefangen, Country-und-Western-Tanzen zu lernen und neue Freundschaften zu schließen.

♤ Himmlischer Rat
Werden Sie zu einem Magneten für Freunde: Erlauben Sie sich, die Begegnungen und das Zusammensein mit anderen zu genießen.

Himmlischer Rat bei Neid

Neid kann ein sehr schädliches Gefühl sein. Es hat schon Familien und Freundschaften auseinandergebracht. Nationen sind in den Krieg gezogen und Menschen sind kriminell geworden, um das zu erkämpfen, worauf sie neidisch waren. Sie kennen bestimmt mindestens einen Menschen, der sich vom Neid so weit auffressen ließ, dass er keine echte Freude mehr am Leben hatte und es nur als einen Mangel empfand.

Manche Menschen verwechseln Neid und Eifersucht. *Neid* bedeutet, etwas zu wollen, das ein anderer hat. *Eifersucht* entsteht aus der Angst, etwas zu verlieren, das man hat. Nach Aussage der Engel stammen sowohl Neid als auch Eifersucht aus einer negativen Sicht auf das Leben, einer pessimistischen Philosophie des Mangels statt der Fülle. Diese Sicht setzt sich durch, wenn Sie ein Paar beobachten, das miteinander Spaß hat, und Sie sich wünschen, einen Seelenpartner zu haben; wenn Sie jemanden treffen, der einen besseren Job hat und teurere Kleidung trägt als Sie, und Sie sich wünschen, das Gleiche zu haben; wenn Sie jemanden mit einer guten Figur sehen und wünschen, auch einen schönen Körper zu haben. Sie fühlen sich gierig, benachteiligt und neidisch. Solche Gefühle können Sie nur empfinden, weil Sie glauben, das nicht zu erreichen, was der andere hat. Diese Überzeugung entsteht aus der Idee, der andere habe irgendetwas Besonderes – Fähigkeiten, Gene oder Beziehungen –, die Ihnen fehlen. Kurz gesagt: Neid beruht auf der Annahme, Ihnen fehle irgendetwas Bestimmtes und deshalb bekämen Sie nie den erhofften Partner, den tollen Job oder das gewisse Etwas, das Sie gerne hätten.

Obwohl die meisten Menschen gelernt haben, dass es »falsch« ist, Neid zu empfinden, scheint es ein normales menschliches Gefühl zu sein, das jeder ab und zu hat. Angemessen angewandt, so sagen die Engel, kann das Gefühl von Neid eine gute Motivationskraft sein. Zum Glück kennen die Engel einen Weg, der jedem helfen kann, Neid in eine positive Richtung zu lenken.

Liliani war neidisch auf Menschen, die wohlhabender waren und mehr materiellen Erfolg zu haben schienen als sie. Sie war Computertechnikerin, und als Teil der Fahrgemeinschaft war es einmal pro Woche ihre Aufgabe, ihre Chefin morgens abzuholen. Sooft sie in die reiche Gegend fuhr und dort neben den drei glänzenden Limousinen vor dem zweistöckigen Haus mit Pool wartete, loderte der Ärger in Liliani. »Warum hat sie alles, obwohl ich doch den größten Teil der Arbeit erledige, an der die Firma verdient? Und ich habe nur einen kleinen Gebrauchtwagen, eine winzige Wohnung und kann kaum meine Rechnungen bezahlen!«

Liliani kam zu mir, weil sie merkte, dass ihr Zorn über diese von ihr als unfair empfundene Situation von ihr Besitz ergriff. Er war so groß geworden, dass er ihr nachts den Schlaf raubte. Er wirkte sich auch auf ihre Arbeit aus, weil sie sich nur noch mühsam beherrschen konnte, gegenüber ihrer Chefin nicht bissig und abweisend zu reagieren.

»Tochter«, begannen die Engel, *»unser himmlischer Vater hat jeden Einzelnen mit so vielen Talenten ausgestattet, dass jeder von euch*

alles erreichen kann, was andere auch können. Statt auf den Erfolg deiner Chefin neidisch zu sein, lass dich lieber davon inspirieren. Lass dich von der Intensität deines Verlangens, ein ebenso komfortables Leben zu führen wie deine Chefin, motivieren, Schritte zu unternehmen, um deine gegenwärtige Situation zu verbessern.«

Liliani war überrascht. »Meint ihr, ich könnte genauso reich werden wie meine Chefin?«

»Das liegt letztendlich an dir und deinem freien Willen. Wie du richtig sagst, ist deine Arbeit für die Firma sehr wertvoll. Sie ist tatsächlich für einen bedeutenden Teil des Umsatzes verantwortlich. Aber bedenke: Möchtest du die Risiken auf dich nehmen, die sie trägt, und die gleiche Initiative zeigen, indem du dein eigenes Unternehmen aufmachst? Du hast es in dir, damit erfolgreich zu sein – daran solltest du nie zweifeln. Aber du hast auch gerne dein monatliches Gehalt auf dem Konto, du hast gerne um fünf Uhr Feierabend und genießt deine Freizeit. Auf all das müsstest du ein paar Jahre verzichten, wenn du deinen Traum verwirklichen willst. Du hast beide Möglichkeiten in dir, und nur du kannst entscheiden, welcher Kurs am besten deinen Interessen entspricht.«

Liliani sah nachdenklich aus. »Das ist eine neue Sichtweise für mich. Ich glaube, ich habe eine Menge nachzudenken. Ich habe nie gedacht, dass ich mich selbstständig machen, Chefin werden und ein Haus in Bel-Air haben könnte. Ich bin mir nicht sicher, ob ich diese Dinge so sehr will, dass ich mein ganzes Leben darauf ausrichte.« Sie grinste. »Aber ich weiß jetzt eins: Ich weiß, dass ich nicht mehr neidisch bin auf meine Chefin. Für das, was sie hat, hat sie einen Preis bezahlt – einen hohen Preis. Allein zu wissen, dass ich alles haben könnte, was sie hat, wenn ich es wirklich wollte, und dass es meine Entscheidung ist – damit fühle ich mich schon viel besser.«

△ Himmlischer Rat
Es gibt keinen Grund, auf irgendjemanden neidisch zu sein. Sie wurden mit allen Fähigkeiten geboren, um das zu verwirklichen, was Sie im Leben wollen. Ein Grund, weshalb Sie es nicht haben, könnte darin liegen, dass Sie dafür Dinge aufgeben müssten, die Ihnen wichtiger sind.

Himmlischer Rat bei Eifersucht

Eifersucht ist ebenfalls eine quälende Emotion. Darüber sind schon Beziehungen, Partnerschaften und Familien zerbrochen. Nicht nur im Fernsehen, auch im wirklichen Leben gibt es Menschen, die jeden Tag damit beschäftigt sind, aus Eifersucht Ränke zu schmieden und Strategien zu entwerfen. Schwestern wachen voller Misstrauen darüber, wer in der Gunst der Mutter höher steht und den kostbaren Familienschmuck erben wird; eifersüchtige Männer vergällen ihren Partnerinnen mit ihrem Misstrauen das Leben.

Jeden Tag machen sich Menschen aus Eifersucht zum Narren. Noch schlimmer: Jeden Tag werden Menschen aus Eifersucht verfolgt, belästigt, sogar getötet. Eifersucht entstammt der Furcht, etwas Wertvolles zu verlieren, das man bereits besitzt, im Gegensatz zum Neid, wo man etwas haben will, das ein anderer hat. Beides beruht auf der Überzeugung, es gebe einen Mangel an Liebe, Geld oder guten Gefühlen und man müsse seinen »Besitz« auf jeden Fall festhalten, damit ihn keiner wegnimmt.

Die Engel lehren, dass es in Wahrheit nichts gibt, worauf man eifersüchtig sein könnte. Gott schenkt seine Fülle jedem, der darum bittet. Die Engel sagen, ein Verlust sei daher unmöglich, und für alle Bedürfnisse einer Person sei gesorgt. Sie erinnern die Menschen auch daran, dass es zu Gottes Plan gehört, an Herausforderungen zu wachsen, das heißt, keine Beziehung und kein Besitz muss für immer Teil des eigenen Lebens sein.

Die Gärtnerin Jamie war völlig außer sich vor Eifersucht, weil sie fürchtete, ihre Partnerin Robin würde sie wegen einer anderen Frau verlassen. »Sobald Robin eine andere Frau ansieht, fühle ich mich mulmig und aggressiv«, erklärte mir Jamie. »Ich weiß, ich sollte nicht so empfinden. Wir sind Lebenspartnerinnen und haben uns sogar in einer kirchlichen Zeremonie zueinander bekannt. Aber ich denke immer an diese anderen Frauen da draußen. Robin sieht so gut aus. Ich weiß, sie ist attraktiv, wohingegen ich nicht besonders gut aussehe. Wir streiten oft. Robin wirft mir vor, ich hätte kein Vertrauen, und ich werfe ihr vor, zu viel zu flirten.«

Die Engel rieten ihr: »*Wir beten, dass du deine Gedanken, Gefühle und deinen Körper entspannst und das Auf und Ab jedes Augenblicks mit Robin mehr genießen kannst, statt dich gegen zukünftige Möglichkeiten zu wappnen. Solche Schutzhaltungen werden oft zum Katalysator für genau den Verlust, vor dem sie dich bewahren sollen. Die Frau, die du liebst, denkt an niemand anderen als an dich. Andere Frauen ziehen nur als verblassende Farben in ihrem Universum vorüber, während du dessen Basis und Herz bist. Wir versichern dir, dass deine Beziehungen und deine Besitztümer nie wirklich verloren gehen können, sondern sich nur verändern. Wenn du versuchst, eine Situation zu bewahren, von der dir scheinbar Verlust droht, stehen wir dir gerne zur Seite und passen in sämtliche Richtungen auf. Doch sei dir bewusst, dass alle Situationen und Beziehungen sich entwickeln. Etwas Statisches zu bewahren, liegt auch nicht in unserer Macht.*«

Jamie sah betreten aus. »Ja, wahrscheinlich riskiere ich, Robin zu vertreiben, wenn ich so weitermache. Ich will mich beruhigen. Es tut gut, von einer ›höheren Autorität‹ wie den Engeln zu hören, dass alles zwischen uns in Ordnung ist. Ich bin wohl der Illusion erlegen, Robin sei etwas, das ich besitze und verlieren kann, statt ein Geschenk, über das ich mich freuen sollte. Und ich glaube auch, sie will gar nicht verloren gehen.«

Jamie gehörte zu jenen Klienten, die nur einmal bei mir waren und nie wiederkamen. Ich hoffe, es liegt daran, weil sie dem Rat der Engel gefolgt ist und sich ihre Probleme in Wohlgefallen aufgelöst haben.

🔔 Himmlischer Rat
All Ihr Besitz ist vergänglich wie Ihr irdisches Dasein. Es ist alles eine »Leihgabe« Gottes. Nichts kann Ihnen genommen werden, ohne durch etwas Gleich- oder Höherwertiges ersetzt zu werden.

Himmlischer Rat bei Kummer

Irgendwann im Leben verliert jeder einmal einen nahen Freund oder ein Familienmitglied durch den Tod. Der große Schmerz danach ist ganz normal. So ein Verlust kann die Grundfesten des eigenen Lebens erschüttern und zu einem Gefühl unerträglichen Kummers und großer Leere führen. Die Emotionen geraten außer Kontrolle und fahren Achterbahn, sodass die Betroffenen eben noch herzzerreißend weinen und im nächsten Augenblick wütend herumbrüllen.

Die Engel wissen, Kummer ist ein natürlicher Prozess, den jeder durchlaufen muss, wenn ein tiefer emotionaler Verlust stattgefunden hat. Aber sie sehen uns Menschen nur ungern leiden und wollen uns helfen, zu gegebener Zeit auf friedvolle Weise zu heilen. Sie sagen: »*Wenn euer Herz schwer ist und voller Kummer über einen verstorbenen lieben Menschen, schickt Gott zusätzliche Engel, um die Leere in eurem Leben zu füllen, wo keine Liebe mehr zu sein scheint. Bittet uns, euch zu helfen, mit euren Lieben Kontakt aufzunehmen, denn die Kommunikation mit dem Himmel ist der sicherste Weg der Heilung, weil sie euch bestätigt, dass es euren Lieben gut geht, dass sie glücklich sind und euch viel Glück wünschen.«* Nach fünfundzwanzigjähriger Ehe war Arlenes Ehemann plötzlich gestorben. Sie kam einfach nicht darüber hinweg. Ständig brach sie in Tränen aus, konnte ihrer Arbeit nicht nachgehen, saß wie betäubt herum und konnte an nichts anderes mehr denken.

Als sich Arlene in einem meiner Seminare meldete, um ein Engel-Reading zu bekommen, sah ich einen Verstorbenen hinter ihr, kaum dass sie die Bühne betreten hatte. Ich hatte das starke Gefühl, es sei ihr Ehemann, und als ich ihn beschrieb, bejahte sie es. Ihr Mann, Hank, teilte mir zunächst mit, dass er plötzlich an einem Herzinfarkt gestorben war. Arlene nickte. Dann wandte er sich an Arlene. »Er sagt, dass er bei dir ist, wenn du im Garten arbeitest«, berichtete ich Arlene. »Und wenn du die Blumen pflegst und Unkraut jätest, gehst du in eine Art Meditation, dann kann er am besten mit dir kommunizieren.« Arlene fing zu weinen an und bestätigte, sie spüre Hanks Gegenwart im Garten, sei sich aber nicht sicher gewesen, ob sie es sich nur einbildete.

Hank zeigte mir, dass Arlene nicht gut mit ihrem Kummer umgehen konnte. Es ging ihr so schlecht, dass sie manchmal sogar darüber nachdachte, sich selbst das Leben zu nehmen, um bei ihrem geliebten Mann zu sein, erzählte er mir. Als ich die Information an Arlene weitergab, verbarg sie das Gesicht in den Händen und nickte.

»Er sagt, es ist noch nicht an der Zeit für dich, zu gehen«, teilte ich Arlene eindringlich mit. »Hank sagt, ihr seid viel öfter beieinander, als du meinst, und ihr werdet zur rechten Zeit auch wieder vereint, aber es ist noch nicht so weit. ›Du hast noch ein langes, schönes Leben vor dir‹, will Hank dir sagen, ›und deine Kinder brauchen dich noch. Du würdest es bereuen, wenn du ein verfrühtes Ende setzt.‹«

Zum ersten Mal lächelte Arlene.

Dann zeigte mir Hank das Bild von kleinen gelben Schmetterlingen. Ich beschrieb sie Arlene: »Sie haben die Farbe von Butterblumen.«

Nun zuckte Arlene regelrecht zusammen. »Niemand weiß davon. Du kannst das unmöglich gewusst haben!«

Arlene berichtete, nach Hanks Beerdigung hätten sie und ihre Kinder Dutzende von kleinen gelben Schmetterlingen bemerkt, die in der Nähe des Grabes umherflatterten. Seitdem hatte Arlene solche Schmetterlinge immer wieder beobachtet. Sie hatte niemandem davon erzählt, aus Angst, für verrückt gehalten zu werden. Aber jetzt bestätigte Hank, was sie schon vermutet hatte: Die Schmetterlinge waren ein Zeichen von Hank, dass es ihm gut ging und dass er über Arlene und die Kinder wachte.

Ein paar Wochen später rief mich Arlene an: Sie vermisse Hank zwar immer noch sehr, aber das Gefühl der Verzweiflung lasse langsam nach und sie freue sich sehr darauf, bald Großmutter zu werden.

Wie bei Arlene senden Engel oder die Verstorbenen selbst den Hinterbliebenen oft tröstliche Botschaften. Vielleicht träumen Sie von der Person oder sehen sie, und sie versichert Ihnen, dass es ihr gut geht und dass es Zeit für Sie ist, Ihr Leben weiterzuführen und es wieder zu genießen. Oder die Engel geben Ihnen ein Zeichen als Erinnerung, dass die geliebte Person noch bei Ihnen ist, wie bei Arlene mit den Schmetterlingen.

Ein Schritt zur Heilung Ihres Kummers besteht darin, die Zeichen zu bemerken, die Ihre verstorbenen Lieben Ihnen schicken. Das können bewegliche Dinge sein wie ein Vogel oder ein Schmetterling; ein Duft, der Sie an die Person erinnert; oder Sie bemerken, dass ein Lieblingslied des Verstorbenen häufig im Radio läuft. Diese Signale sind meistens von dem starken Gefühl begleitet, dass der Verstorbene im Geist bei Ihnen ist. Die Engel fordern Sie auf, diesen Begebenheiten zu vertrauen und der Versuchung zu widerstehen, darin nur einen Zufall zu sehen.

Gespräche mit einem lieben Verstorbenen können ebenfalls die Heilung beschleunigen. Sie können dem Verstorbenen zum Beispiel einen Brief schreiben und ihm Ihr Herz ausschütten. Es ist nicht ungewöhnlich, wenn Lebende mit den Toten über Briefe kommunizieren. Seien Sie nicht überrascht, dabei eine Antwort zu hören oder zu spüren. Auch hier bitten die Engel Sie, darauf zu vertrauen, dass dies wirklich geschieht.

Die Engel warnen auch davor, die Vergangenheit mit dem Verstorbenen in ein allzu rosarotes Licht zu tauchen und stets von den guten alten Zeiten zu träumen, als die Person noch am Leben war. Die Engel sagen, die einzige Zeit, die es wirklich gibt, ist das Jetzt. Der Himmel wünscht, dass wir jedem Augenblick möglichst viel Sinn und Freude abgewinnen. Deswegen verschreiben sie in solchen Situationen alles, was Spaß macht und entspannt, oder Aktivitäten, die Ihnen Freude bereiten und anderen helfen.

Sie empfehlen, ein kummervolles Herz und Gemüt zu heilen, indem man das Hier und Jetzt genießt. Sie lieben es, wenn wir lachen, uns vergnügen und spielen. Alles, was Ihnen zur Entspannung verhilft – Urlaub, Massagen, Zeit mit Freunden –, ist ein himmlisches Mittel gegen Kummer.

Sie können sich auch in eine sozial wertvolle Arbeit stürzen, ob bezahlt oder ehrenamtlich. Es kann ein wichtiger Teil der Heilung sein, eine sinn- und freudvolle Aktivität zu beginnen, um nicht den ganzen Tag herumzusitzen und sich leidzutun. Wenn Sie aktiv daran beteiligt sind, anderen zu helfen, und merken, wie viel Sie zu geben haben, hebt es Ihr Selbstwertgefühl. Diese Art von Arbeit hilft Ihnen auch, sich mehr an dem zu erfreuen, was Sie haben.

Manchmal führen die Engel die Hinterbliebenen auch zu jemandem, der ihnen fachlich versiert zur Seite stehen kann, zum Beispiel zu einem Therapeuten oder einer Selbsthilfegruppe.

🔔 Himmlischer Rat

Bitten Sie die Engel, Sie mit dem lieben Menschen zu verbinden, den Sie verloren haben. Widmen Sie einige Zeit einer Tätigkeit, mit der Sie anderen helfen, die es noch schwerer haben als Sie. Lassen Sie sich auf Aktivitäten ein, die es Ihnen erleichtern, das Hier und Jetzt zu genießen.

Himmlischer Rat bei persönlichen Verlusten

Manchmal trauern wir vielleicht nicht um einen Verstorbenen, sondern wegen eines ähnlich schmerzhaften Verlusts. Dabei kann es sich um eine zu Ende gegangene Beziehung handeln, um ein bankrott gegangenes Unternehmen, um den Verlust von finanziellen Mitteln; oder Ihnen wurde etwas Unersetzliches gestohlen oder Ihr Haus ist niedergebrannt.

Dann fühlen Sie sich vielleicht nicht nur verzweifelt über den Verlust, sondern machen sich auch Vorwürfe und gehen detailliert alles durch, was Sie hätten tun können, um die Misere zu vermeiden. Die Engel raten Ihnen, sich stattdessen auf das zu konzentrieren, was Sie sich wünschen. Sicher ist es hilfreich, die Vergangenheit zu betrachten, um aus den eigenen Fehlern zu lernen, aber es ist auch wichtig, es nicht zu übertreiben und sich nicht in der Vergangenheit zu suhlen.

Wenn alle Ihre Gedanken um die negativen Erfahrungen der Vergangenheit kreisen, werden Sie sie permanent wiederholen, denn Ihre Gedanken von heute prägen Ihre Erfahrungen von morgen. Die Engel empfehlen Ihnen, möglichst offen für Veränderungen zu sein.

Vor fünf Jahren war Eddies selbst entworfenes und gebautes Traumhaus einem schrecklichen Feuer zum Opfer gefallen. Die Versicherung bezahlte einen Großteil des Schadens, und da Eddie Miteigentümer einer kleinen Baufirma war, konnte er es sich eigentlich leisten, sich ein neues Haus zu bauen oder sogar ein fertiges zu kaufen. Doch Eddie lebte immer noch im kleinen Gästezimmer in der Wohnung seines Vaters, wo er nach dem Feuer Unterschlupf gefunden hatte.

»Ich kann mich einfach nicht mit dem Gedanken anfreunden, irgendwo anders zu leben«, erklärte mir Eddie und nestelte an den Knöpfen seines Hemdes herum. »Mein Vater freut sich, mich in seiner Nähe zu haben, da gibt es also kein Problem. Wenn ich mal ein Rendezvous habe, ist es ein bisschen schwierig, aber die meisten Frauen haben für die Situation Verständnis, also gehen wir dann jeweils zu ihr. Alle fragen mich, wann ich mir denn wieder etwas Eigenes zulege, aber ich kann mich einfach nicht mit der Idee anfreunden. Sie regt mich eher auf. Ich hatte alle meine Träume und Hoffnungen in dieses Haus gelegt, meinen Schweiß, meine Tränen und drei Jahre meines Lebens. Es war in jeder Hinsicht perfekt. Ich glaube, nur die Geburt meines ersten Kindes könnte mich mehr begeistern als dieses Haus. Ich war jeden Tag glücklich, den ich darin lebte. Abends ging ich durch die Zimmer und genoss es, wie richtig sich jedes Zimmer und jeder Flur anfühlte. Und dann, peng, war über Nacht alles futsch. Wozu das alles, wenn so etwas passieren kann?«

Die Engel sagten zu Eddie: »*Die Zeit scheint bei Menschen, die wir mit einem kummervollen Herzen sehen, eine große Rolle zu spielen. Sie messen die Gegenwart an der Vergangenheit und vergleichen, wie schön doch alles war, bevor der große Schlag kam. Dieser Fokus auf die Vergangenheit ist aus unserer Sicht der entscheidende Faktor, der verhindert, dass sie den Segen des Neuen wieder genießen können. Wenn im Frühling alles taut, trauert der Baum dann der Kälte nach? Wenn die Blüten welken und zu Früchten werden, wird dem Baum dann schwer ums Herz? Ihr seid genauso Teil der sich entfaltenden Natur wie der Baum, und wir raten euch, jede Veränderung als Chance zu betrachten, die Gott euch gibt, um euch auf neues Wachstum einzustellen.*«

»Wow!«, rief Eddie. »Ich habe mich immer für einen relativ spirituellen Menschen gehalten. Und das zeigt mir wirklich, wo mein Platz ist.« Er seufzte tief, als würde er eine große Last loslassen. »Also gut, ich glaube, jetzt kann ich vorwärtsgehen. Ich werde kein Haus bauen, ich werde auch keines kaufen. Unten in der Stadt habe ich ein Loft gesehen, in einem von diesen schönen alten Speichern, die man so toll ausbauen kann. Ich glaube, dort gehe ich erst einmal hin. Da habe ich die nächsten paar Jahre etwas, womit ich beschäftigt bin, und irgendwann habe ich vielleicht die richtige Frau zum Heiraten gefunden. Dann bauen wir gemeinsam unser Traumhaus.«

⌂ Himmlischer Rat
Bleiben Sie nicht länger auf die Vergangenheit fixiert. Nehmen Sie Ihre neuen Lebensumstände an – mitsamt dem ganzen Potenzial für neue Erfüllung und neues Glück, das darin steckt.

Ihre Bestimmung liegt nicht im Leiden. Sie haben immer ein ganzes Team von Engeln um sich, die Ihnen mit Rat und Tat zur Seite stehen. Es ist, als hätten Sie das Rote Kreuz, Supermann und das Friedenskorps gleichzeitig zu Diensten.
Und die Engel wollen Ihnen nicht nur im Hinblick auf Ihr persönliches Glück helfen, sondern in jedem Aspekt Ihres Lebens. Im nächsten Kapitel erfahren Sie, was die Engel bei Problemen rund um die Suche nach einer romantischen Liebesbeziehung raten.

3

Himmlischer Rat zur Seelenpartnersuche

Alle – egal mit welchem kulturellen oder sozialen Hintergrund, egal welchen Alters oder welchen Geschlechts oder welcher Religion –, alle haben eines gemeinsam: den Wunsch, geliebt zu werden. Jeder, dem ich bislang begegnet bin, hat mir irgendwann erzählt, dass er sich nach Liebe sehnt, auch wenn er nach außen noch so rau und unabhängig auftritt.

Das Bedürfnis nach romantischer Liebe – sich von jemandem geliebt zu fühlen, der für Sie eine besondere Rolle spielt, und diese Person wiederzulieben – ist bekanntlich ein allgemein menschliches Sehnen. Es ist wissenschaftlich nachgewiesen: Menschen, die in einer liebevollen Partnerbeziehung leben, haben tendenziell eine höhere Lebenserwartung und sind allgemein glücklicher und zufriedener.

Eine solche Beziehung ist übrigens für das Wohlbefinden von Männern genauso wichtig wie für die Frauen. Glücklich verheiratete Männer haben eine höhere Lebenserwartung als geschiedene. Die meisten Suizide pro Jahr finden in der sozialen Gruppe der geschiedenen Männer statt. In meiner eigenen Erhebung unter einigen Hundert Geschäftsfrauen wurde eine gute Ehe als die wesentliche Grundlage für Erfolg und Zufriedenheit angegeben.

Das erklärt, warum Menschen, die nicht in einer Zweierbeziehung leben, so viel Zeit und Energie für die Suche nach einem möglichen Partner aufwenden. Doch diese Suche führt häufig zu Enttäuschung, gebrochenen Herzen, Ablehnung, Schmerz und sogar Demütigung. Wenn die Suche fruchtlos bleibt und jemand einfach nicht die ersehnte Liebe finden kann, fragt er sich irgendwann, was denn mit ihm selbst nicht in Ordnung sei, dass Gott ihn so verlassen habe und ihm den Wunsch versagt, wo er es doch so vielen anderen freimütig zukommen lässt.

Das Bedürfnis nach Liebe ist jedoch viel größer als die Furcht vor all dem Leid, das mit der Suche einhergeht, und deshalb sitzen jeden Samstagabend wieder Millionen von Menschen in Kinos, Restaurants und Bars, in der Hoffnung, jemand Passendes zu finden. Ob Sie nur nach einer kurzen Affäre suchen oder nach dem Partner Ihres Lebens – der Himmel möchte dabei gerne helfen.

So oft schauen die Suchenden über den Tisch und meinen, jetzt endlich »den Richtigen« oder »die Richtige« gefunden zu haben. Eine Weile später bemerken sie, dass sie der Hunger nach einem Seelenpartner in die Irre geführt hat und man gar nicht zusammenpasst.

Anders als in manchen glamourösen Fernsehserien wird diese Suche für viele Singles irgendwann zu einem leeren, frustrierenden Ritual. Man hat auch festgestellt, dass viele Menschen in leidvollen, unerfüllten Beziehungen verharren, um den Schmerz des Alleinseins und die mühselige Suche nach einem neuen Partner zu vermeiden. Aber sie sehnen sich nach einem Seelenpartner.

Die Engel wissen um Ihr Bedürfnis nach Liebe und um die Wichtigkeit einer romantischen Partnerbeziehung für Ihr Dasein. Sie wissen auch genau, welche Art von Partnerschaft Ihr Leben bereichern würde. Daher möchten die Engel Ihnen in Ihrem Liebesleben gerne weiterhelfen und bei allen Aspekten Ihrer Suche nach potenziellen Partnern einbezogen werden. Sie können Ihnen auch helfen, die Angst vor Ablehnung oder Festlegung zu überwinden, und werden Ihnen die Wahrheit über den Charakter Ihres Gegenübers sagen.

Viele Menschen, die sich in lebensgefährlichen Situationen oder in Krisen durchaus an Gott wenden, scheuen sich allerdings davor, ihn bei eher trivialen Dingen wie ihrem Liebesleben um Hilfe zu bitten. Wenn aber ein harmonisches Liebesleben für unser Glück und unsere Gesundheit so wichtig ist, wie kann es dann trivial sein, sich dabei unterstützen zu lassen? Gott, der die Quelle aller Liebe ist, ist es überaus wichtig, dass wir einen liebevollen Partner haben, und hat deshalb speziell dafür Engel erschaffen, die man jederzeit herbeirufen kann. Diese Liebesengel sind Gottes Geschenk an die Liebenden. Der Pfeile verschießende Cherub Cupido ist ein traditionelles Symbol der romantischen Liebe, und es liegt eine gewisse Wahrheit in diesem Bild. Wie viele andere mythologische Kreaturen beruht auch diese auf einer gewissen spirituellen Wahrheit. Die Liebesengel erscheinen tatsächlich wie rosa leuchtende, kindliche Cherubim. Wenn ich mit meinem sechsten Sinn die Liebesengel jemanden umschweben sehe, fühle ich mich an eine Valentinskarte erinnert. Ihre Gegenwart zeigt mir, dass diese Person die Engel um Hilfe für ihr Liebesleben gebeten hat oder dass eine neue Liebe naht und die Engel behilflich sind, ihr den Weg zu weisen.

Die Aufgabe der Liebesengel besteht darin, unser Bedürfnis nach partnerschaftlicher Liebe zu erfüllen, indem sie uns mit unserem Seelenpartner zusammenbringen oder uns zeigen, wie wir eine gefährdete Paarbeziehung retten können. Manche Liebesengel sind darauf spezialisiert, neue Paare zusammenzubringen, andere bringen Romantik in bereits bestehende Beziehungen.

Jeder kann die Liebesengel um Hilfe rufen, und da es sie in Hülle und Fülle gibt, brauchen Sie sich nicht zu sorgen, dass Sie ihnen zur Last fallen. Sie freuen sich, uns zu helfen, romantische Liebe zu genießen, auch weil das für Ihre spirituelle und emotionale Erfüllung wichtig ist.

Bitten Sie Ihre Engel, Sie zu Ihrem Seelenpartner zu führen, und folgen Sie dann Ihrem Bauchgefühl. Die Engel sagen: »*Ihr werdet genaue Hinweise erhalten, doch vielleicht seht ihr zunächst keinen Zusammenhang mit einer Paarbeziehung. Folgt ihnen dennoch, denn Gott wird euch dahin führen, wohin ihr wollt.«*

Sobald Sie Ihre Bitte äußern, setzen die Engel alles Erdenkliche in Bewegung, um Sie mit dem Partner Ihrer Träume zusammenzuführen. Es ist wie eine himmlische To-do-Liste: Diesen und jenen Schritt sollen Sie unternehmen, um sich für die Beziehung zu öffnen, die Ihnen die Engel nahebringen wollen, damit Sie dem ersehnten Seelenpartner begegnen, ihn anziehen und sich an ihm erfreuen können. Meistens werden Ihnen die Hinweise der Engel durch Gefühle, Träume, Visionen oder Ideen mitgeteilt.

Die Aufgabe der Liebesengel endet jedoch nicht, wenn sie es geschafft haben, jemanden erfolgreich durch diese komplexen Prozesse zu navigieren. Sobald jemand die Schwelle zu einer verbindlichen Beziehung überschritten hat und aus zwei Menschen ein Paar wird, arbeiten die Engel daran, Harmonie zu gewähren und die Romantik lebendig zu erhalten, wie Sie im vierten Kapitel noch erfahren werden. Und auch wenn daraus eine langfristige Paarbeziehung oder Ehe wird, begleiten uns die Engel – wie im fünften Kapitel näher beschrieben wird.

Himmlischer Rat, um einen Seelenpartner zu finden

Falls Sie keinen Liebespartner finden können, liegt das Problem oft in Ihnen selbst. Vielleicht suchen Sie verzweifelt nach einem Partner und sind schon ganz unglücklich über Ihre Unfähigkeit, mit der Person, von der Sie träumen, in Kontakt zu kommen. Dabei bemerken Sie womöglich gar nicht, dass die Engel um Sie herum lauter Leuchtraketen hochgehen lassen, um Sie auf potenzielle Partner aufmerksam zu machen.

Vielleicht laufen Sie in der irrigen Vorstellung umher, für jeden Menschen gebe es nur einen einzigen Seelenpartner, der alle Ihre

Interessen teilt, Ihr Herz höher schlagen lässt und Sie genauso liebt, wie Sie sind. Eventuell glauben Sie, nur für diesen Menschen geboren zu sein: Sie würden ihn sicher sofort erkennen, wenn Sie ihm begegnen und falls Sie ihn irgendwie verpassen, wären Sie dazu verdammt, Ihr Leben mit dem Zweit- oder Drittbesten verbringen zu müssen.

Manche Menschen lassen auf der Suche nach diesem mythischen Wesen Dutzende von guten potenziellen Partnern unbeachtet und durchleben Jahre der Frustration und der Einsamkeit. Andere verzehren sich in der Überzeugung, sie hätten ihren Seelenpartner verpasst; es sei vielleicht jemand, mit dem sie eine Beziehung hatten, der sie jetzt nachtrauern. Möglicherweise war dieser perfekte Partner verheiratet, lebte auf der anderen Seite des Globus, war süchtig oder gewalttätig oder erkannte einfach nicht das wahre Potenzial Ihrer Beziehung. Diese Menschen leben in der Fantasie, sie könnten mit diesem Partner die ideale Beziehung gehabt haben, wenn nur dies oder jenes anders gewesen wäre.

Die Engel haben mich gelehrt, dass die Vorstellung, es gebe für jeden Menschen nur einen einzigen Seelenpartner, den man eben suchen muss, bis man ihn findet (andernfalls bleibe man auf immer allein), zu den schädlichsten romantischen Mythen gehört. Es ist ja auch kaum vorstellbar, dass Gott Ihren einzigen Seelenpartner in Cleveland leben lässt, während er Ihnen ein tolles Jobangebot in San Francisco gibt, oder? Tatsächlich gibt es Hunderte von möglichen Seelenpartnern, Männer und Frauen, die Sie spirituell und emotional erfüllen könnten. Es gibt sie in jeder Stadt und in jeder sozialen Gruppe, wo auch immer Sie im Lauf Ihres Lebens landen.

Doch nur wenige Menschen scheinen das zu wissen, und nur zu oft sehe ich, wie meine Klienten, junge und alte, Männer und Frauen, es selbst verhindern, die ersehnte Liebe zu finden, weil sie dem Seelenpartner-Mythos verfallen sind.

»Wann werde ich endlich den Einen finden?«, fragte mich Rose und sah mich eindringlich an. Rose, Mitte dreißig, war Besitzerin eines hoch gepriesenen italienischen Restaurants, das sie von ihrem Vater übernommen hatte und dessen stolze Tradition sie sorgsam bewahrte. Wenn man die gut aussehende, brünette Rose Abend für Abend in ihrem Lokal sah, machte sie gewöhnlich einen starken, äußerst kompetenten Eindruck.

Doch heute zeigte sie mir, wie sehr sie sich nach einem Partner sehnte. Sie spürte ihre biologische Uhr ticken. »Ich habe das Gefühl, mir läuft die Zeit davon. Ich habe mich schon überall umgesehen, in meiner Gemeinde, meinem Geschäft. Überall begegnen mir Leute, und ich hatte auch etliche Beziehungen mit Männern, von denen es manche sogar ernst meinten. Aber letztendlich war ich mir bei keinem ganz sicher. Keiner von ihnen schien meinem Bild von einem idealen Seelenpartner wirklich zu entsprechen. Ich dachte immer, wenn ich nur lange genug warte, werde ich ihn schon finden. Dann werden wir einander einfach ansehen und alles wird gut. Wir werden wunderbar Liebe miteinander machen, überhaupt in jeder Hinsicht ein tolles Paar sein, und den Rest unseres Lebens bleiben wir mit wenig Streit oder Meinungsverschiedenheiten glücklich miteinander. Ich will frei sein, wenn er auftaucht. Ich will nicht mit jemandem verheiratet sein und eines Tages plötzlich, bums, meinem wahren Seelenpartner begegnen.«

»Rose«, sprachen die Engel zu ihr, »es wartet schon ein Seelenpartner auf dich, aber vielleicht nicht so, wie du meinst. Denn in Wahrheit hast du – wie alle anderen – viele potenzielle Seelenpartner, nicht nur einen. Mit jedem kannst du eine liebevolle, erfüllende Beziehung erleben. Jeder dieser möglichen Seelenpartner nährt unterschiedliche Bereiche deines Geistes, deines Herzens oder deiner Seele. Du hast schon etliche Seelenpartner vorüberziehen lassen, die wir dir geschickt haben. Du wolltest sie nicht, weil du meintest, es könnte ja noch einen besseren Mann geben.*

Aber sei guten Mutes. Du wirst bald die befriedigende Seelenpartnerschaft finden, nach der du dich sehnst. Wenn der rechte Zeitpunkt gekommen ist, werden wir dich zu der Person führen, von der du in deiner Seele weißt, dass sie dir helfen wird, die Heilung zu erleben oder dich das zu lehren, was bei deinem Wachstum als Nächstes an der Reihe ist. Wenn deine Seele etwas über Freiheit lernen will, wirst du jemanden treffen, der dich darin unterstützt. Oder wenn du dich seit Langem nach einer Beziehung mit viel körperlicher Leidenschaft gesehnt hast, wirst du dich zu jemandem hingezogen fühlen, der dich in dieser Hinsicht erfüllen kann. Und wenn du etwas über Geduld lernen willst, wirst du einem sehr geduldigen Mann begegnen.«

Rose sah mich erleichtert an. »Wenn ich das so höre, könnte ich mich selbst ohrfeigen, welch eine romantische Närrin ich war. Es gab ein paar Männer, mit denen ich zusammen war, auf die ich mich wirklich hätte einlassen sollen, vor allem Armand. Wahrscheinlich hatten ihn mir die Engel geschickt. Ich will in Zukunft weiser sein.«

Von der Illusion befreit, dass es nur einen einzigen »Richtigen« gebe, begann Rose zu erkennen, dass mehrere Männer als potenzielle Seelenpartner zu ihr passten. Als ich das letzte Mal von ihr hörte, war sie verlobt, und zwar – nach ihrer Meinung – dank der Botschaft der Engel.

🔔 Himmlischer Rat

Lassen Sie sich nicht von dem Mythos des »*einen* perfekten Seelenpartners« blenden, sondern erkennen Sie die vielen wundervollen potenziellen Seelenpartner, die Ihnen die Engel über den Weg schicken.

Himmlischer Rat, um den richtigen
Seelenpartner anzuziehen

Manche Menschen finden keinen Seelenpartner, weil sie die
Messlatte zu hoch gelegt haben. Vielleicht möchte die Art von
Person, die Sie sich als Partner wünschen, nicht jemanden wie
Sie zur Partnerin haben. Diese Person ist möglicherweise auf
einer anderen Ebene als Sie, sodass Sie – wären die Rollen ver-
tauscht – auch keine Beziehung mit sich haben wollten.
Ich will das ein wenig konkreter machen: Angenommen, Sie
haben Schwierigkeiten mit Ärger und Kommunikation und
wünschen sich einen Partner, der immer harmonisch und gelassen ist. Aber ein harmonischer, gelassener Mensch, der gerne ein
harmonisches, gelassenes Leben genießt, wird sich wahrscheinlich keinen schwierigen, reizbaren Partner wünschen. Ähnliches
gilt vielleicht auch für jemanden, der überhaupt nicht in Form
ist und sich einen gut gebauten Athleten wünscht, oder für
jemanden mit Suchtproblemen, der sich einen liebevollen Partner ersehnt, der sein Leben wunderbar im Griff hat.
Es ist nichts dagegen einzuwenden, dass Sie sich hohe Ziele setzen. Gott und die Engel möchten Sie sogar dazu ermutigen. Zu
den Funktionen eines Seelenpartners gehört es, das Beste im
Gegenüber hervorzulocken. Manchmal fühlen Sie sich von Ihrem
idealen Seelenpartner nicht nur wegen seiner wundervollen Qualitäten angezogen, sondern auch auf einer höheren spirituellen
Ebene, weil er die Art von Person ist, die Sie werden möchten.
Problematisch wird es jedoch, wenn Sie erwarten, dass Ihnen im
nächsten Moment etwas weit außerhalb Ihrer Reichweite Lie-
gendes nett verpackt geliefert wird. Wenn Sie nicht mehr sehen,
wie absurd das ist, laufen Sie Gefahr, eine Menge Enttäuschung,
Ablehnung und viele Stunden Einsamkeit und Kummer zu
durchleben. Das Gesetz der Anziehung besagt: Die Wahrscheinlichkeit ist groß, dass Sie jemanden anziehen, der auf derselben

spirituellen, körperlichen und mentalen Ebene ist wie Sie. Die Engel sagen, Sie haben in dieser Situation zwei Möglichkeiten: Entweder senken Sie Ihre Erwartungen und lassen sich auf einen Seelenpartner ein, der ein bisschen näher an Ihrer eigenen Ebene liegt. Oder Sie können sich die Mühe machen, sich selbst zu der Art von Person weiterzuentwickeln, die Ihr idealer Seelenpartner lieben würde.

Bei meiner Arbeit ist es immer ein schwieriger Bereich, wenn ich mit Klienten wie Carmen arbeite: Die fünfunddreißigjährige Krankenschwester flehte durch mich die Engel an, ihr mitzuteilen, wie sie an Russell, den neuen Sicherheitschef des Krankenhauses, herankommen könnte.

Die Engel zeigten mir Bilder in einer Art geteiltem Bildschirm, aus denen deutlich wurde, dass die beiden hinsichtlich Temperament und Geschmack zurzeit Lichtjahre voneinander entfernt waren. Ich bat Carmen, mir ein wenig über sich selbst zu erzählen.

Es stellte sich heraus, dass Carmen praktisch chronisch verschuldet war, dazu neigte, sich häufig mit ihrer Familie, mit Freunden und sogar Mitarbeitern zu zanken, und dass ihr Gefühlsleben einer Achterbahnfahrt glich.

Dann bat ich sie, mir Russell zu beschreiben. Dabei entstand das Bild eines gut angezogenen, gepflegten, gebildeten Mannes. Er war früher bei den Navy SEAL gewesen, kannte sich gut an der Börse aus und hatte sein Leben und seine Umgebung in jeder Hinsicht im Griff. »Er ist so anders als die Männer, mit denen ich sonst ausgegangen bin«, meinte sie überschwänglich. »Russell ist ein Mann, bei dem sich eine Frau sicher fühlen kann, mit dem sie ein Leben verbringen kann. Sagt mir, was ich tun muss, um bei ihm zu landen.«

Ich wusste, dass Carmen diese Mitteilung der Engel nicht hören wollte. Aber ich rief mir in Erinnerung, dass ich nur die Botschafterin war, deren Aufgabe es ist, die Nachricht zu überbringen. Also wiederholte ich, was mir die Engel sagten: »*Liebe Carmen, worum du bittest, ist zwar nicht unmöglich, aber um es Wirklichkeit werden zu lassen, sind viele Schritte notwendig. Du hast mit diesem Mann gemeinsam, dass ihr beide auf dem spirituellen Weg seid; das ist eines der Elemente, die dich an ihm anziehen. Aber ihr seid an zwei verschiedenen Punkten auf diesem Weg. Keiner von euch beiden wäre zu diesem Zeitpunkt ein guter Partner für den anderen. Wir könnten dir jetzt einen Partner bringen, der auf derselben Ebene ist wie du. Oder du entscheidest dich, abzuwarten und hart daran zu arbeiten, auf dem spirituellen Weg Fortschritte zu machen und vieles in deinem Leben zu verändern. Dann könnte es in ein, zwei Jahren für dich und diesen Mann, Russell, der auf dich so attraktiv wirkt, eine Zukunft geben.*«

Carmen starrte mich an. Ich rechnete schon mit irgendeinem emotionalen Ausbruch und bat die Engel insgeheim um Hilfe. Doch dann lachte sie und sagte etwas ganz Ähnliches wie viele meiner Klienten, wenn sie die Informationen der Engel ein wenig verdaut haben: »Ich habe mir schon so etwas gedacht. Ich hatte gehofft, die Engel wüssten irgendeinen wundersamen Weg, wie ich schon jetzt eine Frau sein könnte, die er haben will. Aber Russell ist es wert. Ich bin es ohnehin leid, das Leben zu leben, das ich habe, und die Person zu sein, die ich bin. Ich möchte lernen, mehr so zu sein wie er: ruhig und gelassen, aber auch mitfühlend. Ich weiß, dass er meditiert. Vielleicht könnte ich einen Meditationskurs besuchen. Und vielleicht finde ich auch einen Therapeuten oder eine Gruppe, die mir hilft, ein paar meiner emotionalen Macken zu bearbeiten. Es ist nicht unmöglich.«

Ein Jahr später rief mich Carmen an. Sie hatte noch immer keine Verbindung mit Russell, klang aber ganz anders, zentrierter und mehr im Frieden mit sich selbst. Sie erzählte, sie lerne in einer Gruppe, mit ihrem Ärger umzugehen; sie mache Yoga und gehe mit einem wundervollen, stabilen Mann aus, der in der Cafeteria des Krankenhauses arbeitet.

🔔 Himmlischer Rat

Falls Ihr idealer Seelenpartner etwas idealer ist als Sie, ist es sinnvoll, dass Sie Schritte unternehmen, selbst zu einem besseren Menschen zu werden. Durch das unausweichliche Gesetz der Anziehung werden Sie ihn oder sie dann anziehen.

Himmlischer Rat zur Entwicklung realistischer Erwartungen

Manche Menschen gehen von einer Verabredung zur nächsten und finden nie den gesuchten Seelenpartner, selbst wenn er oder sie direkt vor ihren Augen steht. Ein weiterer schrecklich irreführender Mythos hat sie nämlich verwirrt: Sie meinen, ihre wahre Liebe sollte nicht nur ein Partner sein, sondern gleichsam ihr Zwilling, jemand, der dieselben Werte hat, dieselbe Musik mag, die gleichen Freizeitvergnügungen pflegt, bis hin dazu, dass er an verregneten Samstagabenden gerne Led Zeppelins »Stairway to Heaven« hört und dazu kalte Spaghetti isst.

Die Engel sagen, wir haben mit einem echten Seelenpartner zwar viel gemeinsam, dennoch solle er kein Spiegelbild für uns sein. Wenn Ihr Seelenpartner in jeder Hinsicht Ihr Ebenbild wäre, würde es Ihnen sehr bald langweilig, genauso wie wir uns selbst manchmal langweilig sind.

In der ersten Phase einer Beziehung bemerkt jedes Paar natürlich erst einmal die Ähnlichkeiten. Ihr neuer Freund sagt vielleicht: »Ich fand den Film ›Xena, die Kriegerprinzessin‹ so toll«, und Sie rufen aus: »Ach wirklich? Ich auch!« Oder er erzählt, dass er Höhenangst hat, und Ihnen geht es genauso. Dann mag es so scheinen, als hätten Sie beide alles gemeinsam. Später tauchen dann die Unterschiede auf und manifestieren sich.

Das soll nicht heißen, dass Sie und Ihr neuer Freund sich in dieser ersten Phase etwas vormachen. Es ist ein natürlicher Prozess, dass Sie erst einmal damit beschäftigt sind, alles herauszufinden, was Sie verbindet. Allerdings kann es zu der Idee beitragen, zu meinen, Sie hätten den idealen Partner gefunden, wie Sie es aus Filmen kennen, wo die Partner nie uneins sind über ihre Lieblingsspeisen oder über die Wahl des favorisierten nächsten Präsidenten. Nach ungefähr sechs Monaten nehmen die meisten Liebenden die rosarote Brille ab und fangen an, Unterschiede statt Ähnlichkeiten zu bemerken.

Frank, ein gut aussehender, siebenundzwanzig Jahre alter Fotograf bei einer Zeitung, konsultierte mich, weil er über seinem Liebesleben verzweifelte. Sein Problem lag nicht darin, Frauen kennenzulernen oder mit ihnen eine Beziehung anzufangen. In der Abteilung »Romantik« war er recht erfolgreich. Aber keine der Frauen passte zur Vision seiner künftigen Frau und Mutter seiner Kinder. Mir war klar, dass unter den vielen Frauen, mit denen er ausgegangen war, auch ein paar passende Seelenpartnerinnen gewesen sein mussten, deshalb bat ich Frank, mir zu sagen, wie er sich seine Seelenpartnerin vorstellte.

»Ein weibliches Ich«, vertraute Frank mir an. »Ich glaube, ich hätte gerne jemanden, der dieselben Dinge mag wie ich. Sie soll Outdoor-Aktivitäten lieben, sportlich sein, dieselben Werte haben wie ich, gerne zu Partys gehen, am Wochenende gerne Sportveranstaltungen sehen oder Fischen gehen, sie soll Jazz mögen, sich für Autorennen begeistern, die Republikaner wählen und sich mit meinen Freunden verstehen. Ich habe gesucht und gesucht, aber keine Frau gefunden, auf die all das passt. Manchmal treffe ich eine, die meinem Ideal nahezukommen scheint, aber nach einer Weile stellt sich heraus, dass wir uns in einem wichtigen Punkt unterscheiden.«

Seine Engel sagten: »*Frank, wir wollen nicht, dass du Kompromisse schließt, aber du solltest deine Vorstellung, wozu Gott Seelenpartner erschaffen hat, etwas korrigieren. Wie viele andere auch hast du dir unnötiges Leiden aufgebürdet, weil du meintest, deine Seelenpartnerin müsse wie ein Zwilling sein, dein Spiegelbild in weiblicher Form, jemand, der so denkt, spricht und handelt wie du. Aber wahrscheinlich wärst du davon ziemlich schnell gelangweilt. Hast du nicht ohnehin Augenblicke, wo du dich selbst langweilst und wo du dich nicht leiden kannst? Stell dir vor, fünfzig Jahre nur Gleichheit, ohne die Herausforderung neuer Gedanken oder neuer Erfahrungen!*

Deine Interessen sind breit gestreut – das ist wunderbar. Du hast Freunde und Freundinnen, mit denen du eine gute Zeit verbringst. Verenge deinen Blick auf eine mögliche Partnerschaft nicht auf absolute Übereinstimmung der Interessen. Natürlich solltet ihr viele Interessen teilen. Vor allem aber suche nach einer Gefährtin, die dein Herz höher schlagen lässt und die ein eigenes Leben mit eigenen Vorlieben hat. So werdet ihr beide viel austauschen können. Es ist viel besser, komplementäre Interessen zu haben, als ein Leben lang nach jemandem mit vollkommen identischen Vorlieben zu suchen.«

Frank war erst etwas perplex, doch dann dachte er nach und fing an zu lächeln. »Meine Freunde sagen mir genau dasselbe. Wahrscheinlich haben alle recht.« Frank erkannte, wie unrealistisch seine Vorstellung einer idealen Seelenpartnerin doch war.

⌂ Himmlischer Rat
Ein Seelenpartner ist nicht Ihr Zwilling oder jemand, der Ihnen extrem ähnlich ist. Wir sollen einander stärken, wo wir einander ähnlich sind, und einander fordern, wo wir uns unterscheiden.

Himmlischer Rat, um den
richtigen Partner anzuziehen

Der alte Spruch »Pass auf, was du dir wünschst, es könnte in Erfüllung gehen« trifft hier ganz besonders zu. Gott und die Engel sind gerne himmlische Heiratsvermittler und bringen Sie mit dem Seelenpartner zusammen, den Sie sich wünschen. Sie müssen nur darum bitten. Aber Vorsicht, stellen Sie die Liste der Wünsche, die Ihr Partner erfüllen sollte, mit viel Bedacht auf! Ich habe es am eigenen Leib erfahren, dass der Himmel unsere Wünsche oft wörtlich nimmt.

Vor vielen Jahren, als ich alleinerziehende Mutter von zwei Kindern war, bat ich Gott um Hilfe beim Finden eines Seelenpartners und Ehemanns. Die Beschreibung meines Wunschpartners war drei Seiten lang: Unter anderem sollte er romantisch sein und mir viele Blumen schicken. Ich hatte mit ähnlichen Listen seit vielen Jahren im persönlichen und beruflichen Bereich Erfolg gehabt.

Innerhalb einer Woche traf ich Johnny, den Wirtschaftsprüfer. Ohne dass ich je ein Wort über mein Faible für Blumensträuße verloren hätte, fing Johnny an, mir rote Rosen ins Büro zu schicken. Jeden Tag brachte mir meine Sekretärin Donna zwei Vasen mit Rosen von Johnny ins Zimmer, einen Strauß morgens und einen Strauß nachmittags. Es begann mir allmählich peinlich zu werden, öffentlich mit so viel Aufmerksamkeit überschüttet zu werden. Schließlich war ich die leitende Therapeutin einer konservativen psychiatrischen Klinik.

Sosehr ich Johnnys Aufmerksamkeit genoss: Mir wurde doch klar, dass ich in meiner ausführlichen Beschreibung ein wichtiges Detail ausgelassen hatte: Ich hatte nicht erwähnt, dass ich mich auch zu ihm hingezogen fühlen würde. Tatsache war, dass ich mich für Johnny nur als brüderlichen Freund interessierte – mehr nicht.

Also arbeitete ich meinen Entwurf um und schrieb eine noch detailliertere Liste. Diesmal nahm ich auch Kriterien auf wie »Ich fühle mich zu ihm hingezogen«, und weil ich Johnnys Aufmerksamkeiten etwas überwältigend fand, fügte ich hinzu: »Er ist bereit zu heiraten, kann sich aber auch Zeit lassen, damit sich unsere Beziehung entwickeln kann.«

Ich übergab meinen Brief Gott und spürte, wie ich die Angelegenheit vollständig in seine Hände legte. Dies löste in mir göttlich inspirierte Gefühle und Gedanken aus, die schnell dazu führten, dass ich den von mir beschriebenen Mann traf: Ein gut aussehender, vielseitig begabter Frankokanadier trat in mein Leben. Wir fühlten uns zueinander hingezogen, und er wollte gerne heiraten, aber erst nach einer langen Verlobungszeit, genau wie ich. Alles schien perfekt, wie es oft am Anfang ist.

Doch bald stellte ich fest, dass mir seine Schwierigkeiten mit der englischen Sprache Probleme bereiteten. Seine Muttersprache war Französisch, viele englische Redewendungen und Sprüche waren ihm unbekannt. Es war zwar sehr romantisch, wie er mir französische Liebeslieder vorsang, aber ich sehnte mich nach einem tiefgründigen, stimulierenden Gespräch.

Also ging ich wieder an meine Liste. Diesmal wollte ich es richtig machen. Drei Seiten lang benannte ich detailliert alles, was ich im Hinblick auf meinen neuen Mann haben und nicht haben wollte. Ich nahm nur Merkmale auf, die mir wichtig waren. Anderes, was mir unwichtig war, wie etwa die Körpergröße, ließ ich weg. Schon bald empfing ich göttliche Anweisungen, mich an bestimmte Orte zu begeben und bestimmten Aktivitäten nachzugehen. Ich folgte den Hinweisen genau. Das Ergebnis war, dass ich nach drei Wochen in einem französischen Restaurant einem Mann begegnete. Unsere Augen hielten einander fest. Der Raum schien sich zu drehen, als ob es nichts mehr gäbe außer ihm und mir. Wir setzten uns und tauschten rasch Informationen aus, um zu prüfen, ob wir füreinander richtig seien. Nach drei Jahren heirateten wir. Alle Dinge, die ich auf meiner Liste erwähnt hatte, waren ihm selbstverständlich und vertraut.

Vor ein paar Jahren bot ich Beziehungsseminare für Singles an, in denen ich von meiner Liste und meinen Manifestationsmethoden erzählte. Die Teilnehmer, die diesen spirituellen Ansatz ausprobierten, berichteten von wundervollen Ergebnissen.

Eine Frau erzählte mir, sie habe eine Wunschliste bezüglich ihres künftigen Mannes aufgestellt, die sie überall mit sich herumtrug. Sie redete mit Gewissheit darüber, dass sie ihm bald begegnen würde, und nannte ihn dabei ihren »Wish List Man«.

Ein paar Monate später traf sie diesen Mann und heiratete ihn. »Und jetzt raten Sie mal, wie unser Nachname ist?«, erzählte sie mir aufgeregt. »Wishner! Ich glaube, ich habe seinen Nachnamen manifestiert, weil ich ihn immer meinen ›Wish List Man‹ nannte!«

Um diesen Ansatz zur Manifestation Ihres Seelenpartners und anderer Ziele zu verwirklichen, nehmen Sie einfach ein Blatt Papier und schreiben sämtliche Qualitäten auf, die Ihr idealer Seelenpartner haben sollte. (Sie können auch eine zweite Liste mit den Merkmalen aufstellen, die er nicht haben sollte.) Überstürzen Sie es nicht, lassen Sie sich ein paar Tage Zeit, damit Sie nichts Wichtiges vergessen. Übergeben Sie dann Ihre Liste Gott und den Engeln. Um auf Nummer sicher zu gehen, falls Sie etwas Wichtiges vergessen haben, sagen Sie dazu: »Dieses oder etwas Besseres, bitte!« Sie wollen die Engel ja nicht einschränken, indem Sie sie nur auf das begrenzen, von dem *Sie* meinen, es werde Sie glücklich machen.

⌂ Himmlischer Rat
Seien Sie sich vor Ihrer Suche nach dem Seelenpartner klar, wonach Sie suchen. Sonst enden Sie vielleicht mit etwas, womit Sie nicht gerechnet haben oder von dem Sie wünschen, nie darum gebeten zu haben.

Himmlischer Rat bei Perfektionismus

Ein anderer Weg, wie Sie bei Ihrer Suche nach einem Seelenpartner sich selbst das Herz brechen können, besteht darin, passende Partner zurückzuweisen, weil sie nicht absolut perfekt sind. Manche Menschen machen sich das Leben zur Hölle, drangsalieren sich selbst bis zur Erschöpfung und treiben sich manchmal sogar in den Selbstmord, weil sie von sich selbst absolute Vollkommenheit erwarten. Sie können es nicht ertragen, sich je zu irren oder einen Fehler zu machen. Andere verhalten sich ähnlich, mit denselben selbst sabotierenden Wirkungen, nur dass sie es auf Seelenpartner beziehen: Sie wollen einen, der einfach perfekt, makellos und ohne jede Schwäche ist. Ihr Herz bricht – und doch sind sie es selbst, die es zerbrechen. Ihre Erwartungen sind so hoch, dass kein Sterblicher sie je erfüllen kann.

Diese Menschen sind in einer ähnlichen Lage wie der Mann, von dem eine alte Sufi-Geschichte erzählt: Als er nach langer Suche endlich die perfekte Frau findet, will sie nichts mit ihm zu tun haben, denn sie sucht nach dem perfekten Mann.

So war es auch bei meiner Klientin Kathleen. Sie war Ende dreißig, leitete eine Verkaufsabteilung und war im Lauf der Jahre mit vielen Männern ausgegangen, ohne auf einen zu treffen, der ihren Ansprüchen genügte. Allmählich fühlte Kathleen Torschlusspanik, weil sie heiraten wollte, solange sie noch Kinder bekommen konnte, doch ihrer Meinung nach hatte sie wenig Aussichten darauf.

Durch ihre berufliche Tätigkeit hatte Kathleen viele Kontakte zu Männern; darunter waren durchaus attraktive, gewandte, erfolgreiche Typen, die jeder Frau gefallen konnten. Doch wenn Kathleen von ihnen erzählte, konnte sie bei jedem von ihnen einen Fehler finden, weshalb er nicht »der Richtige« sein konnte. Der eine war zu klein, der andere zu groß, der eine zu dünn, der andere zu dick, der eine zu romantisch, der andere zu trocken, der eine ein zu guter Liebhaber und der andere ein schlechter, der eine engagierte sich zu viel in seinem Beruf, der andere zu wenig, der eine war zu großzügig und der andere zu geizig. »Kurz gesagt«, fasste sie schließlich zusammen, »jedes Mal, wenn ich einen kennenlerne, der es auf den ersten Blick sein könnte, stelle ich bei näherem Hinsehen fest, dass er parallel zehn Freundinnen hat, dass er ständig an meinem Gewicht herumnörgelt oder dass er ein Workaholic ist.«

Sie geriet langsam in Panik über ihre Zukunft. »Werde ich dem perfekten Mann überhaupt je begegnen?«, platzte sie irgendwann heraus.

Die Engel erklärten: »*Dieser Perfektionismus ist dein Schutzschild, der verhindert, dass du einen Partner findest. Deine Angst, dich auf eine verbindliche Beziehung einzulassen oder abgelehnt zu werden, ist überaus groß. Du glaubst, dich nach einer tiefen, intimen Seelenpartnerbeziehung zu sehnen, aber tief in dir fürchtest du dich davor, dich auf eine solche Beziehung einzulassen. Dass dein Seelenpartner keine Unvollkommenheiten oder menschlichen Schwächen haben soll, dient dir als Entschuldigung, dich nicht einlassen zu müssen. Du warst schon oft mit Männern zusammen, die dein Traummann hätten sein können, aber du suchtest so lange nach einem Fehler, bis du einen fandest; dann glaubtest du, dich gerechtfertigterweise zurückziehen zu können.*

Um einen Seelenpartner in dein Leben zu holen, musst du zuerst deine Gefühle der Verletzlichkeit heilen. Wir können dir helfen, dein Herz wieder ganz zu machen. Bitte uns einfach, in deine Träume zu kommen und all deine Ängste vor Liebe und Intimität zu entfernen. Bitte uns, dir zu helfen, deinen Eltern, vergangenen Liebhabern und dir selbst für alle alten Wunden zu vergeben, die sie dir zugefügt haben und die du ihnen angetan hast. Lade uns ein, dir zu helfen, die Angst vor dem Lieben und Geliebtwerden loszulassen. Mit unserer Hilfe wirst du deinen Perfektionismus bald los

sein. Das öffnet den Weg für eine Beziehung zu einem Mann, der
dich wirklich liebt und den du ebenso liebst.«
Kathleen schien erleichtert. Die Botschaft erfreute sie offenbar.
Die Engel zeigten mir innerlich Bilder von Kathleens neuem
Partner. Ich gab sie beschreibend weiter: »Ich sehe einen Seelenpartner für Sie, Kathleen. Nach Ihren jetzigen Maßstäben wird
er nicht hundertprozentig perfekt sein. Er trägt eine Brille, hat
einen guten Sinn für Humor, aber auf eine stille Art. Er ist eher
schüchtern, und er hat ein paar Probleme mit seiner Mutter, aber
was soll's. Sie treffen diesen Mann irgendwo außerhalb, in einer
Bibliothek oder einem Buchladen oder an einem Ort des Studi-
ums. Ich fühle viele Bücher um diesen Mann herum, als würde
er viel lesen. Er ist kein Beau, aber Sie finden ihn auf jeden Fall
attraktiv. Ich sehe Sie beide zusammen reisen, im Zusammenhang mit seiner Arbeit. Ich sehe einen Zug, und es scheint Eu-
ropa zu sein. Sie können mit diesem Mann sehr glücklich und
erfüllt sein, vor allem was Gemeinschaft und gegenseitigen
Respekt betrifft. Ich spüre eine Wärme, die man romantisch
nennen könnte, aber keine feurige Leidenschaft. Es fühlt sich
wie eine gute Beziehung an, verbindlich und liebevoll.«
Kathleen seufzte tief. »Nun, als Sie mit der Beschreibung anfingen, wurde mir erst einmal bange ums Herz. Es klingt nicht so,
als wäre er der tolle Mister Perfect, von dem ich immer geträumt
habe. Aber wissen Sie was?« Sie richtete sich etwas auf und fuhr
mit Nachdruck fort: »Ich finde, es klingt wundervoll. Ich glaube,
ich bin langsam bereit, ohne den Anspruch auf Vollkommenheit
zu leben. Ich merke, ich brauche eher jemanden, der mir ein
guter Freund und ein romantischer Liebster sein kann. Dieser
Mann, von dem Sie erzählen, klingt nach genau dem, was ich
brauche.«
Ein paar Wochen später wurde Kathleen nach New Orleans ver-
setzt. Seitdem habe ich nichts mehr von ihr gehört. Ich weiß,
wenn sie bei ihrem Entschluss geblieben ist und die Engel gebe-

ten hat, ihr zu helfen, ihren Perfektionismus loszuwerden, dann wird sie den Seelenpartner gefunden haben, den die Engel im Augenblick für sie perfekt finden.

🔔 Himmlischer Rat
Warten Sie nicht auf jemanden, der absolut perfekt ist. Ihr Seelenpartner mag durchaus ein paar Unvollkommenheiten aufweisen.

Himmlischer Rat für jene, die niemanden finden

Der Spruch »Hilf dir selbst, dann hilft dir Gott« stimmt auch hinsichtlich der Suche nach einem Seelenpartner. Sie können nicht erwarten, dass Gott Ihnen einen Seelenpartner in die Arme führt, wenn Sie sich nicht an Orten aufhalten, wo ein Seelenpartner zu finden sein könnte. Die Engel möchten Ihre romantischen Wünsche gerne erfüllen, aber Sie müssen den Prozess in Gang setzen, indem Sie ein wenig Vertrauen und Einsatz zeigen. Dann können die Engel ans Werk gehen, um Ihre Wünsche auf erstaunliche Art in Erfüllung gehen zu lassen. Die Engel betonen immer wieder, dass die Hilfe des Himmels menschliche Beteiligung erfordert.

Allzu viele Menschen beschließen zwar, dass sie einen Seelenpartner wünschen, aber dann lehnen sie sich zurück und meinen, Gott und die Engel würden jetzt den Rest erledigen. Sie folgen jeden Tag genau denselben Wegen, gehen denselben Gewohnheiten nach, bei denen sie auch bislang keinen Seelenpartner gefunden haben, und erwarten ein Wunder. Wenn es nicht eintrifft, sind sie enttäuscht und bejammern ihr Schicksal, das sie allein sein lässt. Manche fangen auch an, den Glauben an Gott und die Engel anzuzweifeln. »Ich habe so oft um einen Seelenpartner gebeten«, erzählen sie mir dann, »und wo ist er? Sie haben doch gesagt, Gott und die Engel erfüllen unsere Gebete immer. Treiben die Engel ihre Scherze mit mir? Oder ist doch alles nur Lug und Trug?«

Das erinnert mich an die alte Geschichte von dem Mann, der jeden Tag darum betet, in der Lotterie zu gewinnen. Jeden Samstag sitzt er am Telefon und erwartet den Anruf, dass er den Hauptgewinn hat. Nach wochenlanger Enttäuschung schaut er nach oben und schimpft: »Gott, was ist los? Jeden Tag bete ich darum. Trotzdem gewinne ich nichts!« Und aus dem Himmel erschallt die Stimme Gottes: »So kauf doch endlich mal ein Los!«

Sie können nicht erwarten, Ihrem Seelenpartner zu begegnen, wenn Sie sich nicht aktiv auf die Suche begeben. Was sollen die Engel denn tun? Ihn bei Ihnen an der Haustür abliefern? Sofern Sie den Briefträger oder den Pizzaboten heiraten wollen, kann das klappen. Aber wenn einer der beiden Ihr Seelenpartner wäre, hätte es sicher schon mal gefunkt.

Falls Sie um eine Liebesbeziehung bitten und den Eindruck haben, Ihre Gebete würden nicht erhört, kann es daran liegen, dass Sie an alten Gewohnheiten und Tagesabläufen festhalten, die Ihre Kontaktmöglichkeiten einengen. Ein einsamer Mann, der darauf besteht, mit keiner Frau ausgehen zu wollen, die größer ist als er, oder eine einsame Frau, die all ihre Freizeit dazu nutzt, ihre Wohnung zu putzen, können lange nutzlos über ihr Alleinsein jammern. Sie müssen sich nur die Mühe machen, den Engeln ein wenig entgegenzukommen, und ihre gewohnte Routine einmal außer Acht lassen, um eine Möglichkeit zu erschaffen, dem Partner ihrer Träume zu begegnen. Etwas Ähnliches haben die Engel auch meinem Klienten Emmanuel gesagt.

Der achtunddreißig Jahre alte, unverheiratete Vorarbeiter in einer Druckerei klagte nicht nur darüber, keine Seelenpartnerin zu finden. Er fand noch nicht einmal eine Frau zum Ausgehen. Emmanuel war ein stiller, zurückhaltender Mensch mit einem gewissen Hang zur Spiritualität. Er erklärte, seit Jahren suche er erfolglos nach einer Partnerin. »Ich glaube, ich wäre wirklich ein guter Ehemann und Vater«, erläuterte er, »aber in letzter Zeit frage ich mich, ob Gott meine Gebete vielleicht nicht hört oder ob es mir einfach nicht bestimmt ist, eine Familie zu gründen. Ich bin seit Jahren mit niemandem ausgegangen, ich lerne einfach keine Frauen kennen.«

Nach wenigen Augenblicken antworteten die Engel: »*Wir hören deine Gebete seit vielen Jahren und versuchen, dir zu helfen. Wir haben dich oft gedrängt, in deiner Freizeit öfter aus dem Haus zu gehen, damit wir dafür sorgen können, dass du einer passenden Frau begegnest. Aber du bist dem nicht gefolgt. Nach der Arbeit gehst du direkt nach Hause und siehst fern, und dann wunderst du dich, warum du allein bist. Auch das Wochenende verbringst du vor dem Fernseher, und das Essen lässt du dir nach Hause liefern. Wenn du von Kollegen eingeladen wirst, sagst du dir immer, du wollest hingehen, aber wenn es so weit ist, meinst du, du seist zu müde, und verkriechst dich wieder zu Hause. Wir meinen, dass du dich scheust, aus dir herauszugehen, weil du fürchtest, von jemandem abgelehnt zu werden, dessen Liebe du sehr gerne gewinnen würdest. Doch auf diese Weise hast du schon etliche Frauen verpasst, die dich ein Leben lang glücklich gemacht hätten. Wir können dir nicht helfen, wenn du nicht den Hinweisen folgst, die wir dir durch deine Gedanken und Gefühle zukommen lassen.«*

Vor Staunen blieb Emmanuels Mund offen stehen, als er den Engeln zuhörte. »Das ist unglaublich. Ich habe einen Flyer über einen Sportkurs bei mir in der Nähe bekommen. Ein paarmal war ich drauf und dran, mich anzumelden. Aber jedes Mal habe ich es mir wieder ausgeredet.«

»*Du wirst nicht lange alleine bleiben*«, verkündeten ihm die Engel. »*Aber du musst an deinen gewohnten Aktivitätsmustern etwas ändern, um die Seelenpartnerin zu finden, die wir dir gerne näherbringen würden. Wir raten dir, zu diesem Sportkurs zu gehen, wir haben dafür gesorgt, dass du dieses Flugblatt erhältst. Ja, wir haben dich dazu gedrängt. Wir möchten auch, dass du die Einladungen deiner Kollegen annimmst. Sonst kommst du nie in eine Position, wo du der Liebe begegnest, nach der du suchst.«*

Ein paar Tage später rief Emmanuel mich an und fragte, wo »sie« denn nun sei. »Ich bin zu dem Kurs gegangen«, berichtete er, »aber ich bin dort niemandem begegnet.«

Ich lächelte in mich hinein und riet ihm, den Engeln etwas Zeit zu lassen. Er sei doch erst eine Woche auf dem Spielfeld. Die Engel seien bereits am Werk, all die Fäden zu ziehen, um die erwünschte Seelenpartnerin über seinen Weg laufen zu lassen. Die Engel fügten hinzu. *»Du musst nicht nur aus dem Haus gehen, du musst auch mit anderen Menschen Kontakt aufnehmen, durch freundlichen Augenkontakt, ein Lächeln oder einen Gruß. Die Frau, die du suchst, ist empfindsam und genauso scheu wie du. Sie wird nicht auf dich zugehen, erst recht nicht, wenn du so abweisend bist. Du musst anderen mit Wärme entgegengehen. Du kannst das leicht tun, indem du dir klarmachst, dass jeder Mensch, dem du begegnest, den göttlichen Funken in sich hat. Fühle deine Liebe zu Gott, sooft du mit jemandem in Kontakt bist, dann strahlt deine Wärme automatisch aus. Dann wirst du viele Freunde anziehen – auch die Frau, nach der du suchst.«*

Emmanuel versprach, geduldiger zu sein und sich noch mehr zu bemühen, nach draußen zu gehen und mit anderen in Kontakt zu treten. Offenbar war das alles, was er zu tun brauchte, denn als ich das nächste Mal von ihm hörte, berichtete er stolz, eine sehr vielversprechende Frau nehme nun am Kurs teil. Sie seien schon miteinander ausgegangen, fühlten sich zueinander hingezogen und hätten vieles gemeinsam. Es sah so aus, als könnte es eine ernsthafte Beziehung werden. »Ich glaube, die Engel wissen, wovon sie reden«, gab Emmanuel zu.

🔔 Himmlischer Rat

Falls es Ihnen nicht gelingt, einen Seelenpartner zu finden, sollten Sie versuchen, ein wenig Ihre ausgetretenen Pfade zu verlassen. Gehen Sie dorthin, wo sich die Art von Mensch, mit dem Sie gerne zusammen wären, mit großer Wahrscheinlichkeit aufhalten würde.

4

Himmlischer Rat für die Verbindung
mit dem Seelenpartner

Wenn Sie ähnlich veranlagt sind wie die meisten Menschen, enden Ihre Beziehungsschwierigkeiten nicht mit dem Finden Ihres Seelenpartners. Genau genommen fangen sie jetzt erst an. Sobald Sie sich auf eine verbindliche Beziehung eingelassen haben, in der Sie und Ihr Partner sich als Paar verstehen – sei es in stillem Einverständnis oder durch eine formelle Verlobung –, werden Sie oft mit Konflikten konfrontiert, die Sie sich in der ersten Verliebtheit nie hätten träumen lassen.

Je besser Sie einander kennenlernen, desto mehr beginnen sich Ihre Ecken und Kanten aneinander zu reiben. Oder Sie neigen dazu, in jeder Bekanntschaft Ihren Seelenpartner zu sehen, und versuchen mit ganzer Kraft, aus etwas eine verbindliche Beziehung zu machen, das für den anderen vielleicht nur eine sexuelle oder emotionale Annehmlichkeit ist. Manche vergeuden auch Jahre ihres Lebens mit dem Versuch, einen Partner zu ändern, von dem sie beschlossen haben, dass es ihr Seelenpartner sein soll. Oder sie wachen eines Tages auf und stellen fest, dass sie sich mit einem destruktiven, gewalttätigen Partner eingelassen haben. Für viele Menschen besteht das Problem vor allem darin, jemanden zu finden, der bereit ist, sich auf eine verbindliche Beziehung einzulassen. Und einige wenige wissen nicht, was sie tun sollen, weil sie zu viele Seelenpartner gefunden haben und sich daraus Konflikte ergeben.

In der Phase nach dem Finden eines Seelenpartners ist das Potenzial für Herzeleid und Kummer enorm groß. Schließlich bringen Sie jetzt viel von dem ein, was Sie sind und was Sie zu werden hoffen. Ist Ihre Liebesbeziehung bedroht, dann ist nicht nur etwas für Sie Bedeutsames in Gefahr, sondern auch tiefe Teile Ihrer selbst. Wer so etwas erfahren hat – und es trifft beinahe jeden irgendwann einmal –, der weiß, wie schrecklich und niederschmetternd es sein kann.

Ich kann gar nicht genug betonen, dass die Arbeit der Liebesengel nicht aufhört, wenn zwei Seelenpartner zueinander gefunden haben. Sie begleiten das Paar weiter, bis dass der Tod sie scheidet, sei es der Tod der Beziehung oder der Tod eines der Partner. Die Engel sagen, dass jeder Mensch, in den Sie sich verlieben oder der sich in Sie verliebt, Sie eine oder mehrere Lektionen lehren will. Sofern die Lektion einfach ist und leicht integriert werden kann, können sich Ihre Wege vielleicht bald wieder trennen, obwohl Sie leidenschaftliche Liebe füreinander empfinden. Wenn es mehrere Lektionen gibt oder sie schwierig zu verarbeiten sind, bleiben Sie mit diesem Partner vielleicht jahrelang zusammen. Die Engel sind an Ihrer Seite und versuchen, Sie beide zur größtmöglichen Harmonie und Heilung zu geleiten.

Himmlischer Rat bei Reibereien in Beziehungen

Wie oft haben Sie das schon erlebt? Ihre Suche nach einem Seelenpartner ist endlich vorbei. Sie haben »Mister oder Missis Right« gefunden, Sie lassen sich aufeinander ein und fangen an, zusammenzuleben. Und dann beginnen die Reibereien. Sie beide verhalten sich wie Öl und Wasser. Gewohnheiten, Bedürfnisse und Kommunikationsverhalten tauchen auf, die unvereinbar erscheinen, manchmal sogar zerstörerisch.

Die Reibung innerhalb solcher Beziehungen führt zu vielen

unnötigen Auseinandersetzungen, zu Streit, hasserfüllten Worten, Verletzungen und Schuldgefühlen. Und oft enden sie in explosiven, schmerzhaften Trennungen. Hin und wieder kommt es auch zu körperlicher Gewalt, wenn die Gefühle sehr stark werden und die Partner den Engeln nicht erlauben, einzuschreiten. Viele Menschen meinen, eine Seelenpartnerschaft verlaufe immer angenehm und es gebe darin keine Auseinandersetzungen oder Konflikte. Die Engel sagen, diese Täuschung beruhe auf irrigen Vorstellungen vom Sinn einer Seelenpartnerschaft.

Sie können sich einen Seelenpartner wie einen Erd-Engel denken, also als jemanden, der unwissentlich eine göttliche Mission zu erfüllen hat. Bei einem Streit mit Ihrem Partner mag er Ihnen nicht gerade wie ein Engel vorkommen, doch wie sehr Sie sich auch an ihm reiben, wie sehr Sie beide einander auch auf die Nerven gehen – der Himmel hat Ihnen doch diesen Engel geschickt, um eine bestimmte Mission auszuführen. Er kann Ihnen helfen, zu wachsen, zu heilen, Ihre innere Kraft zu finden oder die wahre Bedeutung von Geduld, Freundlichkeit, Treue oder Liebe zu erkennen (manchmal indem er diese Qualitäten verkörpert, manchmal indem es ihm daran mangelt).

In gewisser Weise wirken Seelenpartner auch als Schutzengel, denn sie drängen Sie, sich Zeit für das zu nehmen, was Ihnen wichtig ist. Sie inspirieren Sie, Ihre besten Seiten zum Vorschein zu bringen, dem zu folgen, was Sie begeistert, und in der Welt wirksam zu werden. Die Art, wie Seelenpartner diese Ziele verfolgen, mag Sie manchmal wünschen lassen, Sie wären diesem Engel niemals begegnet. So wie Ihnen die Engel manchmal auf die Nerven gehen, wenn sie Sie drängen, Ihr Leben zu verbessern, können Sie sich auch über Ihren Seelenpartner ärgern, wenn seine Bemühungen, Sie zu motivieren, sich eher wie Kontrolle und Manipulation anfühlen.

Mein Nachbar Brad wusste, dass seine Frau Lisa ihren Abschluss machen wollte, um endlich als Lehrerin zu arbeiten. Aber Lisa schob die Arbeit an ihrer Diplomarbeit immer wieder hinaus. Er versuchte, sie sanft, aber deutlich zu bewegen, sich dranzusetzen. Er schnitt ihr interessante Artikel aus Magazinen aus und legte sie unter ihr Kopfkissen, er fertigte eine Art Diplomurkunde an und hängte sie an den Kühlschrank, er half ihr mehr als sonst im Haushalt, damit sie mehr Zeit zur Verfügung hatte. Lisa wehrte alles ab und wollte ihre Ruhe haben. Sie fühlte sich durch Brads Bemühungen unter Druck gesetzt.

»Er sollte doch wissen, dass ich daran weiterarbeiten werde, wenn ich so weit bin«, beschwerte sie sich mir gegenüber. Sie war kurz davor, zu explodieren. »Ich bin doch kein Kind mehr. Klar, ich schiebe es vor mir her. Und ich bin diesen Halbtagsjob in der Bibliothek auch wirklich leid. Aber ich mach das schon irgendwann. Ich muss einfach noch ein wenig darüber nachdenken.«

Die Engel antworteten rasch: »*Wir verstehen, dass du genervt bist. Aber versetze dich einmal in Brads Lage. Er weiß, wie sehr du dich danach sehnst, deine gegenwärtige Situation zu ändern und als Lehrerin zu arbeiten. Er hört es von dir jeden Tag, wie viel dir das bedeutet. Du weißt vielleicht selbst nicht, wie oft du davon sprichst. Dennoch bist du verärgert, weil er alles Mögliche tut, um dich in diese Richtung zu drängen. Brad tut das aus Liebe zu dir; du bist ihm wichtig. Du neigst dazu, hängen zu bleiben und dich zu fürchten, vorwärtszugehen. Dich anzuschieben, damit du endlich anfängst, ist ein Teil von Brads Dienst für dich.*«

Lisa wirkte beruhigt. »Das hat mich ja an ihm auch so angezogen. Er hat mich immer unterstützt. Ich habe wohl nicht so sehr darauf geschaut, was ich aus seiner Gegenwart in meinem Leben lernen kann.«

Lisa war fest entschlossen, das Engagement ihres Seelenpartners und Erd-Engels mehr wertzuschätzen und sich davon motivieren zu lassen. Es muss wohl funktioniert haben, denn ein Jahr später konnte Lisa ihr Diplom in Empfang nehmen. Vielleicht hat sie ihre Arbeit einfach nur fertig gestellt, weil sie Brads Drängen leid war. Aber als ihr die Leute zu ihrem Abschluss gratulierten, hat sie ihn immer wieder öffentlich umarmt.

🔔 Himmlischer Rat
Bevor Sie sich wegen ständiger Auseinandersetzungen von einem Seelenpartner trennen, achten Sie auf die Lektion, die darin stecken könnte.

Himmlischer Rat bei »Seelenpartneritis«

Manche Leute sind so erfüllt vom Bild des ersehnten Seelenpartners, dass sie ihn überall zu erkennen meinen. Bei jedem neuen Menschen, den sie kennenlernen, sind sie überzeugt, es sei der oder die »Richtige«, und verkünden es allen Freunden und Bekannten. Doch im Bemühen, diese Beziehungen in Gang zu bringen, erzeugen sie in ihrem Leben sowie in dem des ausersehenen Gegenübers viel Leiden und Verwirrung, weil sie meinen, wenn das ihr Seelenpartner sei, wäre die Beziehung jede Mühe wert. Ich nenne diese Haltung »Seelenpartneritis«. Es ist eine hartnäckige romantische Erkrankung, die zu viel unnötigem Herzeleid führt.

Von der Seelenpartneritis befallen, verhalten Sie sich impulsiv, drängen die andere Person, die Beziehung genauso zu sehen wie Sie und sich verbindlich darauf einzulassen, lange bevor Sie beide sich wirklich kennengelernt haben. Und wenn Sie feststellen müssen, dass Ihr Bild von dem, was Ihr Partner sein könnte, auf einer Fantasie beruhte, ist es oft sehr schmerzvoll. Statt auf den richtigen Zeitpunkt und die Unterstützung der Engel für eine echte Seelenpartnerbeziehung zu warten, stürzen Sie sich in jede Beziehung, die Ihnen über den Weg läuft. Diese Hast führt nur allzu oft zu Trennungen und Scheidungen.

Meine Klientin Terri war eine junge, attraktive Fernsehjournalistin, die ihre natürliche Schönheit nicht versteckte. Sie schaute mir tief in die Augen und fragte mich, ob es mit einem Mann, dem sie erst vor zwei Monaten zum ersten Mal begegnet war, zu einer Heirat kommen könnte. »Ich habe das Gefühl, Marcus schon mein ganzes Leben lang zu kennen«, berichtete sie. »Wir können über alles miteinander reden und wir haben tollen Sex. Ich bin sicher, dieser Mann ist mein Seelenpartner. Ich versuche, ihn dazu zu bewegen, gemeinsam ein Haus zu mieten. Meinen Sie, wir können zusammen leben und heiraten?«

Auf Empfehlung der Engel fragte ich Terri, ob sie so etwas schon einmal erlebt habe. »Oh ja«, antwortete sie. »Letztes Jahr bin ich einem wundervollen Mann begegnet. Ich dachte, wir wären füreinander geschaffen, aber als wir uns näher kennenlernten, waren wir wie Hund und Katze. Und dann war da der Typ vom Wetteramt im letzten Frühjahr. Ich hätte schwören können, dass wir Seelenpartner sind.« Terri wurde rot. »Hm, ich glaube, ich hatte schon öfter diesen Eindruck. Wollten Sie darauf hinaus?«

»Liebe Terri, du suchst so sehr nach einem Seelenpartner, dass du anfängst, ihn in jedem zu vermuten, der dir begegnet. Du fängst gerade erst an, Marcus kennenzulernen. Du kannst noch gar nicht wissen, ob er ein Seelenpartner für dich ist. Statt dir einzureden, dass er der Mann ist, nach dem du suchst, nutze diese ersten Monate mit Marcus lieber, um mehr über ihn und dich herauszufinden. Baue eine gute Grundlage der Freundschaft, des Respekts und des Vertrauens auf und lass den Dingen ihre Zeit, um sich zu entwickeln. Zwinge die Beziehung nicht, etwas anderes zu sein, als was ihrer natürlichen Entwicklung entspricht. Wenn du eine Rosenknospe drängst, sich zu öffnen, und ihr nicht erlaubst, auf natürliche Weise zu erblühen, zerstörst du ihre Schönheit.«

Terri wirkte ernüchtert. »Ich nehme an, die Engel meinen, ich solle mich in Geduld üben und warten, bis der richtige Mann von alleine erscheint. Ich kann es nicht allein bewirken.«

»Diese Beziehung sieht so aus, als könnte sie lange währen«, erläuterten die Engel. *»Ob es deine letzte und dauerhafte Beziehung sein*

wird, ist dabei nicht wichtig. Diese Beziehung wird dich in deinem Selbstbewusstsein fördern, und jede zukünftige Beziehung wird dadurch besser sein für dich. Ja, Marcus ist einer deiner Seelenpartner, doch es gilt sich daran zu erinnern, dass jeder mehrere Seelenpartner hat, die unterschiedliche Aufgaben erfüllen. Ein Teil seiner Aufgabe besteht darin, dir zu zeigen, dass du liebenswert bist. Einer der Gründe, warum du von einer Beziehung zur nächsten hastest, liegt darin, dass du dich so sehr danach sehnst, geliebt zu werden, und dir nicht sicher bist, ob dich jemand lieben wird. Wir sagen dir, dass Marcus dir helfen wird, diese Angst zu heilen, sofern du zulässt, dass alles seine natürliche Entwicklung nimmt. Sonst wirst du nie glauben, dass er oder irgendein anderer Mann dich wirklich liebt. Du wirst immer vermuten, du habest ihn vielleicht nur geschickt in diese Beziehung oder Ehe hineingelotst, und wirst dir die Chance nehmen, zu erfahren, wie liebenswert du wirklich bist.«

»Meinen die Engel, dass meine Beziehung zu ihm nicht von Dauer sein wird?«, fragte Terri.

»Das haben wir überhaupt nicht gesagt. Die Zukunft steht nicht fest. Sie wird durch die Entscheidungen bestimmt, die ihr beide trefft. Wir empfehlen dir einfach, jetzt jeden Augenblick mit diesem Mann zu genießen, statt zu versuchen, die Zukunft einzufangen und in einer kleinen Schachtel zu verwahren. Solche Aktionen sind tödlich für die Liebesenergie und bilden einen der Hauptgründe, warum sich Menschen einem anderen Partner zuwenden. Sie versuchen, die Magie wiederzufinden, die verloren geht, wenn eine Beziehung in einen festen Rahmen gepresst wird. Beim Versuch, die Ganzheit einer Beziehung einzufangen, beginnst du, dich selbst gefangen zu fühlen. Richte deine Aufmerksamkeit darauf, die gemeinsam verbrachte Zeit zu genießen, und sorge dich nicht um die Zukunft.«

Terri bekam feuchte Augen, als ihr die Wahrheit in den Worten der Engel bewusst wurde. Sie wusste, dass sie sich zu sehr darauf fokussiert hatte, in Marcus ihren Seelenpartner zu sehen und für immer mit ihm zusammenzubleiben. Unsere Sitzung endete mit

Terris Entschluss, im Augenblick zu leben und sich nicht in der Fantasie zu verfangen, jeder Mann, der ihr begegnet, müsse ihr Seelenpartner sein.

🔔 Himmlischer Rat
Drängen Sie niemanden dazu, Ihr Seelenpartner zu sein oder eine Seelenpartnerschaft zu bilden. Lassen Sie der Natur und dem Wirken der Engel ihren Lauf. Vielleicht werden Sie sich später erinnern, dass es irgendwelche »Zeichen« gab, als Sie dem Seelenpartner Ihres Lebens begegneten, aber vergessen Sie nicht, dass Sie dieses »besondere Gefühl« auch schon bei Menschen hatten, die es nicht waren.

Himmlischer Rat bei zu vielen Seelenpartnern

Für einige wenige ist nicht der Mangel an Seelenpartnern das Problem, sondern die Notwendigkeit, zwischen mehreren zu wählen. Wenn Sie sich zwischen verschiedenen Partnern nicht entscheiden können, heißt das nach meiner Erfahrung, dass keiner von ihnen der richtige ist. Jeder der infrage kommenden Partner verkörpert wahrscheinlich einige Qualitäten, die Sie sich bei einem idealen Partner wünschen. Zum Beispiel mag es sein, dass Shawn Ihre körperlichen Bedürfnisse erfüllt, aber kein interessanter Gesprächspartner für Sie ist. Sie lieben den intellektuellen Austausch mit Nelson, finden ihn jedoch körperlich wenig anziehend. Leonard mag ein toller Partner zum Wandern oder beim Tennis sein, doch im Bett oder bei einer Unterhaltung finden Sie ihn nur mittelmäßig. Sie gehen mit allen dreien aus und fragen sich, für welchen Sie sich entscheiden sollen oder ob es da draußen noch jemanden geben könnte, der Ihren Bedürfnissen in allen drei Bereichen entspricht.

Das mag als ein viel geringeres Problem erscheinen, als gar keinen Seelenpartner verfügbar zu haben, doch wenn alle Beteiligten sensible, einfühlsame Menschen sind, werden irgendwann alle leiden müssen. Eine der schlechtesten Lösungen wäre es wahrscheinlich, wenn Sie einen der Anwärter heiraten und später feststellen, dass die Beziehung nicht funktioniert, weil ihm doch zu viele Aspekte Ihres idealen Seelenpartners fehlen.

Wenn Sie sich zwischen zwei oder mehreren potenziellen Seelenpartnern mit verschiedenen wichtigen Qualitäten hin- und hergerissen fühlen, dann empfehlen die Engel, dass Sie sich nur auf jemanden einlassen sollten, der alles hat, was Sie sich wünschen. Suchen Sie einen Partner, der zu allen Ihren Bedürfnissen passt. Die Engel können nur schwer verstehen, warum sich Menschen in ihrem Liebesleben mit jemandem zufrieden geben, der nur »fast gut genug« ist, statt sich einen Partner zu manifestieren, der wirklich ihren Wünschen entspricht. Niemand muss sich mit weniger zufrieden geben, denn als Kind Gottes verdienen Sie nur das Beste.

Der erfolgreiche, dreiunddreißigjährige Architekt Carl ging regelmäßig mit drei Frauen aus: Caroline, Deborah und Sui Lee. »Ich liebe sie alle irgendwie«, erklärte er, »oder zumindest glaube ich, dass ich es könnte. An jeder schätze ich bestimmte Dinge ganz besonders und ich glaube, dass alle drei gute Partnerinnen und Mütter sein könnten. Manchmal möchte ich mich langfristig an Caroline binden, dann denke ich wieder, nein, Sui Lee soll es sein, und manchmal erscheint mir Deborah am meisten geeignet. Ich kann mich irgendwie nicht entscheiden. Wie kann ich wissen, welche die Richtige für mich ist?«

Ich atmete tief durch und wiederholte innerlich die Namen der drei Frauen, zusammen mit der Bitte, dass die Engel mich mit den Schutzengeln dieser Frauen verbinden mögen. Meine Engel und ihre Engel ließen mir sehr schnell sehr viele Informationen zukommen, die ich an Carl weitergab.

»Keine von ihnen kann die romantischen Ziele erfüllen, die dir wichtig sind. Sie sind gute Frauen für jemanden, der nach ihren speziellen Qualitäten sucht, aber du hast deine eigenen Bedürfnisse für eine Seelenpartnerschaft, die eine Kombination sind aus dem, was diese wundervollen Frauen anzubieten haben. Das heißt nicht, dass an Caroline, Deborah oder Sui Lee irgendetwas falsch sei. Doch keine von ihnen hat die zu dir passende Kombination von Stil, Haltung und Zielen, nach der du suchst. Wenn du dich auf eine von ihnen festlegst, würde das nur zu Schmerz und Frustrationen führen.«

Carl seufzte. »Muss ich meine Suche also wieder ganz von Neuem beginnen?«

»Wir empfehlen dir, im Augenblick keine dieser drei Beziehungen weiter zu verfolgen. Alle drei Frauen haben echte Gefühle für dich, und sie würden versuchen, sich deinen Wünschen anzupassen. Doch sie können deine Bedürfnisse nicht wirklich erfüllen. Du würdest nur deine und ihre Zeit vergeuden und allen Beteiligten viel Kummer bereiten. Wir empfehlen dir, dich von allen dreien eine Weile zurückzuziehen und mehr Zeit allein in der Natur zu verbringen, wie du es mit Vorliebe tust. Meditiere über die Qualitäten dieser Frauen, die du gerne in deiner Traumfrau vereint hättest, mit der du dein Leben verbringen willst. Wir raten dir, einen Brief an die Schutzengel deiner Zukünftigen zu schreiben. Allein indem du diesen Brief schreibst, wird er an ihre Schutzengel gesendet werden. Bitte sie um Hilfe, euch beide zusammenzubringen.«

Fasziniert von diesem Vorschlag, war Carl gleich bereit, es zu versuchen. Ich riet ihm, sich mit Stift und Papier hinzusetzen und an die Schutzengel seiner zukünftigen Seelenpartnerin zu schreiben, sie mögen ihnen helfen, sich zu begegnen. Er solle die Worte einfach aus dem Herzen fließen lassen, ohne Sorge um Grammatik oder Stil. Das Wichtigste sei die Aufrichtigkeit. Ich empfahl ihm, in seinen eigenen Worten etwas zu schreiben im Sinne von:

»Lieber Schutzengel meiner zukünftigen Seelenpartnerin, ich bitte dich um Hilfe, damit ich meiner Seelenpartnerin begegne und sie erkenne. Bitte hilf mir, die nötige Gesundheit und Zufriedenheit zu erlangen, um meiner Seelenpartnerin ein guter Partner zu sein. Sorge für Umstände, in denen wir uns finden können, und führe mich klar und deutlich, damit ich sie möglichst unverzüglich kennenlerne. Bitte hilf mir, bis dahin friedvoll und gelassen zu bleiben, erfüllt von Heiterkeit und innerer Liebe. Danke.«

Carl muss diesen Brief wohl geschrieben haben, denn kürzlich bekam ich einen Brief von ihm. Er ist mit einer Frau verheiratet, die nach seiner Aussage sämtliche Qualitäten in sich vereint, die er sich gewünscht hatte. Er ist froh, sich nicht mit weniger zufrieden gegeben zu haben. Und er ist stolzer Vater eines Kindes geworden.

⌂ Himmlischer Rat

Wenn Sie sich zwischen potenziellen Seelenpartnern hin- und hergerissen fühlen, von denen jeder ein bisschen von dem hat, was Sie sich bei Ihrem Seelenpartner wünschen, dann lassen Sie sich in diesem wichtigen Lebensbereich nicht auf Kompromisse ein. Suchen Sie weiter, bis Sie jemanden gefunden haben, der allen Ihren Bedürfnissen entspricht.

Himmlischer Rat für den Versuch, Menschen zu ändern

Ist Ihnen je das Herz gebrochen, weil Sie erfolglos versuchten, einen Menschen zu Ihrem perfekten Seelenpartner zu machen, und die Person darüber verloren haben? Die meisten Menschen haben das bei ihrer Suche nach Liebe irgendwann schon durchgemacht. Sie begegnen jemandem, der einige liebenswerte und einige weniger liebenswerte Eigenschaften aufweist. Sie verlieben sich in ihre Vorstellung, wie dieser Mensch sein könnte, statt wie er ist. Sie stürzen sich in die Beziehung und bemühen sich, den anderen mit allen Mitteln dazu zu bringen, ihrem Ideal zu entsprechen.

Falls Sie, wie zuvor besprochen, unter Seelenpartneritis leiden, stellen Sie sich vielleicht vor, wie perfekt diese Beziehung sein könnte, wenn Ihr Partner nur öfter Sex haben wollte. Oder Sie träumen davon, wie erfolgreich Ihr Partner sein könnte, wenn er nur etwas mehr Ehrgeiz entwickeln würde. Oder Sie glauben, mit Ihrer Partnerin körperlich und seelisch perfekt zusammenzupassen, wollen mit ihr aufs Land ziehen, Getreide anbauen und Kinder haben, wenn sie nur … das Trinken, Spielen, Betrügen, die Drogensucht oder sonst eine zerstörerische Lebensgewohnheit aufgeben könnte. Sofern sich dann nichts verändert und sich Ihr Partner all Ihren Veränderungsversuchen widersetzt, leiden Sie unter Frustrationen, Enttäuschung, Ärger, Angst und dergleichen mehr.

Das Problem liegt hier nach Aussage der Engel nicht in Ihrem unzulänglichen Partner, sondern in Ihrer bedingten Liebe. Sie lieben den anderen nur unter der Bedingung, dass er sich so verändert, wie Sie es sich wünschen.

Die meisten Menschen wollen jedoch nicht verändert werden. Sie spüren, dass die Liebe ihres Partners an Konditionen geknüpft ist, und das führt unweigerlich zu emotionalem Schmerz, Auseinandersetzungen und Machtkämpfen.

Die Engel sagen, wenn Sie versuchen, einen anderen zu ändern, erweisen Sie sich selbst und dem anderen einen schlechten Dienst. Sie verschwenden Ihre Zeit und verpassen die Gelegenheit, mit einem Partner zusammen zu sein, der besser zu Ihnen passt. Sie berauben auch Ihren Partner der Möglichkeit, mit jemandem zusammen zu sein, der ihn bedingungslos liebt. Entweder Sie akzeptieren Ihr Gegenüber so, wie es ist, oder Sie sollten weiterziehen, statt sich selbst und Ihren Partner in dem fruchtlosen Versuch zu zermürben, ihn zu ändern.

Die Engel finden es traurig, dass die Menschen zwar alle von einer warmherzigen, bedingungslosen Liebe träumen, aber Bedingungen an ihre Liebe anderen gegenüber knüpfen.

So war es auch bei Theresa, einer zweiundvierzigjährigen, bereits einmal geschiedenen Frau, die zu mir gekommen war, weil sie wissen wollte, wie sie ihren Partner Charles davon abhalten könnte, sie ständig zu betrügen. Theresa schloss die Augen. Sie litt offenbar sehr unter der Situation. Während des Sprechens band sie ihre brünetten, leicht ergrauten Haare zu einem Pferdeschwanz zusammen, damit sie ihr nicht immer in ihr tränenüberströmtes Gesicht fielen.

»Wenn wir zusammen sind, behandelt mich Charles wie etwas sehr Besonderes«, begann sie. »Aber er betrügt mich immer wieder mit anderen Frauen. Wenn ich ihn darauf anspreche, weint er und sagt, er liebe mich und wisse nicht, warum er das getan habe; er werde es nie wieder tun. Aber wenige Wochen später finde ich dann eine Telefonnummer auf der Rückseite einer Visitenkarte, die offenbar einer Frau gehört, oder ein Kondom in seiner Tasche oder ich rieche ein fremdes Parfüm, wenn er nach Hause kommt. Dann gibt es wieder die mysteriösen Telefonanrufe, bei denen sich niemand meldet, wenn ich am Apparat bin, und ich weiß, da läuft wieder was. Ich glaube, er hatte das Problem auch schon mit anderen Freundinnen. Ich liebe Charles. Ich weiß, dass wir ansonsten perfekt zusammenpassen. Schon bei unserem ersten Treffen wusste ich, dass er perfekt für mich ist. In vieler Hinsicht ist er der beste Mensch, dem ich je begegnet bin – wenn er nur aufhören könnte, mich zu hintergehen. Haben die Engel einen Rat für mich, wie ich dafür sorgen kann, dass er mir treu bleibt?«

Bevor ich antworten konnte, fuhr Theresa fort: »Ich liebe ihn von ganzem Herzen. Er ist der erste Mann, mit dem ich mich in völliger Harmonie fühle und dessen Gegenwart ich sehr genieße. Wenn er mich betrügt, tut es mir so weh, dass ich sterben könnte. Ich liebe ihn, aber manchmal hasse ich ihn, weil er mich so behandelt, und dann könnte ich ihn umbringen. Ich weiß, ich sollte nicht solche Gefühle haben, und ich versuche, nicht eifersüchtig und wütend zu sein. Aber was kann ich tun?«

Hier hörte Theresa zu reden auf und sah mich direkt an. Eine Weile erwiderte ich ihren Blick, bevor ich spürte, dass ich in der Halbtrance war, in der ich die Mitteilungen der Engel deutlicher wahrnehme. Nur wenige Sekunden später hörte ich, wie die Engel in mein rechtes Ohr sprachen: »*Du bist viel zu hart zu dir, du Liebe. Deine Gefühle der Eifersucht sind ganz normal. Er hat dir Wärme, Liebe und Wertschätzung entgegengebracht, und dein Herz füllte sich mit Freude und Liebe. Bitte urteile nicht so hart über dich, weil seine Affären Wut, Eifersucht und Scham in dir hervorrufen. Das ist eine ganz normale Reaktion, wenn du merkst, dass eine dir heilige Verbindung ihm so wenig bedeutet. Aber Charles zeigt dir, dass er im Moment weder dir noch sonst einer Frau treu sein kann. Bist du bereit, dies in deiner Beziehung zu ihm zu akzeptieren?*«

»Nein«, antwortete Theresa. »Könnt ihr mir nicht sagen, wie ich ihn ändern könnte?« Die Botschaft hatte sie offensichtlich überrascht. Sie hatte wohl erwartet, dass ihr die Engel eine Strategie zeigen würden, wie sie Charles dazu bringen könnte, nur noch sie zu lieben.

Die Engel konfrontierten Theresa mit der Bedingtheit ihrer Liebe zu ihrem sogenannten Seelenpartner. »*Du versuchst, Charles zu etwas anderem zu machen, als er zurzeit ist. Er hat nicht das Verlangen, sich in dieser Hinsicht zu ändern. Erinnere dich: Wahre Liebe nimmt den anderen so, wie er ist. Wie wäre es für dich, wenn jemand, der dich liebt, dich immer wieder drängen würde, dein Interesse an Kunst aufzugeben? Wenn du ihn nicht willigen Herzens so akzeptieren kannst, wie er ist, dann solltest du dich nach einem anderen Seelenpartner umschauen.*«

Theresa kämpfte mit den Tränen. »Es ist, als ob ich gerade von meinen besten Freunden die Wahrheit gesagt bekommen hätte. Tief in mir wusste ich wohl, dass Charles nicht dieselben Gefühle für mich hegt wie ich für ihn. Es tut weh und ich werde wahrscheinlich eine Weile brauchen, um mich an den Gedanken zu gewöhnen. Aber jetzt weiß ich zumindest, dass ich nicht immer mehr von meiner Kraft in eine Beziehung stecken muss, die mir nicht geben wird, was ich brauche.«

Die Engel fügten noch hinzu: »*Wir wissen, wie sehr du dich nach einem Seelenpartner sehnst, der wie du die Liebe als ein Sakrament betrachtet und seine Liebe ausschließlich mit dir teilt. Jemand, der die gleichen guten Eigenschaften hat wie Charles, aber fähig ist, dir so treu zu bleiben, wie du es brauchst. Wenn du jemanden kennenlernen würdest, der dich sehr gut behandelt, der zu dir passt und der nur mit dir zusammen sein will, würde dich das glücklich machen?*«

»Natürlich«, antwortete Theresa.

Theresa begriff, sie hatte all die Anzeichen, dass Charles nicht an einer monogamen Beziehung interessiert war, nicht sehen wollen. Er mag sie zwar geliebt haben, aber er war nicht bereit, sich auf mehr als Sex einzulassen. Theresa hatte eine schwere Zeit durchgemacht, weil sie diese Zeichen ignorierte, bis die Engel einschritten und ihr halfen.

☖ Himmlischer Rat

Sofern sich jemand erst ändern sollte, ist er nicht der ideale Seelenpartner für Sie. Der Versuch, jemanden so umzukrempeln, wie er Ihrer Meinung nach sein sollte, stellt immer eine Zeitvergeudung dar. Wenn Sie den anderen nicht von ganzem Herzen akzeptieren können, dann ist es nicht der Seelenpartner, nach dem Sie suchen.

Himmlischer Rat für mehr Verbindlichkeit

Bei vielen besteht das Problem vielleicht nicht darin, jemanden zu finden, den sie lieben können, sondern sie ringen damit, dass alle potenziellen Partner, die sie finden, unfähig oder nicht bereit für eine verbindliche Beziehung sind. Wie sehr sie sich auch bemühen, immer landen sie bei Menschen, die entweder bindungsunwillig oder verheiratet sind oder auf sonst eine Weise nicht für eine langfristige, verbindliche Liaison zur Verfügung stehen.

Gott und unsere Engel sorgen sich, wenn wir uns in eine derartige Situation bringen. Die Engel wissen, dass daraus nur unnötiges Leiden erwachsen kann: Sie müssen zusehen, wie Sie sich mit Partnern herumquälen, die sich nicht völlig auf eine Beziehung einlassen wollen, oder wie Sie Ihre Zeit und Energie mit Beziehungen vergeuden, die nur in Sackgassen münden, während Sie Möglichkeiten für gute romantische Beziehungen unbeachtet lassen. Die Engel wollen nicht, dass Sie so lange unter jemandem leiden, der nie wirklich für Sie da sein wird. Wie ein guter Therapeut empfehlen sie, sich nicht darauf zu konzentrieren, wie Sie den jeweiligen Partner dazu kriegen könnten, sich festzulegen, sondern auf die Frage, warum Sie immer wieder solche Partner wählen. Der Himmel lädt Sie ein, darüber nachzudenken, ob das Problem nicht vielleicht in Ihrer Angst vor Nähe und Intimität begründet liegen könnte – oder in Ihrer Angst, diese zu verlieren, wenn Sie sie hätten.

Die siebenunddreißig Jahre alte Brenda fragte mich um Rat wegen ihrer Beziehung zu Stephan. Er war zwei Jahre älter als sie und nie verheiratet gewesen, hatte jedoch mit einer ganzen Reihe von Freundinnen zusammengelebt.

Brendas Beziehungsgeschichten hatten mit Drew begonnen, einem Medizinstudenten aus dem College, in den sie leidenschaftlich verliebt gewesen war. Trotzdem trennte er sich von ihr, weil er erst eine Praxis aufbauen wollte, bevor er sich verheiratete. Dann verliebte sich Brenda in einen Zimmergenossen von Drew – »ein ganz süßer Junge, wenn er nicht trank, aber er landete leider im Gefängnis«. Danach hatte sie eine lange Affäre mit ihrem verheirateten Chef, der immer wieder versprach, sich scheiden zu lassen und sie zu heiraten; allerdings fand er immer Gründe, warum er es noch aufschob. Eines Tages teilte er Brenda mit, dass er ihre Beziehung beenden und bei seiner Frau bleiben wolle. Dann verliebte sich Brenda in Ernest, einen ungebundenen Mann, der eine Frau suchte, doch nach sechs Monaten fand sie heraus, dass er bereits verheiratet war und sie angelogen hatte. Und dann kam ihre gegenwärtige Beziehung zu dem bindungsunwilligen Stephan, der ihr versicherte, sie zu lieben, aber kein Interesse an einer dauerhaften Bindung hatte – und seine Vergangenheit bestätigte das.

Brenda weigerte sich, Stephans Aussagen ernst zu nehmen. Sie war überzeugt, er sei der Richtige und brauche nur einen Schubs. »Wir haben so viel gemeinsam«, beharrte sie. »Ich bin die richtige Frau für ihn, und er ist der richtige Mann für mich. Aber warum verliebe ich mich immer in Männer, die das nicht erkennen und sich nicht festlegen wollen?«

»Liebe Brenda, du solltest ihm glauben, wenn er sagt, dass er für eine feste Bindung nicht bereit ist«, sagten die Engel. *»Verstehe bitte, dass es nicht an den Männern liegt, die sich zu dir hingezogen fühlen. Es hat vielmehr damit zu tun, dass du dich zu Männern hingezogen fühlst, die nicht zur Verfügung stehen. Ein Teil deines Herzens sehnt sich zwar nach Liebe und Nähe, aber ein anderer Teil findet mehr Sicherheit in Beziehungen, in denen du dein Herz nicht ganz öffnen kannst. Damit vermeidest du das Risiko, das so viele fürchten: verletzt, zurückgewiesen oder verlassen zu werden.«*

Ich fragte Brenda, ob es wahr sein könnte, dass es etwas in ihrer Vergangenheit gab, das sie fürchten ließ, etwas Geliebtes zu verlieren.

Brenda erzählte von der langwierigen, bitteren Scheidung ihrer Eltern, als sie sieben Jahre alt war. Aus Brendas Sicht verschwand ihr Vater einfach eines Tages; sie sah ihn nur noch selten wieder. Erst Jahre später, als sie schon erwachsen war, erfuhr sie, dass ihre Mutter mit aller Macht die Kontaktversuche des Vaters mit seiner Tochter verhindert hatte. Doch leider war ihr Vater nun bereits tot. Brenda war nie die Gefühle der Verlassenheit, der Depression und der Schuld losgeworden, unter denen sie seit der Scheidung ihrer Eltern litt.

»Wir können dir helfen, diese Verletzungen zu heilen, damit du deine Angst davor verlierst, in einer wahrhaft liebenden Beziehung zu leben. Wir machen die Arbeit. Du musst uns nur erlauben, dich davon zu befreien. Bist du einverstanden?«

Brenda holte einmal tief Luft. »Okay, ich will es versuchen. Was muss ich tun?«

»Wir bitten dich nur um die Bereitschaft, allen Unwillen zur Vergebung loszulassen, den du gegenüber deinen Eltern hast. Sei bereit, allen Schmerz zu lösen, der mit deiner Liebe zu ihnen zu tun hat. Sei bereit, auch deine Angst vor dem Lieben loszulassen, zusammen mit der Angst, du könntest dabei verletzt werden. Und sei bereit, die Angst vor dem Geliebtwerden loszulassen, mitsamt der Angst, dass du verlassen, zurückgewiesen, als nicht liebenswert befunden oder sonst irgendwie verletzt werden könntest. Sei bereit, allen mit Liebe zusammenhängenden Schmerz gegen Frieden einzutauschen.«

Während die Engel sprachen und ihre klärende Aufgabe erfüllten, sah ich, wie Brendas Haltung sich entspannte und ihr Atem tiefer und langsamer wurde. »Ich fühle mich leichter«, erklärte sie. Dann runzelte sie die Stirn, als ob sie intensiv nachdächte. »Aber hat die Beziehung zu Stephan eine Chance?«, fragte sie. »Könnte er nicht seine Meinung ändern? Wir passen doch so gut zusammen.«

»Liebe Tochter, vertraue darauf, dass die Teile dieser Beziehung, an denen du so viel Freude hast, auch in einem anderen Mann

vorhanden sind, der bereit ist, sich verbindlich auf dich einzulas-
sen und dich zu lieben. Es hat nichts mit dir persönlich oder dei-
ner Attraktivität zu tun, sondern damit, dass Stephan noch nicht
reif ist, sich auf so etwas Ernstes wie eine Ehe einzulassen, und er
weiß das. Seine Geschichte sollte dir zeigen, dass er sich in dieser
Hinsicht richtig einschätzt. Er liebt dich so sehr, wie er im Augen-
blick jemanden lieben kann. Doch er ist immer noch weit von dem
entfernt, was für dich ein treuer, liebevoller Ehemann wäre. Du
müsstest lange warten, bis er so weit ist. Inzwischen würdest du
die Gelegenheit für eine Seelenpartnerbeziehung mit einem liebe-
vollen Mann verpassen, der bereit ist, sich zu binden. Willst du das
wirklich?«

Brenda verneinte. Wir unterhielten uns noch eine Weile und am
Ende des Gesprächs schien sie klar und entschlossen genug, um
ihre Beziehung zu Stephan zu beenden. Brenda sagte, sie sei sehr
dankbar für seine Ehrlichkeit ihr gegenüber, und gab zu, dass sie
zu sich selbst unehrlich gewesen war.

△ Himmlischer Rat
Durch die Bereitschaft, Ihre Ängste loszulassen, die Sie
davon abgehalten haben, einen bindungsbereiten Partner
zu finden, bauen Sie Hindernisse ab. Diese Hindernisse
haben Ihnen bisher das Finden eines Partners erschwert –
eines Seelenpartners, der ebenfalls an einer verbindlichen
Beziehung interessiert ist.

Himmlischer Rat im Fall einer
zerstörerischen Liebe

Für ein paar unglückliche Menschen wird die Suche nach einem
Seelenpartner immer wieder zu einer schrecklichen Erfahrung.
Statt Liebe und Glück zu finden, enden sie in Beziehungen voller

Frustrationen und Schmerz. Sie wählen unpassende Partner aus, die nicht zur Verfügung stehen, ihnen gegenüber gleichgültig sind oder sie misshandeln oder ausnutzen. Oftmals landen sie dann in einer Therapie, sogar in einer Klinik oder in Frauenhäusern. Sie klagen ihre Partner, sich selbst und sogar Gott an, warum sie immer wieder solches Pech in der Liebe haben und keine gute Beziehung aufbauen können.

Die Engel sagen, in solchen Fällen liegt das Problem häufig weniger im Schicksal der Betroffenen als in ihrem Geschmack hinsichtlich der potenziellen Partner. Sie sind von wunderbaren, liebevollen Seelenpartnern umgeben, können ihnen aber ins Gesicht sehen, ohne sie wahrzunehmen. Stattdessen fühlen sie sich zu Menschen mit Eigenschaften hingezogen, die für sie ungesund sind.

Es läuft darauf hinaus, dass diese Menschen ausgerechnet Personen attraktiv finden und sich in sie verlieben, die so ganz und gar nicht zu ihnen passen, ja ihnen oft sogar schaden. Man verliebt sich in jemanden, der keine Kinder will, obwohl es für einen selbst das Wichtigste im Leben ist. Noch ernster wird es bei einer schrecklichen Vorliebe für Liebhaber, die süchtig sind oder zu Gewalt neigen.

Die Liebesengel sagen, sie versuchen immer, die Bitten um einen Seelenpartner zu erhören, aber manche Menschen seien in einem Muster gefangen, das sie alle idealen Partner ablehnen lässt. Sie müssen zuerst ihre eigenen Präferenzen heilen.

So war es auch bei Renee, der Chefsekretärin eines kleinen Verlags, die unter Tränen zu mir kam. Renee hatte Gott und die Engel gebeten, sie zum Mann ihrer Träume zu führen. Aber sobald sie meinte, in den Armen eines Mannes zu liegen, der der Richtige sein könnte, stellte sich heraus, dass er ein Schläger und oft auch ein Alkoholiker war.

»Ich suche immer nach meinem Seelenpartner«, schluchzte sie, »aber ich scheine nur Verlierer und Gewalttäter anzuziehen.

Meine Partner haben mich immer wieder verbal und körperlich misshandelt. Ständig gerate ich an Männer, die zuerst verheißungsvoll wirken, aber bei näherer Bekanntschaft merke ich, dass sie zu Gewalt neigen, trinken, süchtig sind und mich betrügen. Im Rückblick erkenne ich jeweils, dass es schon anfangs Anzeichen dafür gab, aber die Chemie zwischen uns ist jedes Mal so stark, dass ich nichts anderes wissen will. Was mache ich nur falsch? Ich will einen anständigen Mann, der mich gut behandelt und mir treu bleibt, wenn wir Kinder haben. Warum lande ich dauernd bei so schrecklichen Typen?«

Ich überbrachte ihr die Botschaft der Engel: »*Wir haben uns schon so bemüht, dir einen Seelenpartner zuzuführen, aber du bist stur. Wir schicken dir dauernd Männer, die nach unserem Ermessen perfekte Partner für dich wären, aber du übersiehst sie. Wir versuchen, dir bei deiner Partnerwahl zu helfen, aber du leistest Widerstand. Du musst das ändern, um deinen echten Seelenpartner zu erkennen, wenn er das nächste Mal auftaucht.*«

Renee gab zu, dass sie sich zu Männern hingezogen fühle, die eher dem machohaften, gedrungenen, harten Typ entsprachen. Allein ihr Anblick erregte sie, und der Sex mit diesen Männern war oft toll. Doch sie wurde letztlich immer schlecht behandelt. Die Engel sagten: »*Wir arbeiten mit dir, um diese verschiedenen Dinge miteinander zu versöhnen, denn wir wünschen uns für dich einen Partner, der nicht so sehr dem entspricht, was du jetzt anziehend findest.*«

Die Engel wussten, Renee war ein sensibler Mensch und konnte nur in einer Beziehung mit einem sensiblen Mann glücklich werden, der seine Zuneigung auch zum Ausdruck brachte. Doch wann immer sie eine Begegnung mit einem potenziellen Seelenpartner arrangiert hatten, war Renee völlig blind dafür gewesen. Sie fühlte sich von den falschen Männern angetörnt und wandte sich von den richtigen ab.

Renee gestand mir, ihr Bauchgefühl habe schon etwas in der

Richtung angedeutet, was ihr die Engel erzählten. Ich erklärte ihr, sie stehe also offenbar intuitiv mit den Engeln in Verbindung; diese wollten ihr gegenwärtiges, ungesundes Verlangen nach Macho-Männern heilen, damit sie offener werde für die Liebesbeziehung, die die Engel gerne für sie arrangieren wollten. *»Du bist von deinem Vater verbal misshandelt worden«,* fügten die Engel hinzu. *»Er war ein strenger, fordernder Mensch. Als Kind glaubtest du irgendwann, er habe recht und du habest diese schlechte Behandlung verdient. Schon bald hast du selbst jede kleine Verfehlung so vergrößert, wie er es tat. Das führte dazu, dass du auch andere Menschen in dein Leben holtest, die dich schlecht behandelten, so dass du schließlich jeden Mann, der gut zu dir war, für einen Narren oder ein Weichei hieltst, denn nach deiner Meinung erkannte er ja nicht, wie sehr du es verdienst, schlecht behandelt zu werden. Wenn wir dir gute Seelenpartner präsentiert haben, hast du über sie die Nase gerümpft.«*

Ich riet ihr: »Bitten Sie die Engel um Hilfe, damit Sie bereit werden für eine Veränderung, denn die Engel sagen mir, Sie seien noch nicht willig, das Bild von aufregender Männlichkeit loszulassen, das Sie in sich tragen. Solange das so ist, sind den Engeln die Hände gebunden. Verstehen Sie?«

»Ja, das verstehe ich«, antwortete sie. »Aber was ist mit Sex? Ich kenne Männer wie die, von denen die Engel reden. Zum Beispiel Moshe aus der Buchhaltung. Er ist ein stabiler, gemütlicher Kerl. Alle sagen, wir würden prima zusammenpassen. Er hat mich schon ein paarmal gebeten, mit ihm auszugehen. Aber ich weiß nicht, er macht mich einfach nicht an. Ich würde es lieber mit Ralphie aus dem Verkauf probieren; er ist eher mein Typ. Aber ich würde wahrscheinlich nur wieder feststellen, dass er trinkt oder gewalttätig ist. Aber wenn ich jemanden wie Moshe heirate, wäre ich zu einem lebenslang langweiligen Liebesleben verdammt, oder? Wie kann ich einen Mann aufregend finden, der mich eher abtörnt?«

Ich erklärte Renee, es gehe hier nicht um alles oder nichts. Die Engel wollten nicht, dass sie auf ein befriedigendes Liebesleben verzichten sollte. Sie könne einen Mann haben, mit dem sie ein friedliches, angenehmes Leben führen und gleichzeitig wunderbaren Sex genießen könne.

»Wenn ich im Hinblick auf Männer einen gesünderen Geschmack entwickle, würden mich dann solche Männer auch erregen? Werde ich sie attraktiv finden?«, fragte Renee.

»*Bravo, Renee*«, stimmten die Engel zu. »*Wenn du für diese Männer bereit bist, werden sie auch Leidenschaft in dir entfachen und dich trotzdem mit der Freundlichkeit behandeln, die du verdienst. Aber zuerst musst du mit deiner Selbstkritik aufhören oder sie zumindest sehr reduzieren, denn sie lässt dich immer wieder glauben, du hättest nichts Besseres verdient. Nur dann wirst du dich nicht mehr zu solchen zerstörerischen Beziehungen hingezogen fühlen.*

Wir raten dir, werde dir dieser Gedanken mehr bewusst, indem du darauf achtest, wann du dich schlecht fühlst, sei es körperlich, emotional oder psychisch. Achte darauf, was du in diesen Momenten denkst. Wir empfehlen dir, diese Gedanken in ein Tagebuch zu schreiben und dich jeweils zu fragen: ›Durch welchen positiven Gedanken könnte ich sie ersetzen?‹ So wirst du nach einer Weile lernen, deine selbstzerstörerischen Gedanken zu erkennen und durch liebevolle Gedanken zu ersetzen. Du wirst dieses Tagebuch vielleicht nicht lange brauchen, aber du kannst es jetzt am Anfang als Instrument verwenden, um dir in deinem Leben eine neue Erfahrung von Liebe zu verschaffen.«

Ich fügte hinzu: »Seien Sie sicher, Ihre Engel wollen Sie nicht kontrollieren, sondern Ihnen nur helfen, das zu erreichen, was Sie wirklich wünschen, nämlich eine glückliche, harmonische, langfristige Beziehung mit einer ruhigeren Form von Aufregung anstelle der Achterbahnfahrt, der Ihr Liebesleben bisher glich, verstehen Sie?«

Renee nickte. Als ich sie zum letzten Mal sah, hatte sie sich diesen himmlischen Rat zu Herzen genommen. Sie hatte sich von ihrem letzten Partner getrennt und schrieb täglich ihre Gedanken auf. Sie sagte, sie fühle sich glücklicher, freier und leichter. Allmählich fühlte sie sich besser und konnte sich langsam vorstellen, auch andere Männer attraktiv zu finden. Sie fühlte sich so gut, dass sie keine Eile hatte, sich in die nächste Beziehung zu stürzen. Als ich mit ihr sprach, hörte ich die Engel sagen, Renee habe bereits das Interesse eines Mannes geweckt, der ihr wahrer Seelenpartner sein könne. Ich habe den Eindruck, Renee wird bald erleben, dass es genau mit der Art von Mann bei ihr »funkt«, den sie früher langweilig fand.

△ Himmlischer Rat
Sie ziehen die Partner in Ihr Leben, die Sie nach Ihrer Meinung verdient haben. Wenn Sie meinen, Sie verdienten es, schlecht oder mit Geringschätzung oder Gleichgültigkeit behandelt zu werden, dann werden Sie auch solche Beziehungen durchmachen. Wenn Sie glauben, Sie haben Liebe, Respekt und Wertschätzung verdient, dann werden Sie genau so eine Liebe finden.

5

Himmlischer Rat für Ehen und verbindliche Beziehungen

Wenn schon das Suchen und Finden eines Liebespartners voller Tücken und Fallen ist und oft zu emotionalem Leid führt, dann ist leicht verständlich, dass die Schwierigkeiten in einer Ehe oder in langfristigen Beziehungen noch viel schmerzhafter sind. Es gibt nichts Schöneres als die Freude und Zufriedenheit einer Partnerschaft, in der alles gut läuft, und genauso gibt es kaum etwas Quälenderes, wenn sie schiefgeht. Es überrascht nicht, dass die Missverständnisse, die Reibungen des Zusammenlebens, die Verletzungen durch die dunkle Seite des anderen sowie äußere Bedrohungen wie finanzielle Schwierigkeiten oder Untreue den Menschen mehr Sorgen bereiten als irgendein anderer Lebensbereich.

Klienten, die unter dem Schmerz und den Schuldgefühlen von Scheidungen leiden, sowie solche, deren verbindliche Beziehungen zerbrochen sind, machen den höchsten Prozentsatz in den therapeutischen Praxen aus. Diese Probleme sind auch ein wesentlicher Auslöser für Suizid und manchmal sogar für Morde, wie wir immer wieder den Schlagzeilen entnehmen müssen. Diese Gefühle werden als so quälend und bedrohlich empfunden, dass viele lieber in einer albtraumartigen Beziehung verharren, als sie zu beenden.

Deswegen liegt den Engeln so viel daran, bei Problemen in langfristigen, festen Beziehungen schnellstmöglich zu helfen. Vielleicht segelt Ihre Partnerschaft ja im Augenblick ohne Probleme dahin und Sie möchten nur den Rat der Engel für gewöhnliche Beziehungsprobleme des Alltags einholen. Vielleicht beginnen Sie gerade, mit Ihrer Partnerin in unruhiges Fahrwasser zu geraten, und möchten die Dinge klären, bevor sie sich verschlimmern. Oder Sie stehen vor einer echten Ehekrise, die nur ein himmlischer Beistand wieder ins Lot bringen kann. Ob Sie in Ihrer Beziehung unter Langeweile leiden oder unter Untreue, unter sexuellen Problemen, ständigen Streitereien oder anderen Schwierigkeiten: Die Engel haben für alles eine praktische Lösung.

Immer wieder habe ich erlebt, wie der Rat der Engel meinen Klienten geholfen hat, sogar Ehen zu retten, in denen es keine Hoffnung auf Heilung zu geben schien. Die Engel sorgen aus vielerlei Gründen sehr dafür, dass verbindliche Beziehungen und Ehen geheilt werden. Ein Grund kann sein, dass die Engel – die wahrscheinlich auch dazu beigetragen haben, dass Sie und Ihr Partner überhaupt zusammen sind – wissen, Sie tragen zu Ihrer gegenseitigen Heilung bei, die Sie letztlich stärker und glücklicher machen wird, auch wenn es sich im Augenblick gar nicht so anfühlt. Die Engel schreiten auch häufig ein, um Paaren zu helfen, die sich in Machtkämpfe verstrickt haben und deren Kinder unter den ständigen Streitigkeiten der Eltern leiden.

Doch manchmal wollen Partner eine Beziehung einfach beenden oder sind nicht bereit, sich zu verändern. Wenn eine Ehe deshalb aufgelöst wird, können die Engel auch helfen, den Übergang harmonischer zu gestalten, sodass weder bei den Partnern noch bei den Kindern oder anderen Familienmitgliedern Bitterkeit entsteht. Ich bin zwar davon überzeugt, dass jede Beziehung spirituell geheilt werden kann, aber ich habe auch viele Fälle erlebt, wo es zwei Menschen offensichtlich nicht mehr bestimmt war, zusammen zu sein, und sich das Leben beider Partner nach der Trennung deutlich verbesserte. Wenn wir dem göttlichen Rat folgen, braucht eine Trennung nicht mit Schuld- und Versagensgefühlen einherzugehen. Sie kann eine Erfahrung des Lernens und des Wachstums sein. Falls es in der Beziehung Kinder gibt, geht die Angelegenheit natürlich noch tiefer, aber ich habe auch Fälle erlebt, in denen die Kinder eindeutig davon profitierten, nicht mehr auf dem elterlichen Schlachtfeld zu leben.

Meine klinischen, persönlichen und spirituellen Erfahrungen haben mir gezeigt, dass jede Beziehung und jede Familie ihre eigenen Regeln hat und dass sich da nichts verallgemeinern lässt. Wenn Menschen Gott und die Engel um Heilung und Führung bitten, verbessert sich die Situation, selbst wenn es zu einer Trennung kommt. Die göttliche Empfehlung für die alte Frage »Soll ich bleiben oder gehen?« lautet: Bitten Sie den Schutzengel Ihres Partners, die Situation zu heilen. Achten Sie jedoch darauf, sich nicht festzulegen, wie diese Heilung geschehen soll. Überlassen Sie es Gott und den Engeln. Sie werden wissen, welcher Kurs Sie und den anderen am glücklichsten macht.

Wenn Sie in Ihrer Beziehung noch mehr Unterstützung brauchen, können Sie den Erzengel Uriel um Hilfe bitten. Uriel ist der Engel der emotionalen Heilung (siehe Anhang A). Er heilt verwundete Herzen und verletzten Stolz, damit Paare wieder miteinander kommunizieren können, ohne dass ihre Wahrnehmung von Verletztheit gefärbt ist. Außerdem hilft er leidenden Paaren, passende menschliche Hilfe zu finden, wie erfahrene Paartherapeuten oder gute Freunde.

Himmlischer Rat zum Loslassen

Wenn eine Beziehung vorbei ist, wissen Sie, dass es weder Ihnen selbst noch Ihrem Partner gegenüber fair ist, aus Bedürftigkeit, Schuldgefühlen oder Pflichtbewusstsein an der Beziehung festzuhalten. Doch ein Teil von Ihnen leidet schrecklich darunter, dass etwas vorbei sein soll, das Ihnen einmal so viel bedeutet hat. All Ihre Instinkte raten Ihnen, um jeden Preis festzuhalten – oder sich nicht einzugestehen, dass es für keinen von Ihnen noch wertvoll ist. Sie klammern sich weiter an die Beziehung, selbst wenn Ihr Partner vielleicht schon aufgegeben hat, oder Sie hoffen trotz aller Anzeichen, dass es vielleicht doch nicht so schlimm sei und irgendwie wieder in Ordnung kommen könnte. Mit Ihrem Versuch, etwas festzuhalten, das schon entschwunden ist, verursachen Sie für sich beide immer mehr Schmerz, Ärger und Wut; verletzende Worte werden gesprochen und Unverzeihliches getan.

Die Engel wollen nicht, dass einer von Ihnen beiden leidet. Wenn es in der Beziehung noch etwas Positives gibt, werden sie Ihnen göttlichen Rat zur Heilung zukommen lassen. Doch manchmal ist eine Beziehung trotz aller Liebe nicht mehr fruchtbar oder erfüllend. In solchen Fällen können Ihnen die Engel den besten Weg zeigen, loszulassen und das zu retten, was zwischen Ihnen beiden noch positiv und liebevoll ist.

Die Leiterin einer Fortbildungseinrichtung Elyse war seit mehreren Jahren unglücklich verheiratet. Ihre Kinder waren erwachsen, sie selbst war intensiv auf dem spirituellen Pfad unterwegs. Sie sehnte sich nach einer tieferen, sinnerfüllten Beziehung. Ihren vorigen Beruf hatte sie hinter sich gelassen und sich einer Tätigkeit zugewandt, die sie mehr erfüllte: Sie unterstützte Menschen, ihre Lebensziele zu erreichen. Ihr Mann war Ingenieur und Professor und hatte kein Interesse an seinem oder ihrem Innenleben. Er bedauerte, dass Elyses neue Arbeit weniger Geld einbrachte als die alte; für die Bücher, die ihr wichtig waren, interessierte er sich nicht und wollte sie auch zu keinem ihrer Kurse begleiten. Die beiden entfernten sich immer mehr voneinander und gerieten regelmäßig und heftig in Streit.

Bevor sie mich aufsuchte, hatte Elyse verschiedene konventionellere Ansätze versucht, um die Situation zu klären. Sie hatte ihrem Mann eine Eheberatung vorgeschlagen, aber er wollte nicht. Sie hatte auch zu verstehen gegeben, sie sollten sich scheiden lassen, da sie beide unglücklich zu sein schienen, aber ihr Mann hatte es entschieden abgelehnt.

Eines Abends war Elyse zu einem meiner Vorträge gekommen, in dem ich darüber sprach, was die Engel zu Scheidungen und Trennungen zu sagen haben. Ich erklärte den Zuhörern, jeder Mensch in ihrem Leben sei da, um zu ihrer Heilung beizutragen. Jeder Mensch werde irgendwann zu ihrem Lehrer und zum Übermittler himmlischer Botschaften. Vielleicht überbringe er ihnen eine wichtige Botschaft der Engel, vielleicht lehre er sie Geduld oder verschaffe ihnen eine Chance, der Aufgabe ihres Lebens näherzukommen. Manche dieser Freunde erschienen in ihrem Leben nur für eine kurze Zeit und verschwänden dann wieder, während andere sie über viele Jahre hinweg begleiten.

Wenn das, was Sie mit einem Menschen zu tun hatten, erledigt ist, fühlen Sie sich vielleicht nicht mehr zu ihm hingezogen. Die Engel sagen, es ist wichtig, dass Sie erst einmal einen Augenblick lang in Frieden innehalten, wenn Sie meinen, die Beziehung sei vorbei. Sie sagen: »*Bitte verurteilt weder euch selbst noch den anderen als gut, schlecht, richtig oder falsch. Solche Etiketten sind nicht nur unzutreffend, sie erzeugen auch oft schmerzhafte Gefühle. Wenn ihr euch schuldig fühlt, weil ihr euch aus einer Freundschaft zurückzieht, werdet ihr Schmerz erzeugen. Schuldgefühle erwarten immer Bestrafung und führen oft zu einer sich selbst erfüllenden Prophezeiung. Bleibt lieber in einer Haltung der Dankbarkeit für die guten Zeiten, die ihr miteinander hattet. Sagt mental zum anderen: ›Ich vergebe dir, ich vergebe mir, und jetzt lasse ich dich ohne weitere Anhaftungen los.‹ Und dann überlasst es dem Göttlichen, was als Nächstes passiert.*«

Ich schloss mit dem Rat der Engel für all jene, die sich fragen, ob sie noch in einer unglücklichen Beziehung bleiben oder lieber gehen sollen. »Sprechen Sie mit dem Schutzengel Ihres Partners«, empfahl ich, »und bitten Sie den Engel um Klärung der Zukunft Ihrer Beziehung. Bitten Sie den Engel des anderen, die Situation zu heilen, sodass sie entweder ein friedvolles Ende findet oder sich die Probleme lösen.«

Ein paar Wochen später kam Elyse zu mir zu einer Sitzung und erzählte mir von ihren weiteren Erfahrungen. »Mir war sehr klar, die Klärung, um die ich den Schutzengel meines Mannes bat, bedeutete nicht unbedingt, dass unsere Ehe bestehen bleiben sollte. Ich bat ihn vielmehr um etwas viel Umfassenderes: eine Heilung all der Negativität und des Schmerzes in unserer Beziehung. Ich folgte also dem Rat der Engel und sprach innerlich mit dem Schutzengel meines Mannes. Ich sah zwar keinen Engel und es fühlte sich ein bisschen so an, als spräche ich mit mir selbst, aber ich sagte dem Engel, es sei für mich nicht mehr tragbar, in einer so unbewussten Beziehung zu verharren, und ich wolle gerne in einer spirituellen Partnerschaft leben. Ich wollte, dass unsere Ehe entweder mit neuem Leben erfüllt werde oder dass mein Mann mich gehen ließe. Ich löste mich von der Frage, ob ich bleiben oder gehen sollte, und konzentrierte mich auf eine Heilung der Situation.«

Elyse bat jeden Tag um eine Heilung, ohne sich auf eine bestimmte Vorstellung festzulegen. Knapp zwei Monate später sei ein Wunder geschehen, berichtete sie. »Mein Mann erklärte mir ganz warmherzig und klar: ›Ich werde dich immer lieben, aber du gehst in eine andere Richtung als ich. Ich habe viel darüber nachgedacht, ob ich wohl auch in die Richtung gehen könnte, die du gewählt hast, aber ich bin zu dem Schluss gekommen, dass es für mich nicht das Richtige ist. Es ist Zeit für uns, loszulassen.‹ Ich war fassungslos. Wir hatten noch nie auf diese Weise über dieses Thema gesprochen. Ich war völlig schockiert darüber, wie er ohne Beratung von außen zu einer so friedlichen Klarheit gefunden hatte. Es war, als redete ich mit einem anderen Menschen, mit jemandem, der meinen ganzen Gesprächen mit seinem Schutzengel zugehört hatte. Mein Mann und ich haben uns dann in aller Freundschaft getrennt. Wir gehen jetzt viel besser miteinander um als in den letzten Jahren unserer Ehe. Wir haben unsere Scheidungsvereinbarungen mit sehr viel Hilfe der Engel harmonisch über die Bühne gebracht. Unsere Kinder gehen mit der Situation sehr gut um, weil wir wieder Liebe füreinander empfinden. Wir lieben einander genug, um uns loszulassen.«

  ☉ Himmlischer Rat
Wenden Sie sich an den Schutzengel Ihres Partners. Bitten Sie um Heilung, ohne eine bestimmte Vorstellung davon zu haben, wie sie aussehen soll.

Himmlischer Rat für den »Das Gras auf der anderen Seite des Zauns ...«-Komplex

Wenn Paare ein paar Jahre zusammengelebt haben, fällt einer von beiden häufig in die Falle der Illusion, auf der anderen Seite des Zauns sei das Gras immer grüner. Das heißt, andere potenzielle Partner erscheinen attraktiver als der eigene. Ich habe viele Menschen beraten, die sich in einer festen Beziehung oder Ehe befanden und meinten, nun in einem anderen Menschen endlich ihren wahren Seelenpartner gefunden zu haben. Sie wollen einen Rat haben, was sie jetzt tun sollen; viele hoffen insgeheim auf eine Bestätigung, dass ihre neue »Flamme« jener eine Mensch ist, der vom Schicksal für sie vorgesehen war, und dass ich ihnen spirituell sozusagen die Erlaubnis gebe, ihren alten Partner hinter sich zu lassen.
In den meisten Fällen sehen diese Menschen den neuen Partner jedoch einfach durch eine rosarote Brille und projizieren ihre Wünsche und Fantasien genauso auf ihn, wie sie es einst bei ihrem jetzigen Partner getan haben. Würden sie mit dieser

bislang kaum bekannten, aufregenden Person jeden Tag zusammenleben, dann entpuppte sie sich wahrscheinlich auch bald als ein ganz normaler Mensch.

Die Werbefachfrau Ursula befand sich in genau so einer Situation. Sie fragte sich, ob ihr gegenwärtiger Ehemann sie daran hinderte, mit ihrer neuen Liebe zusammen zu sein, jenem wundervollen Mann, den sie kennengelernt hatte. »Er hat mein ganzes Leben verändert«, erklärte sie, »als wäre er mein Engel.«

Das Problem: Ihr Engel Victor war ebenfalls unglücklich verheiratet, und beide hatten Kinder. Sie fühlten sich beide mit der Situation unwohl und waren noch nicht miteinander intim geworden, trafen sich jedoch häufig heimlich zum Mittag- oder Abendessen. Ursula wusste, sie konnte den körperlichen Aspekt dieser Beziehung nicht mehr lange hinauszögern.

»Ich habe versucht, aufzuhören, an ihn zu denken«, sagte sie. »Aber ich glaube, Victor ist wirklich perfekt für mich. Ich will nichts falsch machen, aber ich frage mich, ob es nicht vielleicht falsch ist, in einer lieblosen Ehe zu bleiben, anstatt mit Victor zusammen zu sein. Mein Mann ist ein guter Mensch. Er hat es auch verdient, seine Seelenpartnerin zu finden. Vielleicht würde ich sowohl mir selbst als auch ihm einen Dienst erweisen, wenn ich ihn freilasse.«

Und dann stellte sie die Frage, deretwegen sie hergekommen war: »Ist Victor ein Teil meiner Zukunft? Soll ich mich scheiden lassen?«

Mir war klar, dass Ursula sich eine göttliche Empfehlung wünschte, ihre Familie zu verlassen, um diesen anderen Mann zu heiraten und bis ans Ende ihrer Tage mit ihm glücklich zu sein. Ich merke meistens, was meine Klienten gerne hören wollen, und es ist nicht immer leicht für mich, ihnen etwas zu sagen, das sie nicht wissen wollen.

Während Ursula sprach, befand ich mich bereits in Halbtrance, wo mir die Engel eifrig Informationen zukommen ließen. Ich muss in meinen Sitzungen häufig meine Aufmerksamkeit spalten, weil ich gleichzeitig höre, was meine Klienten in der physischen Welt und die Engel in der spirituellen Welt sagen.

Als Ursula ihre Frage gestellt hatte, atmete ich einmal tief und spürte, wie die Engel noch stärker durch mich hindurch wirkten, als hätten sie sich ein Mikrofon gegriffen, um Ursula ihre Botschaft unmissverständlich zukommen zu lassen. Sie sagten: »*Erlaube uns, dir zu helfen, deine Entscheidungen auf der Grundlage der Liebe zu treffen, die in dir ist, und nicht aus Angst oder Schuldgefühlen. Du spürst, dass deine Bedürfnisse in deiner Ehe nicht erfüllt werden. Du sehnst dich nach tiefer Liebe, nach Halt und Wertschätzung. Wir wissen das. Du genießt das Gefühl der bedingungslosen Liebe, die dir entgegengebracht wird, wenn du mit diesem anderen Mann zusammen bist. Erinnere dich: Die Quelle dieser Liebe liegt nicht in einem anderen Menschen, sondern im Göttlichen in dir. Jeder hat viele Seelenpartner, und du brauchst einen Seelenpartner nicht unbedingt zu heiraten, um die Beziehung zu ihm zu genießen. Manche Seelenpartnerbeziehungen bleiben besser körperlich unerfüllt, denn Sex kann eine wundervolle Seelenpartnerbeziehung auch verkomplizieren oder ruinieren.*«

Ich fühlte den Drang, Ursula auch liebevoll als Therapeutin anzusprechen. »Das Folgende sage ich jetzt selbst, Ursula. Ich möchte Ihnen raten, sich zuerst sehr klar und sicher zu werden, bevor Sie Entscheidungen treffen. Wenn Sie sich innerlich entschieden haben, warten Sie noch drei Tage, um sicher zu sein, dass Sie dann immer noch so fühlen. Ein Techtelmechtel mit einem verheirateten Mann ist oft der schnellste Weg zu Herzschmerz. Nur sehr wenige verheiratete Männer verlassen ihre Frauen, vor allem wenn Kinder im Spiel sind. Die Engel und ich meinen, dass es wohl für Sie am besten wäre, sich diesen Mann als guten Freund zu erhalten und nach anderen Möglichkeiten zu suchen, für Ihre romantischen Bedürfnisse zu sorgen.«

Ursula sah erleichtert aus. Ich hatte den Eindruck, sie sorgte sich wirklich, sowohl aus moralischer als auch aus spiritueller Sicht das Richtige zu tun. Es erschien ihr zwar gerechtfertigt, ihre Ehe zu verlassen, weil sie darin unglücklich war, aber sie machte sich auch Sorgen um die beiden verlassenen Partner und um die Kinder. Natürlich hatte sie sich auch gefragt, wie diese neue Beziehung auf lange Sicht aussehen würde. Diese Lösung machte es ihr möglich, von allen Aspekten das Beste zu genießen, ohne jemandem wehzutun.

»Wir bringen dir keine Beziehungen in dein Leben, für die du deine ethischen Werte aufgeben musst«, erklärten die Engel. *»Doch wir wollen dir helfen, dich der Wahrheit über dich selbst und deine Ehe zu stellen.«*

An dieser Stelle rutschte Ursula unruhig auf ihrem Stuhl hin und her. Aber sie begriff die Wahrheit in den Worten der Engel. Sie spürte jetzt eine neue Kraft in sich, die Probleme in ihrer Ehe anzugehen, statt sich ihnen zu entziehen, indem sie sich in eine Affäre und möglicherweise Scheidung stürzte. Sie wusste immer noch nicht, ob sie lieber mit Victor oder mit ihrem Mann zusammen sein wollte, doch jetzt war ihr klar, dass auch die Möglichkeit bestand, Victor in ihrem Leben zu behalten, ohne eine körperliche Beziehung mit ihm einzugehen.

Die Engel sind nie moralisierend, aber sie appellieren bei moralischen Themen durchaus an den gesunden Menschenverstand. Sie sagen: Handelt jemand seinen eigenen Werten zuwider, dann wird er sich schmerzhaft schuldig fühlen. In Ursulas Fall haben sie sie nicht gescholten, weil sie eine außereheliche Affäre erwog. Sie zeigten ihr vielmehr, wie sie ihren Bedürfnissen gerecht werden konnte, ohne sich selbst oder sonst jemandem Schmerz zuzufügen.

🔔 Himmlischer Rat
Werden Sie sich ganz über Ihre gegenwärtige Beziehung klar, bevor Sie über den Zaun springen, weil Ihnen das Gras dort grüner erscheint.

Himmlischer Rat bei übermäßigem Kontrollbedürfnis

Beim Versuch, unsere Probleme zu lösen oder eine Situation zu verbessern, verbeißen wir uns manchmal so sehr darin, dass wir die Lage eher verschlimmern. Eine Situation übermäßig kontrollieren zu wollen, ist genauso gefährlich, wie ein Auto zu übersteuern. Statt gerade und gleichmäßig vorwärtszukommen, wird ein Schlingerkurs daraus.

Falls Sie sich eine ausgiebige Kontrolle angewöhnt haben, ist es oft nicht so einfach, damit wieder aufzuhören. Selbst wenn Sie um göttliche Hilfe gebeten haben, um den Dingen einen anderen Lauf zu geben, sind Sie vielleicht nach wie vor zu sehr darin verwickelt, als dass die Engel wirklich hilfreich einschreiten könnten. Sobald Sie die Engel um Hilfe bitten, sollten Sie die Bahn frei machen, damit die himmlischen Helfer ihr Werk tun können. Die Engel ziehen gerne den Vergleich mit einer Sportmannschaft: Sie müssen den Ball abgeben, damit Ihnen die Teamkollegen helfen können. Oftmals bitten Menschen um spirituelle Hilfe, lassen sie dann aber nicht zu, weil sie fürchten, die Kontrolle über die Situation zu verlieren.

Meine Klientin Patrice suchte mich auf, weil sie in ihrer nun fünfzehnjährigen Ehe mit Keith nicht mehr zurechtkam. Sie stritten sich die ganze Zeit. »Mein Mann und mein Sohn liegen ständig im Clinch miteinander. Und wenn ich dann dazwischengehe, um Frieden zu stiften, streiten am Ende Keith und ich.«

Sie erklärte, Keith überschreite zwar nie gewisse Grenzen; doch nach ihrer Ansicht nehme er ihren gemeinsamen Sohn zu hart ran. »Er sagt, er wolle Bradley motivieren, sich mehr um seine Noten zu kümmern. Aber ich meine, es gibt auch andere Wege, jemanden zu inspirieren, als immer auf denselben Sachen herumzureiten. Ich habe es mit Beten versucht, aber es hat nichts genützt. Was kann ich tun, um für den Frieden im Haus zu sorgen, den ich mir so wünsche?«

Die Engel sagten durch mich zu ihr: »*Lass los, Patrice! Du bemühst dich zu sehr um Kontrolle der Situation. Du musst loslassen, damit wir eingreifen und Harmonie bringen können. Wenn du loslässt, wird es Harmonie und Heilung geben.*«

Die Engel sahen, dass die Anspannung in der Familie durch Patrices Eingreifen noch verstärkt wurde. Keith spürte, dass Patrice seinem Urteil nicht vertraute, und Bradley spürte, dass seine Eltern sich nicht vertrugen. Dieser zusätzliche Stress verhinderte eine Lösung. Die Engel sagten, der einzige Weg bestehe darin, dass sie sich ein wenig zurückziehe.

»Die Engel bitten um die Erlaubnis, Ihrer Familie zu helfen, Patrice«, erklärte ich.

Sie sah mich verunsichert an. Sie könne verstehen, was die Engel meinten, aber sie fürchte sich davor, sich zurückzunehmen, weil sie die Gefahr sah, dass ihr Mann ihren Sohn dann emotional zu sehr bedrängte. Sie rang sich mit der Idee so sehr ab, dass sie ihre ganze Stirn in Falten legte.

Die Engel meldeten sich nochmals zu Wort: »*Wir bitten dich, ein paarmal tief durchzuatmen, Patrice.*«

Als sie das tat, wirkte sie erleichtert.

Die Engel versicherten, ihr Sohn sei emotional sicher, worauf sie sich einverstanden erklärte, diesem Ansatz eine Chance zu geben. Doch dann traf sie auf ein weiteres Hindernis: »Aber *wie* kann ich loslassen?«, fragte sie. Sie meinte nicht den mechanischen Vorgang, sondern sie wusste einfach nicht, wie sie sich aus einer Situation zurückziehen konnte, in die sie so tief verwickelt war.

Ein großer männlicher Engel erschien über Patrices Schulter und gab mir visuelle Hinweise hinsichtlich der Situation, als hielte er mir einen Videobildschirm hin. Ich empfing die Informationen von ihm in einer Mischung aus scharadeartigen Bewegungen und hellsichtigen Bildern und übersetzte alles in verbale

Instruktionen. »Patrice, bitten Sie Ihren Engel um Hilfe, damit Sie bereit werden, die Situation loszulassen. Er wird Sie unterstützen, diese innere Veränderung zu wollen.«

Patrice nickte. Sie war froh, dass ihr Engel ihr emotionales Dilemma verstand. Sie flüsterte: »Bitte hilf mir, meine Familiensituation Gott anzuvertrauen.«

Ich sah, wie Patrices Körper erschauerte – ein sicheres Zeichen für die Intervention der Engel. Sie entspannte sich, atmete langsamer und tiefer. »Gerade ist etwas passiert«, war alles, was sie sagen konnte.

Ich redete weiter: »Ihr Schutzengel bittet Sie jetzt, sich Ihre Situation auf symbolische Art vorzustellen, zum Beispiel als mentales Bild von Bradley, Keith und Ihnen in einer der Auseinandersetzungen.« Der Engel nickte und bestätigte damit, dass ich ihn richtig verstanden hatte. Er fuhr fort, mir Anweisungen zu vermitteln. »Der Engel stellt einen großen Eimer vor Sie und bittet Sie, sich vorzustellen, wie Sie das Bild dieser Situation in diesen Eimer tun.«

Patrice runzelte wieder die Stirn, während sie der Anleitung folgte. Plötzlich lächelte sie und sah aus, als wäre ein großes Gewicht von ihr genommen. »Ich glaube, es funktioniert«, sagte sie und fühlte sich offensichtlich besser.

Als ich Patrice ein paar Monate später wiedersah, war es ihr ein dringendes Bedürfnis, mir vom weiteren Verlauf der Ereignisse zu berichten: »Ich konnte loslassen, genau wie Sie und die Engel vorgeschlagen hatten. Und raten Sie mal, was passiert ist? Mein Mann und mein Sohn begannen, auf kumpelhafte Weise miteinander umzugehen. Ich merkte, anfangs warteten sie misstrauisch darauf, dass ich mich in ihre Reibereien einmischte. Doch als ich es unterließ, schien sich die Energie ihrer Streitereien aufzulösen, denn sie haben seitdem kaum noch einmal die Klingen gekreuzt. Es ist wirklich ein Wunder, wie friedlich unser Haushalt geworden ist, und das nach nur einer Engelberatung!«

Lassen Sie die Situation los. Wenn es Ihnen schwerfällt, bitten Sie die Engel um Hilfe, die Kontrolle loslassen zu wollen.

Himmlischer Rat bei Missverständnissen in der Ehe

Missverständnisse sind wahrscheinlich die Hauptursache für Eheprobleme und Trennungen. Vermutlich wissen nur Therapeuten, wie viele Streitereien und Scheidungen entstehen, weil einer der beiden Partner etwas falsch interpretiert oder verstanden hat, als es vom anderen gemeint war. Wann immer zwei Menschen ihre tiefsten Gefühle und Überzeugungen miteinander erkunden, ist es unvermeidlich, dass es zu unterschiedlichen Wahrnehmungen und Missverständnissen kommt. Wenn sie überhandnehmen, fürchten sich die Partner irgendwann, einander ihre wahren Gefühle zu offenbaren. Sie leben zwar noch unter demselben Dach, aber eher wie in einer Wohngemeinschaft denn als ein verheiratetes Liebespaar. Im Lauf der Jahre habe ich oft erlebt, wie die Engel Beziehungen geheilt haben, in denen tief greifende Kommunikationsprobleme bestanden oder die Verständigung ganz abgebrochen war. Ihr göttliches Heilmittel besteht darin, in solchen Situationen die Partner zu ermutigen, einander ihre verletzlichen Gefühle der Liebe und Angst mitzuteilen – anders gesagt: vollkommen aufrichtig zu sein. So heilten sie auch die Ehe meiner Freundin Mary Ellen.

Mary Ellen und Howard waren seit über zwanzig Jahren verheiratet. Vor acht Jahren fingen sie an, unterschiedliche Interessen zu entwickeln und sich einander zu entfremden. In ihren Gesprächen über emotional geladene Themen wie Geld, Kinder, Sex und ihre gemeinsame Zukunft waren sie immer öfter unterschiedlicher Meinung. Irgendwann schienen sie sich nur noch zu zanken. Beide waren immer öfter verletzt und meinten, der andere liebe sie nicht mehr, und obwohl sie weiter im selben Haus lebten, bestand ihre Ehe nur noch auf dem Papier. Sie hatten sich beide ins Schweigen zurückgezogen.

Während der nächsten sechs Jahre schliefen Mary Ellen und Howard in getrennten Schlafzimmern und sprachen nur noch wenig miteinander. Mary Ellen hatte sich damit abgefunden, dass ihre Ehe wohl so sein würde. Sie versuchte zu ignorieren, dass ihr Bedürfnis nach Nähe und Intimität dabei auf der Strecke blieb, und lenkte ihr Kommunikationsbedürfnis auf das Schreiben von Gedichten, eines Newsletters und eines Buches um.

Mary Ellen kam zu einem Wochenendworkshop mit den Engeln, der davon handelte, sich auf die Botschaften der Engel über Liebe und Heilung auszurichten. Am Tag nach dem Seminar wachte sie morgens mit dem Satz auf: »Lehre nur Liebe!« Sie dachte: »Meine Güte, wie kann ich in meinem Newsletter Liebe lehren, wenn ich in meinem eigenen Haus nicht liebevoll lebe?« Die Engel forderten sie auf, ihre Integrität zu wahren und so zu handeln, wie sie es anderen empfahl. Mary Ellen rief Howard im Büro an und sagte ihm die Wahrheit. Sie erklärte ihm, wie sehr sie ihn liebte und ihn vermisste. Howard begann zu weinen und sagte, er empfinde das Gleiche für sie.

Mary Ellen schrieb die Heilung ihrer Ehe dem Rat der Engel zu. »Wir sind jetzt wieder ein Paar«, erzählte sie. »Nach fast sechs Jahren ist Howard jetzt wieder zu mir ins Schlafzimmer gezogen. Er geht sehr sanft und liebevoll mit mir um und redet viel mit mir. Durch den Rat der Engel, aufrichtig und ehrlich zueinander zu sein, haben sich unsere beiden Herzen vollkommen geöffnet.«

Die Engel sagen: »*Die Wahrheit heilt auf vielfache Weise. Ärgerst du dich zum Beispiel über die Worte oder Taten deines Partners,*

dann frage ihn sofort, wie er das gemeint hat. Geh nicht davon aus,
es sei negativ gedacht, obwohl es vielleicht gar nicht der Fall ist.
Lass deinen Partner wissen, wie seine Worte und Taten emotional
auf dich wirken. Wenn du dich verletzt fühlst oder dich fürchtest,
gestehe es sofort ein. Das Zurückhalten dieser Gefühle führt nur zu
weiteren Missverständnissen, zu Leiden und Verwirrung.
Beginne damit, deinem Partner zu sagen, was in diesem Augen-
blick für dich wahr ist. Beziehe diese Wahrheit auf dich und mache
niemand anderen dafür verantwortlich. Durch diesen Prozess des
Austauschs und der Zuwendung können zwei Partner selbst Äonen
der Wut und des Ärgers heilen. Wenn du willst, bitte uns, deine
Worte zu führen, damit sie im Einklang mit deiner Wahrheit sind.
Wir werden es dich wissen lassen, falls du vom Mittelpunkt der
Wahrheit abweichst.«

⌂ Himmlischer Rat
Teilen Sie Ihrem Partner aufrichtig Ihre Gefühle der Liebe
und der Angst um die Beziehung mit.

Himmlischer Rat bei schwindender Leidenschaft

Am Anfang jeder intimen und romantischen Liaison stehen in
der Regel leidenschaftliche Gefühle füreinander und die Bereitschaft für eine tiefe Beziehung. Die Liebenden fühlen sich intensiv zueinander hingezogen, wollen ständig zusammen sein und
können kaum die Finger voneinander lassen oder sich der tiefen,
spirituellen und emotionalen Verbindung der körperlichen Liebe
entziehen. Beide Partner sorgen sich von ganzem Herzen um das
Wohlergehen des anderen.
Doch wenn sie nicht wissen, worauf sie bewusst achten müssen, können sich nach einer Weile Langeweile, Desinteresse und
Unzufriedenheit einschleichen. Es scheint so, als ob beide in der

Beziehung ermüden. Wenn die Leidenschaft verflogen ist, bleiben viele nur noch aus Gewohnheit, finanzieller Abhängigkeit oder Schuldgefühlen beziehungsweise wegen der Kinder oder sonstigen Verpflichtungen beieinander.

Wer mit einem Partner zusammenbleibt, nachdem die Leidenschaft entschwunden ist, hegt unter Umständen allmählich gegen den anderen einen heimlichen Groll, der sich in herabsetzenden Bemerkungen, körperlicher Zurückhaltung oder passiv-aggressivem Verhalten äußert. Das Sexualleben wird zur Routine oder findet gar nicht mehr statt. Vielleicht sucht einer der beiden auch nach außerehelichen Affären oder träumt zumindest davon.

Die Engel sagen, es ist ganz natürlich, dass die Leidenschaft durch Höhen und Tiefen geht. An Tiefpunkten lässt sie sich jedoch durch Willenskraft und bewusste Absicht wieder entfachen. Wenn Ihre Beziehung in einer Sackgasse gelandet ist, raten die Engel dazu, ein starkes Verlangen zu entwickeln, sich mit Herz und Geist wieder aufzuschwingen. Das Geheimnis liegt in dem starken Wunsch, die Leidenschaft wieder in Gang bringen zu wollen.

Sie können die Engel auch um Unterstützung bitten, das Energieniveau Ihrer Beziehung anzuheben. Die Engel werden direkt durch Ihr Herz und Ihren Geist wirken und alle Langeweile sowie die allzu große Vertrautheit entfernen, die Ihre Leidenschaft behindern. Die Engel werden Sie mit ihrer eigenen göttlichen Leidenschaft erfüllen und Ihnen auch sagen, wie Sie Ihre Energie wieder stärken können, zum Beispiel indem Sie Ihrem Partner die Kränkungen vergeben, unter denen Sie gelitten haben, oder indem sie Ihnen eine neue Sichtweise Ihrer Beziehung vermitteln.

Am Anfang ihrer Beziehung waren Janie und Lynda leidenschaftlich füreinander entflammt. Alle ihre Freunde bestätigten, dass sie perfekt zueinander zu passen schienen. Die siebenunddreißigjährige Janie war noch nie in einer langfristigen, verbindlichen Beziehung gewesen. Lynda, vierzig Jahre alt, war seit vier Jahren geschieden und hatte gerade erst die Lesbenszene kennengelernt, als sie Janie traf. Als sie zusammenzogen und als Zeichen der Verbindlichkeit ihrer Beziehung Ringe tauschten, erschien ihnen alles wundervoll und neu. Sie waren bis über beide Ohren verliebt und ließen sich täglich etwas Neues einfallen, um der Partnerin zu zeigen, wie sehr sie geliebt wurde.

Als das Paar zwei Jahre später zu einer Engelsitzung zu mir kam, standen die beiden kurz vor der Trennung. Janie sagte mir, sie wolle wieder mit anderen Frauen ausgehen, und Lynda fühlte sich verletzt und verwirrt, ohne zu wissen, ob sie in der Beziehung bleiben wollte oder nicht. Die zwei suchten dringend den Rat der Engel, was sie nun tun sollten.

Janies Engel sprachen zuerst. Janies wichtigster spiritueller Begleiter war ihr verstorbener Großvater mütterlicherseits, ein sehr sachlicher Typ, der einst vor allem aufgrund seiner sozialen Fähigkeiten ein erfolgreicher Geschäftsmann gewesen war. Er sagte zu mir: *»Janie war immer etwas anfällig für Langeweile. Sie sucht nach neuer Aufregung in ihrem Leben.«*

Janie und Lynda nickten zustimmend. Dann wandte er sich direkt an Janie: *»Du träumst davon, mit anderen Frauen auszugehen, als wäre es das Allheilmittel für ein aufregendes Leben. Aber höchstwahrscheinlich wird dich auch das nach kurzer Zeit langweilen, mein Liebling. Aus meiner Sicht habt ihr beide, Lynda und du, da eine ganz gute Sache am Laufen.«*

Sosehr sich Janie auch um eine gefasste Haltung bemühte, konnte sie doch nicht verhindern, dass ihr ein paar Tränen über die Wangen liefen.

Jetzt schalteten sich Lyndas Engel ein: *»Wir meinen auch, dass diese Partnerschaft für beide Seiten viele Vorteile birgt. Wir bitten euch, ihr eine faire Chance zu geben, indem ihr ein paar neue Ele-*

mente in eure Beziehung bringt. Wir sehen, dass ihr beide in eine öde, leblose Routine geraten seid, die sich nur um die Grundlagen des Lebens dreht, was für dich, Lynda, vor allem bedeutet, die Rechnungen zu bezahlen. Wann seid ihr zum letzten Mal abends ausgegangen? Könntet ihr in eine neue Phase eurer Beziehung eintreten, indem ihr in gewisser Weise noch einmal von Neuem beginnt, zum Beispiel indem ihr miteinander ausgeht? Aus unserer Sicht lautet die Antwort: Ja. Ihr habt immer noch eine Menge Liebe in eurer Beziehung und wir sehen, dass sie sich mit ein wenig Mühe wieder anfachen ließe.«

Mit der Hilfe der Engel entwickelten Lynda, Janie und ich einen Plan, wie sie in ihrer Beziehung noch einmal neu anfangen könnten. Mittwoch- und Samstagabend wurden als Ausgeh-Abende verabredet, wobei sich die beiden bei der Planung dieser Abende abwechseln wollten. Es brauchte sich nicht um aufwändige Unternehmungen zu handeln; ein Picknick, ein Spaziergang, ein Kinobesuch genügten. Weil Janie hin und wieder zu Live-Konzerten in den Nachtklub wollte, einigten sie sich darauf, mindestens einmal im Monat dorthin zu gehen. Janie erklärte sich bereit, Lynda treu zu bleiben, und Lynda wollte ihre Interessen über Alltagsangelegenheiten hinaus erweitern.

Sechs Monate später erhielt ich eine E-Mail, in der die beiden schrieben, dass sie ihre Leidenschaft wieder entfacht hatten. »Es ist anders als zuvor«, schrieb Lynda. »Wir sind wieder ineinander verliebt, aber auf viel reifere und stabilere Weise, und es gefällt mir besser als die rosarote Verliebtheit der ersten Zeit. Ich glaube, wir brauchten einen Schubs von den Engeln, uns mehr um die Beziehung zu bemühen, damit sie so wird, wie wir sie uns wünschen.«

Übrigens werde ich oft von lesbischen und schwulen Klienten und manchmal auch von Heteros gefragt, was die Engel zu Homosexualität sagen, da es religiöse Gruppen und Einzelne gibt, die solche Verbindungen negativ beurteilen. Die Überraschung ist oft groß, wenn ich sage, dass die Engel in dieser Hinsicht vollkommen neutral sind. Sie unterscheiden nicht zwischen hetero- und homosexuellen Beziehungen und haben Letztere nie verurteilt. Wenn es zwei bereitwillige Partner gibt und niemand verletzt wird, freuen sich die Engel immer, wenn Menschen eine liebevolle, verbindliche, spirituelle Beziehung eingehen.

🔔 Himmlischer Rat
Konzentrieren Sie sich auf Ihr Verlangen nach mehr Leidenschaft und bemühen Sie sich, die Gefühle wieder anzufachen, die Sie beide einst zusammenbrachten.

Himmlischer Rat bei Ungeduld

Wie fast jeder Mensch haben sicherlich auch Sie irgendwann einmal etwas so dringend gewollt, dass Sie zu viel Druck ausübten, um es zu bekommen, und damit die Situation ruinierten. Sie fassen ein Ziel ins Auge und konzentrieren dann all Ihre Energie darauf, es schnellstmöglich zu erreichen. Als Kind haben Sie sich vielleicht so dringend einen Hund gewünscht, dass Ihre Eltern es irgendwann nicht mehr hören wollten. Oder Sie hatten es als Erwachsene so eilig, zu heiraten und Kinder zu bekommen, dass Sie sich auf den falschen Partner einließen.

Wenn Sie zu ungeduldig werden, weil Sie etwas von Ihrem Partner haben wollen, kann das sehr trennend wirken. Je mehr Druck Sie anwenden, desto weiter rückt Ihr Gegenüber ab. Je emotionaler Sie werden, desto zurückhaltender wird der andere. Irgendwann entwickeln Sie Groll, weil Ihr Partner Ihren Bedürfnissen nicht nachkommt, und der andere hegt Ihnen gegenüber Groll, weil er sich unter Druck gesetzt fühlt, etwas zu geben, was er offensichtlich nicht mit guten Gefühlen geben kann.

Die Engel hingegen machen nie Druck und werden nie ungeduldig. Sie wissen, dass es für jedes Ereignis einen optimalen Rhythmus und einen richtigen Zeitpunkt gibt, und sie sind bereit, diesen Zeitpunkt abzuwarten. Es ist sogar ein Teil ihrer Aufgabe, bei der Synchronizität von Ereignissen mitzuhelfen – was manchmal auch »göttliches Timing« genannt wird. Statt Druck zu machen, damit die Ereignisse dann eintreffen, wann Sie es wollen, geben Ihnen die Engel zu bedenken, dass Sie die besten Fortschritte erzielen, wenn Sie Geduld haben, den Ball im Auge behalten und den Ereignissen erlauben, sich auf natürliche – und manchmal langsamere – Weise zu entfalten. Das gilt vor allem im Hinblick auf Beziehungen. So rieten die Engel auch meinem Klienten Gregor.

Zuerst spielte Gregor die Probleme in seiner Ehe herunter nach dem Motto »Meine Frau und ich kommen schon klar«: »Zum größten Teil läuft alles ganz gut«, meinte er.

Aber Gregors Engel waren ganz anderer Ansicht und zeigten mir, dass es Anspannungen gebe. Gregor schluckte, als er merkte, dass er seinen Engeln nichts vormachen konnte. »In den letzten paar Wochen haben wir uns ziemlich viel gestritten«, gab er zu. »Ich weiß nicht recht, warum, denn ich freue mich eigentlich sehr über die Entwicklungen in unserem Leben. Wir haben beide neben unserer Arbeit angefangen, von zu Hause aus neue Geschäfte anzuleiern. Das Gute daran ist, dass wir beide dann etwas tun können, das uns Freude macht. Wir hoffen, in etwa einem Jahr unsere Jobs aufgeben und dann Vollzeit an unseren neuen Projekten arbeiten zu können. Vielleicht hat die Anspannung mit dieser Veränderung zu tun.«

Gregors Engel ließen sich jedoch nicht täuschen. Sie sprachen sehr laut und deutlich: *»Die Anspannung zwischen euch kommt daher, dass du Kinder willst und deine Frau nicht.«* (Die Engel wollten Gregor damit unterstützen, der Wahrheit ins Auge zu sehen.)

Gregor nickte und erklärte, wie es ihm wirklich ging. »Ja, das stimmt. Wir sehen das unterschiedlich. Wir sind jetzt seit sieben Jahren verheiratet und ich spüre die Sehnsucht, Kinder zu haben. Ich würde so gerne jetzt eines haben. Katherine will das im Moment nicht – sie ist sich nicht einmal sicher, ob sie es je wollen wird. Das bereitet uns einige Probleme, im Bett und außerhalb.«

Die Engel rieten ihm: »*Dies ist kein guter Zeitpunkt, um eine Familie zu gründen. Wenn ihr mitten in beruflichen Umbrüchen seid, ist es nicht sinnvoll, euch zusätzlichen finanziellen Stress aufzuladen – und das wäre es jetzt für euch. Dafür muss die Bereitschaft da sein. Sobald ihr mit euren neuen beruflichen Unternehmungen eine gewisse Stabilität erreicht habt, ungefähr in zweieinhalb Jahren, werdet ihr beide bereit sein.*«

Ich beobachtete, wie Gregor reagieren würde. Die Botschaft schien ihm in doppelter Hinsicht zu gefallen: Seine Finanzen würden sich stabilisieren und es würde eine Zeit kommen, in der sich seine Frau und er gemeinsam ein Kind wünschten. Er kritzelte Notizen auf einen Zettel. Gregor entspannte sich merklich, weil er sich nun sicherer fühlte, dass er sich mit seiner Frau über den richtigen Zeitpunkt für Kinder einigen konnte. Seine entspanntere Haltung wirkte sich positiv auf die Beziehung aus, und die Auseinandersetzungen zwischen den beiden ließen nach. Bis es so weit ist, konzentrieren beide einmütig ihre Energien auf ihre neuen beruflichen Entwicklungen.

☖ Himmlischer Rat
Entspannen Sie sich und lassen Sie den Dingen ihren Lauf. Das ungeduldige Ausüben von Druck wirkt eher hinderlich.

Himmlischer Rat beim Gefühl,
in der Falle zu sitzen

Die meisten Beziehungen gelangen irgendwann an einen Punkt, wo beide Partner die Fehler, Schwächen und dunklen Seiten des anderen allzu gut kennen: Dann fragen sie sich, ob es ihnen alleine oder mit einem neuen Partner nicht besser gehen würde, obwohl sie andererseits gerne mit ihrem jetzigen Partner zusammenbleiben möchten. Dieser Zustand entsteht meistens, wenn lange schwelende, ungelöste Konflikte, Ärger und hasserfüllte Worte zu großen seelischen Verletzungen geführt haben und sich das Paar innerlich voneinander entfernt hat. So entsteht dann der berühmte »Nicht mir dir und nicht ohne dich«-Blues. Die Betroffenen fühlen sich in der schmerzhaften Situation gefangen, mit jemandem in einer Beziehung zu leben, von dem sie verletzt wurden. Sie möchten nicht gehen, aber auch nicht bleiben. (Es kommt nur selten vor, dass nur einer der Partner so empfindet. Wir spüren es, wenn unser Partner unglücklich ist. Als Therapeutin habe ich jedoch die Erfahrung gemacht, dass dies oft erst in der Paartherapie herauskommt und beide vorher meinten, mit ihren Nöten allein zu sein.)

Lucy, eine fünfundvierzigjährige Geschäftsfrau, bat um den Rat der Engel, weil sie sich in ihrer Ehe gefangen vorkam. Sie fürchtete, ihr Mann und sie hätten zu viel gelitten, als dass ihre einst glückliche, zwölf Jahre währende Ehe noch zu retten sei. »Wir hatten viele Probleme«, erzählte sie. »Sowohl ich als auch mein Mann Chandler waren vorher verheiratet.«

Das Paar erhielt das Sorgerecht für alle Kinder aus den früheren Beziehungen, und nach ihrer Heirat bekamen sie noch zwei gemeinsame. Alles schien gut zu gehen, bis Chandlers Exfrau Ally Probleme machte. »Ally war sehr eifersüchtig in der Zeit, als die Jungs bei uns wohnten, obwohl sie sich entschieden hatte, nicht mit ihnen zusammenleben zu wollen«, erklärte Lucy. »Ihre ständigen Störungen und Lügen vergifteten unser Familienleben. Mein Mann fürchtete sich vor der Konfrontation mit ihr, weil sie die Dinge immer verdrehte und sich dann bei den Jungs ausheulte. Ich entwickelte einen tiefen Groll gegen sie und meinen Mann. Die Jungs sind jetzt aus dem Haus, aber der Groll ist noch da. Mein Mann und ich hatten auch viele Schwierigkeiten in unserer Zweierbeziehung, doch vor allem dieses Thema hat mir so viel Schmerz bereitet, dass ich mich unfähig fühle, ihm zu vergeben.«

Lucy schloss die Augen. Ihr Kiefer und ihre Fäuste waren verkrampft. »Ich möchte gerne den richtigen Weg kennen. Ich fühle mich in dieser Situation gefangen und weiß nicht, was ich tun soll. Ich habe über Scheidung nachgedacht, aber ich bin mir nicht sicher. Ich liebe und hasse ihn zugleich. Wenn ich ihm vergeben könnte, dass ich mich so oft von ihm im Stich gelassen gefühlt habe, vielleicht würde ich dann Frieden finden und könnte ihn wieder lieben. Ich kann einfach nicht mehr den Mann in ihm sehen, den ich einst geheiratet habe.«

Während ihrer letzten Sätze lächelte ich in mich hinein. Ich fand es wundervoll, dass Lucy von *Vergebung* sprach, denn diesen Faktor der Heilung betonen die Engel immer wieder. Für die Engel bedeutet Vergebung, *»den mit einem Ereignis verbundenen Schmerz loszulassen. Es geht nicht darum, die Tat zu vergeben, sondern der Person zu vergeben. Es geht darum, zu vergeben, um sich selbst zu heilen, nicht weil es von jemandem erwartet wird.«*

Ich übermittelte die Botschaft der Engel: »Lucy, Sie sind offensichtlich empfänglich für die Mitteilung der Engel. Im Augenblick sehen Sie in Chandler nur seine Schwächen und Fehler. Sie haben ziemlich lautstarke Engel, und es ist eine Freude, mit ihnen zu arbeiten, weil ihr Rat so klar ist.«

Lucy strahlte, als sie merkte, dass sie den Rat ihrer Engel richtig empfangen hatte.

»Ja, Vergebung ist hier sehr wichtig für dich«, fuhren die Engel fort. *»Du brauchst Chandler nicht zu vergeben, was er getan oder nicht*

154

getan hat. Vergib ihm als Person. Er ist jetzt in einer schwierigen Situation, weil er merkt, du bist unglücklich, und das bewirkt, dass er sich schlecht fühlt. Er ist nicht verantwortlich für deine Gefühle, aber er fühlt sich verantwortlich dafür. Wenn du es uns erlaubst, werden wir dir helfen, ihm und seiner Exfrau zu vergeben. Wir können dir helfen, dass du vergeben willst, und das ist alles, worum du uns zu bitten brauchst.«

Die Engel sagten Lucy dann durch mich sehr deutlich, sie würden es aus mehreren Gründen vorziehen, die Ehe noch aufrecht zu erhalten. Erstens gebe es immer noch Liebe zwischen Chandler und Lucy. Und zweitens brächte eine Scheidung beide von ihrem spirituellen Weg ab. Und zu guter Letzt würde es den Kindern tiefen emotionalen Schmerz bereiten, unter dem sie als Erwachsene leiden würden. Aber die Engel zuckten am Ende mit den Schultern und sagten: *»Wir können euch nicht zwingen zusammenzubleiben, und wir möchten euch auch nicht unseren Willen aufdrängen. Wir bitten euch nur, es zumindest zu versuchen.«*

Lucy nickte nachdenklich. Ich konnte sehen, dass das Gehörte ihre eigene Tendenz, es noch einmal zu versuchen, unterstützte. Lucy erklärte sich einverstanden, mithilfe der Engel danach zu streben, ihre Ehe zu retten. »Mein Mann und meine Ehe sind mir wichtig«, sagte sie mit Nachdruck, »und mir wird klar, dass ich die Hilfe von Gott, Jesus und den Engeln brauche, um all diese Lasten loszulassen, die wir mit uns herumgeschleppt haben. Das hat uns wohl so sehr ermüdet, dass uns alles zu viel wurde – auch wir einander.«

🔔 Himmlischer Rat
Heilen Sie sich selbst, indem Sie nicht die Worte oder Taten vergeben, sondern dem Menschen.

Himmlischer Rat bei mangelnder Nähe

Zu irgendeinem Zeitpunkt fühlen sich die meisten Paare einander fremd, als säßen sie auf unterschiedlichen Seiten eines tiefen Abgrunds. Wenn Sie und Ihr Partner wissen, wie Sie in solchen Situationen sofort miteinander Kontakt aufnehmen können, lässt sich dieser Abgrund wieder schließen und Sie können zu Nähe und Intimität zurückkehren. Sollten Sie das jedoch nicht wissen, kann sich der Abgrund verbreitern; die Beziehung kühlt ab, Sie und Ihr Partner entfernen sich immer weiter voneinander. Leider ist der menschliche Egoismus so beschaffen, dass viele Partner meinen, nur der andere habe sich zurückgezogen. Die Engel sagen, dass keine intime Nähe zu einem anderen Menschen je verloren gehe, wenn Sie nicht irgendwann etwas Trennendes gesagt oder getan haben. Das entdeckte auch Carolyn.

Nach zwanzig Jahren Ehe klagte Carolyn, sie und ihr Mann würden einander kaum noch kennen. »Wir haben uns beide verändert«, erklärte sie, »ich noch mehr als er. Wir scheinen nichts mehr gemeinsam zu haben. Wir umarmen und küssen uns kaum noch, und Sex findet gar nicht mehr statt. Wir sind uns fremd. So will ich nicht alt werden.«

Ein paar Wochen zuvor hatte Carolyns Arbeitgeber angekündigt, die Firma an einen anderen Ort verlegen zu wollen. Carolyn betonte, sie müsse nicht mit umziehen; sie hatte auch andere Arbeitsmöglichkeiten am Ort. Dennoch fragte sie sich, ob sie nicht die Chance nutzen sollte, um sich von ihrem Mann zu trennen, da sie davon träumte, wieder Single zu sein.

»Die Kinder sind fast erwachsen, ich bin sicher, sie könnten sich auf eine neue Umgebung einstellen. Ich würde gerne neu anfangen: neuer Job, neues Leben.« Sie sprach eindringlich, als wollte sie mich um meinen Segen bitten. »Ich treffe durch meinen Beruf so viele interessante Menschen, mit denen ich viel mehr gemeinsam habe, und manchmal hasse ich es, nach Hause zu müssen. Ich möchte einen Seelenpartner, keine finanzielle Absicherung. Ich habe das Gefühl, das ist alles, was von meiner Ehe noch übrig ist.«

Ich betrachtete die Energieniveaus von Carolyn und ihrer Ehe. »Sie haben recht«, sagte ich. »Die Engel zeigen mir, dass die Energie in Ihrer Ehe sehr gering ist. Der Umzug Ihrer Firma wühlt eine Menge Emotionen in Ihnen auf und raubt Ihnen noch mehr Energie. Sind Sie sicher, dass Sie eine so wichtige Entscheidung über Ihre Ehe mitten in einer ohnehin anstrengenden Situation treffen möchten?«

Carolyn erzählte mir, sie fürchte, die Nerven zu verlieren, wenn sie nicht mit umzöge. Sie gestand, das Gefühl von »Jetzt oder nie« zu haben, und ich wusste, dies rührte von ihren Ängsten her und beruhte nicht auf göttlichem Rat. Die Engel raten immer, nicht ungeduldig zu sein, sondern darauf zu warten, dass uns das göttliche Timing das Gewünschte bringt, sobald es zu unserer Entwicklung passt. Carolyn war auch noch nicht wirklich entschieden. Sie fragte um Rat.

Über Carolyns Kopf tauchte ein etwa zwei Meter großer, weiblicher Engel auf und zeigte mir vor meinem geistigen Auge eine Art Film über Carolyns Kindheit. Die Augen und das Lächeln des Engels strahlten so viel Liebe aus, dass ich dachte, der Engel müsste davon schier platzen. Ich sah, dass Carolyns Vater an ihr Verhalten hohe Maßstäbe anlegte und es ihr immer klarmachte, wann sie ihnen nicht gerecht geworden war – was natürlich häufig vorkam, da sie ein Kind war. Carolyn hatte den Eindruck, ihr Vater mochte sie nicht, weil sie nicht gut genug sei. Sie begann, sich selbst zu hassen, und ging davon aus, das würden auch andere tun. Sie verbrachte viel Zeit allein in ihrem Zimmer mit Lesen und Schreiben. Sie war einsam und schüchtern und fühlte sich in Gesellschaft anderer Kinder unwohl.

Ich spürte die Tiefe von Carolyns Einsamkeit. Unabsichtlich hatte sie sich ihr ganzes Leben lang von anderen ferngehalten, weil sie meinte, keine Freundschaft und Gemeinschaft verdient zu haben. Sie fürchtete, jeder, mit dem sie sich anfreundete, werde sie letztlich ablehnen und keiner Zuneigung wert befinden, sobald er sie nur besser kennenlernte. Gleichzeitig sehnte sie sich nach Liebe und Verbindung mit anderen – genauso wie wir alle.

Als Carolyn Harold geheiratet hatte, dachte sie, ihre Einsamkeit sei vorbei. Doch nach einer Weile bemerkte sie eine gewisse Kühle zwischen ihnen. Sie redeten nicht mehr so oft miteinander und verbrachten immer mehr Zeit mit eigenen Beschäftigungen: sie mit ihrer Doktorarbeit, er mit seinen Büroaufgaben. Carolyn fühlte sich wieder genauso isoliert wie in ihrer Kindheit. Ein Hoffnungsstrahl tauchte auf, als sie schwanger wurde. Sie dachte, nach der Geburt des Kindes würde es ihr besser gehen. Sie fand Trost darin, drei Kinder großzuziehen, zwei Söhne und eine Tochter. Sie entwickelte sehr enge Beziehungen zu ihren Kindern, von denen sie sich endlich geliebt und akzeptiert fühlte. Doch mittlerweile waren die Kinder fast erwachsen und sie fürchtete sich davor, wieder mit Harold allein zu sein. Sie wusste, dass die Entfernung zwischen ihnen und ihre Isolation dann umso deutlicher spürbar wären.

Ihre Engel sagten durch mich: »*Wenn du deine Einsamkeit als einen Zustand betrachtest, der durch äußere Umstände ausgelöst wird, verschlimmerst du deine Situation nur. Erinnere dich, dass wir täglich mit dir leben. Wir sehen die Freundlichkeit in dir, nach der du dich sehnst. Genau die Eigenschaften, die du in dir nicht erkunden willst, suchst du in der äußeren Welt. Und da du sie in dir nicht sehen willst, erkennst du sie auch nicht in anderen. Wir sagen dir jedoch: Wenn du innehältst und diese Aspekte deines inneren Wesens bemerkst und wertschätzt, wirst du sie auch in der äußeren Welt entdecken. All deine Beziehungen werden tiefer werden und wachsen, wenn du dich auf die Blumen konzentrierst, deren Samen in dir selbst keimen.*«

Ich sah, wie Carolyn durch die Erkenntnis erschüttert wurde, dass nicht die anderen vor ihr weggelaufen waren, sondern sie vor ihnen. Sie erklärte, sie erkenne jetzt, warum ihr Gefühl, keiner Zuneigung wert zu sein, dazu geführt hatte, dass sie sich schon früh in ihrer Ehe von ihrem Mann zurückzog. Sie hatte sich eingeredet, er werde sich schon bald von ihr zurückziehen. Die Erwartung dieser Zurückweisung hatte in ihr genau die Erfahrung ausgelöst, die sie am meisten fürchtete, nämlich dass sie sich die meiste Zeit einsam und ungeliebt fühlte.

Die Engel trösteten sie: »*Das Energieniveau in dir und deiner Ehe wird sich allmählich heben, wenn du dir erlaubst, dich selbst zu mögen. Wir bitten dich, dir bewusst zu machen, was an dir selbst liebenswert ist. Dann wirst du auch mehr davon in anderen entdecken. Wir bitten dich auch, in dir nach der Liebe zu deinem Mann zu suchen. Stößt du auf sie, wirst du auch seine Liebe zu dir bemerken. Komm aus deinem Zimmer, geh in sein Zimmer und verbringe Zeit mit ihm. Du wirst überrascht sein, wie viel sich dadurch verändert. Er hat all diese Jahre darauf gewartet, dass du es tust. Dein Leben wird dir sinnvoller erscheinen.*«

Carolyn griff sich ein Taschentuch und trocknete ihre Tränen ab. »Ihr habt wohl recht«, meinte sie. »Eigentlich will ich mich nicht scheiden lassen. Ich will meinem Mann einfach nahe sein. Ich bin bereit, es zu probieren.«

Als ich Carolyn einen Monat später wiedersah, hatte sich die Situation deutlich verändert. Sie berichtete mir, sie habe tatsächlich aufgehört, sich in ihrem Arbeitszimmer zu verstecken, und sich mit ihrem Mann unterhalten, wenn sie sich in der Küche, im Wohnzimmer oder im Schlafzimmer begegneten. Er war darauf eingegangen und verbrachte nicht mehr jeden Abend mit Arbeit.

»Zuerst erwartete ich, dass er mich zurückweisen würde. Aber ich versuchte, zu glauben, dass ich liebenswert bin, und ich begann, positive Seiten an mir zu entdecken, die ich nie an mir vermutet hatte. Das Erstaunliche war: Mein Mann mag mich wirklich.

Und ich habe so viele wundervolle Eigenschaften an ihm wieder-
gefunden, die ich vergessen hatte. Wir sind jetzt beide sehr viel
entspannter und glücklicher und verbringen gerne Zeit miteinander. Und ich muss sagen, das ist wirklich ein Wunder!«
Ein Jahr später kam Carolyn mit ihrem Mann zu einem meiner Seminare. Ich erkannte sie kaum wieder. Sie strahlte von
innen heraus und hatte mehrere Kilo abgenommen, was sie auf
ihr neu gefundenes Glück zurückführte. Ich genoss es, zu beobachten, wie sich das Paar fast während des ganzen Seminars an
den Händen hielt. Carolyns Bereitschaft, sich selbst zu mögen
und auf ihren Mann zuzugehen, war der entscheidende Schritt
gewesen, durch den in diese schwankende Ehe wieder Nähe ein-
gezogen war.

⌂ Himmlischer Rat
Verbinden Sie sich mit dem, was in Ihnen gut und liebenswert ist, dann werden Sie sich leichter mit dem verbinden
können, was an Ihrem Partner gut und liebenswert ist.

Himmlischer Rat bei Untreue

Kaum etwas ist schmerzhafter, als zu entdecken, dass der Partner, den Sie für treu und zuverlässig hielten, eine Affäre hat. Sie
fühlen sich betrogen und hintergangen und meinen, mit Ihnen
selbst stimme wohl etwas nicht, sodass sie unattraktiv seien. Die
Wut und der Schmerz können schier unerträglich werden. Sie
leben mit dem niederschmetternden Gefühl, etwas für Sie Kost-
bares sei unwiederbringlich zerstört worden.
Häufig bereitet eine Affäre beiden Seiten viel Schmerz. Auch die
untreu gewordene Person leidet darunter, ihre Lieben so zu verletzen, fühlt sich schuldig und schämt sich oft zutiefst dafür, ihre
Libido nicht besser unter Kontrolle zu haben.

Yolanda und Jose waren seit sieben Jahren verheiratet; alles schien in ihrer Beziehung in Ordnung zu sein. Doch dann bemerkte Yolanda merkwürdige Dinge, die sie sich nicht erklären konnte. Zum Beispiel arbeitete Jose oft bis spät in die Nacht, aber auf seiner Gehaltsabrechnung tauchten keine Überstunden auf. Oder er kam von der Arbeit nach Hause und hatte keinen Hunger, obwohl er sonst ein guter Esser war. Er kaufte sich neue Unterwäsche, was er noch nie zuvor getan hatte. Sie vermutete eine Affäre, wollte es allerdings nicht wahrhaben.

An einem Samstagnachmittag bemerkte Yolanda, dass die Telefonschnur ins Bad führte. Sie lauschte an der verschlossenen Badezimmertür und hörte, wie Jose mit gedämpfter Stimme sprach. Sie meinte, ihn sagen zu hören: »Aber sicher liebe ich dich, Baby.« Sie erschrak zutiefst und ging zu einem anderen Apparat. Leise nahm sie den Hörer ab und hörte, wie Jose und eine Frau offensichtlich eine Auseinandersetzung zwischen Liebenden führten.

Yolanda war außer sich und konnte Jose erst nach mehreren Tagen darauf ansprechen. Er gestand sofort, weinte, bat sie um Vergebung und versicherte, die Affäre sei schon vorbei. Yolanda wollte ihm gerne glauben, war aber sehr verletzt und wusste nicht, was sie von alledem halten sollte. Sie kam zu mir, um sich Orientierung und Unterstützung zu holen.

Yolandas Engel baten mich, die Sitzung für sie aufzuzeichnen. *»Sie wird das, was wir ihr zu sagen haben, erst richtig aufnehmen können, wenn sie es mehrfach gehört hat«,* erklärten sie. Das war mir eine Vorwarnung: Die Sitzung würde wahrscheinlich recht emotional werden. Ich legte also eine Packung Taschentücher griffbereit und schaltete den Rekorder ein.

»Wir möchten damit anfangen, dass wir dich bitten, die Situation aus unserer Sicht zu sehen«, begannen die Engel. Eine große Gruppe von Wesen überbrachte Yolanda diese Botschaft, darunter Jesus, mit dem sie sehr verbunden war. Er stand direkt hin-

ter ihr; sein Gesicht strahlte vor Liebe. Ich sah auch Yolandas Großmutter mütterlicherseits, eine strenge, aber liebevolle und spirituelle Person. Die Gruppe sprach zu mir mit einer einzigen Stimme, aber manchmal ergriffen auch Jesus oder die Großmutter einzeln das Wort.

Die Engel erklärten, Jose liebe Yolanda sehr; er wolle sie nicht bewusst verlassen und betrügen. Ohne die Situation zu rechtfertigen oder jemanden zu beschuldigen, machten die Engel sanft deutlich, dass Joses Affäre durch zwei Dinge zustande gekommen war: durch sein mangelndes Selbstbewusstsein und durch ihre dahindümpelnde Ehe. *»Du sollst wissen, wie viel Kontrolle du in dieser Situation noch hast. Glaube nicht, dass deine Ehe völlig von Jose oder einer anderen Frau abhängt. Auch du spielst eine große Rolle, wenn es um die Zukunft eurer Ehe geht.«*

Yolanda war bis dahin nicht klar gewesen, dass sie Einfluss auf das Geschehen hatte.

»Du willst eine Garantie, dass Jose dich nie wieder betrügen wird. Die können wir dir nicht geben. Doch wenn ihr euch entschließt, diese Beziehung so zu erhalten, dass ihr sie beide als lohnend empfindet, müsst ihr beide etwas in eurem Leben verändern. Nicht nur Jose muss etwas verändern, meine Liebe. Auch du wirst dich den äußeren Konsequenzen stellen müssen, wenn du dich nicht innerlich prüfst und wandelst.«

*»*Ich verstehe den Teil über die Veränderung nicht*«*, unterbrach Yolanda. »Welche Art von Veränderungen soll ich vornehmen?«

Die Engel antworteten klar und deutlich: *»Aus unserer Sicht sehen wir, dass es eurer Ehe an Spaß fehlt. Ihr konzentriert euch zu sehr auf Angst. Deine persönlichen Ängste sind vor allem zweierlei: Du zerbrichst dir den Kopf um deinen Haushalt, damit alles auch sauber und ordentlich ist, und du machst dir Sorgen, ob genug Geld da ist. Deine Beziehung mit Jose dreht sich nur noch um diese beiden Ängste, und die meisten eurer Gespräche handeln genau davon. Da Jose ähnliche Ängste hat, was das Geld betrifft, unterhaltet ihr euch* *sehr viel darüber. Du musst wissen, dass er sich in dieser Hinsicht unzureichend fühlt. Dieses Gefühl der Unzulänglichkeit verhindert, dass er sich selbst ganz liebt. Seine Beziehung zu der anderen Frau hing weniger mit dem Verlangen nach Sex zusammen als mit seinem Sehnen, sein Selbstwertgefühl zu stärken. Wenn er mit ihr zusammen war, sorgte er sich nie um Geld.«*

Yolanda schloss die Augen und vergoss ein paar Tränen. »Gott sei Dank. Das macht es erträglicher. Ich dachte schon, er liebt mich nicht mehr oder gibt mir die Schuld an unseren finanziellen Problemen.«

»Wir sehen, dass eure Ehe weitergeht, da ihr es beide zutiefst wollt. Wenn ihr anfangt, weniger mental, sondern mehr von Herzen miteinander zu sprechen, werdet ihr eine große Entwicklung durchschreiten. Du solltest dir weniger Sorgen um dein Haus machen und dich mehr der menschlichen Seite des Lebens widmen. Nimm dir Zeit, zu lachen und zu lieben. Das macht dich zu einer besseren Partnerin und potenziell zu einer besseren Mutter. Löse dich von deinen Sorgen ums Geld und lass es Jose spüren. Das nimmt ihm den Druck, dem er ausgewichen ist. Vertraue darauf, dass wir uns um euer Essen und das Dach über eurem Kopf kümmern. Sei bereit, Jose, der anderen Frau und dir selbst zu vergeben. Wir bitten dich um Erlaubnis, dir zu helfen, und raten dir, dich wieder auf eine echte Ehe einzulassen.«

Dann sah ich die Geister von zwei Babys um Yolanda. Dank meiner Hellsichtigkeit nehme ich wahr, dass sich Kinder schon vor der Schwangerschaft wie Heliumballons an ihre zukünftige Mutter hängen, um die Gelegenheit abzupassen, von dieser Frau empfangen zu werden. Sie tauchen nur auf, wenn es die Chance gibt, dass sich ihre Geburt verwirklicht. Ich erwähnte diese Kinder gegenüber Yolanda, worauf sie bestätigte, dass sie immer gehofft habe, zwei Kinder zu bekommen.

Ein Jahr später besuchten mich Yolanda und Jose. Sie hielten sich an den Händen und strahlten jugendliche Frische aus. Jose streichelte Yolandas Bauch und verkündete, dass sie ein Kind erwarteten. Das Paar und ihre Engel berichteten mir, sie hätten durch Yolandas Bemühungen und Joses Liebe zu ihr die Nähe wiedergewonnen, die sie am Anfang ihrer Beziehung erlebt hatten. Diese Nähe heilte die Wunden, die die Affäre gerissen hatte. Die Engel erzählten mir, Jose sei seiner Frau treu und Yolanda sorge sich weniger um ihren Haushalt und das Geld.

☖ Himmlischer Rat
Vergeben Sie Ihrem Partner und schauen Sie mehr darauf, was Sie in sich selbst verändern müssen, wenn Sie gemeinsam vorankommen wollen.

Himmlischer Rat bei Streitigkeiten über Geld

Wie in der Geschichte von Yolanda und Jose bereits angeklungen, können Auseinandersetzungen über die Finanzen eine Beziehung sehr zermürben. Viele Studien benennen Geld als die Hauptursache für Streit und Spannungen in intimen Beziehungen. Geld wird manchmal als die Wurzel allen Übels bezeichnet, aber vor allem ist es die Wurzel aller ehelichen Streitigkeiten.
Viele Menschen haben gelernt, Geld und Spiritualität als Gegensätze zu betrachten. So werden Sie vielleicht überrascht sein, zu lesen, dass weder Gott noch die Engel irgendjemanden unter Geldmangel leiden sehen möchten. Geld dient vielmehr als ein Instrument, das – richtig angewendet – Menschen helfen kann, ihre göttliche Aufgabe hier auf Erden zu erfüllen. Die Engel wissen auch, dass Menschen, die in finanzieller Bedrängnis sind oder Mangel leiden, sich zu viele Sorgen um ihr Überleben machen und sich nicht mehr auf spirituelle Dinge konzentrieren können. Die himmlischen Heerscharen sind umso mehr betrübt, wenn Paare sich um Geld streiten, statt es als Ressource für Glück

und Freude zu begreifen. Raymond und Selma waren seit sechs Monaten verheiratet und hatten zuvor zwei Jahre lang zusammengelebt. Beide hatten gute Positionen in großen Unternehmen in der Bay Area von San Francisco inne, er in einer Versicherung, sie in der Computerbranche. Sie waren beide gut angezogen und hoch gebildet, das typische »kinderlose Doppelverdiener«-Paar. Während ich ihnen gegenübersaß, zeigten mir die Engel Bilder, bei denen ich innerlich zusammenzuckte: Die beiden schrien sich gegenseitig an und warfen mit Gegenständen nacheinander. »Die Engel zeigen mir, dass Sie oft über Geld streiten«, sagte ich. Beide nickten. »Es liegt an Selma«, platzte Raymond heraus. »Sie gibt alles, was wir übrig haben, für unnötige Dinge aus. Schauen Sie sie nur an: Dieses Kostüm hat tausend Dollar gekostet – und ihre Schuhe dreihundert. Den Schmuck will ich gar nicht erst erwähnen. Wie sollen wir da ein Investment-Portfolio aufbauen?«

»*Du* willst ein Investment-Portfolio aufbauen«, unterbrach ihn Selma wütend. »Ich sehe überhaupt keinen Sinn darin, Geld an der Börse zu verspielen. Warum können wir nicht einfach eine gute, ordentliche Rentenversicherung und ein hübsches Haus haben wie alle anderen?«

»Weil du die Kreditkarten so überzogen hast, dass wir nur noch Zinsen bezahlen!«, schrie Raymond.

Mir war klar, dass wir so nicht vorwärtskommen würden, und bat sie, ruhig zu sein. Es war Zeit, die Engel um eine gesündere Perspektive der Situation zu bitten.

»*Sie haben gar nicht zugehört, was der andere gesagt hat*«, flüsterte ein Engel in mein Ohr. Ich wusste intuitiv, was er meinte. Raymond und Selma versteckten sich beide hinter einem Wall von wütenden Worten, statt einander zuzuhören. Die Engel zeigten mir, wie ich dem Paar helfen könnte.

»*Ihr meint beide, dass der andere im Unrecht sei. Wir wollen euch helfen, diese Neigung loszulassen, denn keiner von euch beiden hat*

Anschuldigungen verdient. Ihr geht einfach unterschiedlich mit Geld um, das ist alles. Euer einziger Fehler war, dass ihr euch bislang über dieses Thema nicht offen unterhalten konntet. Deshalb empfehlen wir euch, die Situation mit den Augen des anderen zu betrachten.«

Raymond und Selma sahen mich verständnislos an. Sie waren offensichtlich so in ihre Auseinandersetzung verwickelt, dass sie nicht begreifen konnten, was ihnen die Engel vorschlugen. Schließlich sagte Raymond: »Wie sollte ich die Dinge mit Selmas Augen sehen? Ist das nicht unmöglich?«

»Sie haben die Engel um Hilfe gebeten«, antwortete ich, »und ich brauche jetzt Ihre Mitarbeit und Unterstützung.« Beide nickten vehement und mir ging der Gedanke durch den Sinn, sie konkurrierten miteinander darum, wer der »bessere« Klient sei. Ich griff auf eine Technik zurück, die ich als Psychotherapeutin kennengelernt hatte. »Raymond, ich bitte Sie, sich jetzt einmal vorzustellen, Sie seien Selma. Würden Sie uns bitte aus Selmas Sicht etwas über Geld erzählen?«

Raymond grinste. Er hielt es offenbar für ein Kinderspiel. »Hallo, ich bin Selma und ich gebe gerne jeden Cent, den mein Mann und ich verdienen, für Kaschmirpullover aus. Natürlich muss ich auch jeden Schuh haben, den Nordstrom auf den Markt bringt, selbst wenn wir unseren Überziehungskredit damit voll ausreizen.«

Ich legte Raymond meine Hand auf die Schulter und bat ihn, einmal tief Luft zu holen. Selma saß ihm mit defensiv verschränkten Armen gegenüber und machte ein finsteres Gesicht. Innerlich bat ich die Engel um noch mehr Hilfe. »Versuchen wir es noch einmal, Raymond, auch wenn es Ihnen komisch oder albern vorkommen mag. Bitte stellen Sie sich noch einmal vor, Sie seien Selma und erzählen uns etwas über Ihre Haltung zu Geld.« Die Engel versicherten mir, dass diese Methode in diesem Fall angebracht war.

Raymond räusperte sich nervös. Wie ein Bühnenschauspieler vor dem großen Auftritt absolvierte er Kreisbewegungen mit den Schultern und dem Nacken, um sich zu lockern. Er schaute zu Selma hinüber und entspannte sich sichtlich, als sie ihn ermutigend anlächelte. »Ich heiße Selma und arbeite für ein sehr angesehenes Unternehmen auf der Ebene des mittleren Managements.« Während er sprach, schien er besser in die Rolle hineinzufinden. »In meiner Abteilung arbeiten hauptsächlich Männer, und ich frage mich manchmal, ob ich da überhaupt noch weiter aufsteigen kann. Ich habe eine hervorragende Ausbildung in Betriebswirtschaft und Computerwissenschaften, doch für leitende Positionen scheint das Unternehmen Männer zu bevorzugen. Ich muss ernst genommen werden, um weiterzukommen, also ziehe ich mich so an, wie es zu der Position passt, die ich anstrebe. In den höheren Etagen dieses Unternehmens gibt es nur zwei Frauen – absolut erstklassig gekleidet. Ich habe meine Art, mich anzuziehen, von ihnen abgeschaut. Sonst riskiere ich, mit den Sekretärinnen verwechselt zu werden.«

Raymond und Selma schwiegen einen Moment lang nachdenklich. Schließlich fragte Raymond Selma: »Betrachtest du deine Garderobe wirklich als berufliche Investition?«

»Das versuche ich dir schon ewig zu erklären«, erwiderte sie schnippisch, entschuldigte sich jedoch sofort für ihren Ton. »Meinst du wirklich, ich laufe gerne so herum?«, fragte sie und wies auf ihr edles Kostüm. »Ich trage viel lieber Jeans und T-Shirts, aber ich werde in meinem Job nie vorwärtskommen, wenn ich mich nicht wie eine erfolgreiche Businessfrau anziehe.«

»Die Engel bitten Sie beide, den Standpunkt des anderen zu sehen«, unterbrach ich. »Selma, könnten Sie jetzt bitte so tun, als wären Sie Raymond, und aus seiner Sicht über Geld sprechen?«

»Okay«, sagte sie eifrig. »Ich bin Raymond und habe ein kleines Treuhandvermögen geerbt, aber die Bankzinsen sind nichts gegenüber dem, was ich an der Börse verdienen könnte. Mein

Vater und sein Vater haben beide an der Börse ein Vermögen gescheffelt. Nicht an der Börse zu spekulieren wäre fast, als würde ich meinen Vater enttäuschen. Wenn es nach mir ginge, würde ich alles, was wir irgendwie erübrigen können, in Aktien investieren. Es macht mich verrückt, wenn ich morgens die Börsennachrichten lese und sehe, dass Aktien gestiegen sind, in die ich hätte investieren können. Die zweitausend Dollar, die Selma für Kleidung und Schuhe ausgibt, ließen sich durch sorgfältige Investitionen leicht verdoppeln. In zehn Jahren könnten wir uns bequem zur Ruhe setzen und von Zinsen und Ausschüttungen leben, wenn wir es klug anfingen.«

Genauso wie zuvor Raymond, als er aus Selmas Sicht gesprochen hatte, zeigte jetzt Selma deutliche Anzeichen von Verblüffung über die Worte, die aus ihrem Mund kamen. Sie wandte sich an Raymond: »Tut mir leid, dass ich dich so missverstanden habe, Ray.«

Die Engel meldeten sich noch einmal zu Wort. »*Von heute an könnt ihr eure Haltung zum Geld so aushandeln, dass ihr einander aufmerksam zuhört und euch aller bösen Worte zu enthalten sucht. Es hilft, wenn ihr vor einem Gespräch über dieses Thema betet. Wir empfehlen euch auch, jeweils eigene Konten zu führen, von denen ihr einen gewissen Anteil eures Einkommens auf ein gemeinsames Konto überweist. So habt ihr beide einen Betrag, über dessen Verwendung ihr nur gegenüber euch selbst verantwortlich seid, und ihr habt einen gemeinsamen Betrag, den ihr auf abgestimmte Weise ausgebt.*«

Sie umarmten einander innig und Raymond sagte immer wieder: »Wir schaffen das schon, Liebling.«

⌂ Himmlischer Rat
Versuchen Sie zu verstehen, wie Ihr Partner zu Geld steht, indem Sie sich in seine Sichtweise hineinversetzen. Nur so können Sie anfangen, Ihre finanziellen Auseinandersetzungen zu befrieden.

Himmlischer Rat bei sexuellen Konflikten

Sex ist nach Geld die zweithäufigste Ursache für eheliche Disharmonie. Zwar lässt sich kaum einer nur um des Sex willen auf eine intime Beziehung ein, dennoch herrscht die Erwartung, Sex werde ein wichtiger Bestandteil der Beziehung sein. Wenn die Partner unterschiedliche Wünsche und Bedürfnisse haben, fühlen sich beide schnell frustriert und betrogen. Zum Beispiel möchte vielleicht der eine Partner gerne verschiedene Techniken und Positionen ausprobieren, gegen die der andere einen Widerwillen empfindet. Beide werden dann allmählich unglücklich und verärgert und schieben dem anderen die Schuld zu. Das kann bis zur Trennung führen.

Oder ein Partner hat ein größeres Verlangen nach Sex als der andere. Unter Therapeuten wird das »Diskrepanz des sexuellen Verlangens« genannt. Meistens möchte der Mann öfter Geschlechtsverkehr haben als die Frau, aber ich habe auch Fälle erlebt, in denen der Mann nur einen schwachen Sexualtrieb hatte und die Frau unbefriedigt und frustriert war. Ein unterschiedlich starkes sexuelles Verlangen führt oft zu Missverständnissen, Unzufriedenheit und Ärger und kann die ganze Beziehung untergraben.

Chantall kam zu einem Engel-Reading zu mir, um Klarheit zu gewinnen hinsichtlich ihrer Beziehung zu ihrem Partner Felipe, mit dem sie zusammenlebte. »Ich möchte wissen, ob er der Mann ist, den zu heiraten mir bestimmt ist«, sagte sie. Felipe hatte ihr schon zweimal einen Antrag gemacht, aber sie hatte immer um mehr Bedenkzeit gebeten. »Das Problem ist unser Sexualleben«, gestand sie mir.

Chantall erklärte, Felipe habe einen deutlich stärkeren Sexualtrieb als sie. »Ich wäre sehr zufrieden, zwei- oder dreimal die Woche mit ihm zu schlafen«, meinte sie. »Aber Felipe will jeden Tag, manchmal sogar zwei- oder dreimal. Ich liebe ihn, aber es macht mich auf die Dauer fertig. Sobald ich Nein sage, geraten wir in Streitigkeiten, die anstrengender und zeitaufwändiger sind, als wenn ich einfach Ja gesagt hätte. Ich möchte wissen, was die Engel zu unserer Beziehung zu sagen haben.«

»Es gibt Liebe in eurer Beziehung«, erklärten die Engel mir und ich gab es an Chantall weiter. *»Doch es geht hier um die Art, wie die Liebe zum Ausdruck kommt. Aus unserer Sicht sehen wir, dass Felipe die Tiefe seiner Liebe durch sein Verhalten äußern will und nicht durch Worte. Doch sein körperliches Verhalten wirkt auf Chantall verwirrend. Er möchte ihr mit seiner körperlichen Liebe seine Zuneigung und Leidenschaft erweisen. Er ist ein sehr leidenschaftlicher Mann und es frustriert ihn, wenn er seine Leidenschaft zurückhalten muss. Für Felipe ist sein körperliches Verhalten ein Ventil und seine Art, dir Botschaften zu übermitteln, liebe Chantall.«*

Ihr unterschiedliches sexuelles Verlangen entsprach bei Chantall und Felipe ihrer unterschiedlichen Art, ihre Liebe zum Ausdruck zu bringen. Felipe versuchte, Chantall seine Liebe durch ein Verhalten zu zeigen, das aus seiner Sicht liebevoll war: Sex. Wurde er abgewiesen, fühlte es sich für ihn so an, als wäre seine Liebe nicht erwünscht, sodass er sich verschloss. Chantall ihrerseits versuchte Felipe ihre Liebe zu zeigen, indem sie ihm sagte, wie wichtig er für sie sei und wie sehr sie ihn liebe. Da ihn das nicht zufriedenstellte, fühlte sie sich unzulänglich und unter Druck.

Ich gab all dies an Chantall weiter. Sie hörte es sich mit verschränkten Armen und verdrossenem Gesicht an. »Heißt das, ich sollte ihn heiraten und mich von ihm ständig sexuell bedrängen lassen, oder nicht?«

»Aus unserer Perspektive sehen wir, dass ihr heiratet und Kinder bekommt, genau wie ihr es wünscht. Ihr solltet es jedoch nicht überstürzen. Falls ihr den Bund zu schnell schließt, wird es weder dir noch ihm, noch euren Kindern guttun.«

Chantall wurde ungeduldig. »Also meint ihr, ich sollte Felipe nicht heiraten?«

*»Nicht jetzt. Das wäre nicht ratsam. Es ist dringend notwendig,
dass ihr beide euch mit einem Dritten hinsetzt und redet – mit
jemandem, der eure gegenseitige Liebe in eine Sprache übersetzt, die
ihr beide verstehen könnt und durch die ihr die Liebe des anderen
spürt. Im Augenblick stoßen deine verbalen Liebesbeteuerungen bei
Felipe auf taube Ohren, und du bist blind für seine demonstrativen
Liebesbeweise. Ihr sprecht verschiedene Sprachen, deshalb braucht
ihr eine Weile einen Übersetzer, bevor ihr euch ehelich miteinander
verbindet.«*

»Ich bin mir nicht sicher, ob Felipe offen dafür wäre, zu einer
Paartherapie zu gehen. Können wir das nicht unter uns klären?«,
fragte Chantall.

*»Weil du ein gewisses Gefühl der Dringlichkeit hast, was diese Frage
angeht, empfehlen wir euch, eine dritte Person zu Rate zu ziehen,
einen Therapeuten oder Berater, um das Gespräch in Gang zu bringen. Ihr würdet es vielleicht auch irgendwann alleine bewältigen,
aber mit einem Berater wird es sehr viel schneller gehen.«*

Ich verließ meine Halbtrance, um zu Chantall zu sagen: »Ihre
Engel raten Ihnen dringend, sich mit Felipe zusammen beraten
zu lassen. Ich kann Ihnen die Namen und Adressen von drei
anerkannten Paartherapeuten geben, die Spiritualität und Therapie miteinander verknüpfen.«

Einige Monate später hörte ich von einer dieser Therapeutinnen.
Chantall und Felipe waren sowohl einzeln als auch als Paar regelmäßig bei ihr gewesen; sie waren auf dem Weg, mit ihren sexuellen Unterschieden besser umzugehen. Manche Paare lernen
durch Versuch und Irrtum, zu verstehen, was der andere zum
Ausdruck bringen will. Felipe und Chantall lernten durch die
Therapie, die besondere Art zu erkennen und zu schätzen, durch
die sie sich gegenseitig ihre Liebe zeigten. Als Felipe spürte, dass
seine Liebe erkannt wurde, brauchte er sich nicht mehr so oft
Chantalls Liebe durch Sex zu vergewissern. Je weniger sie sich
ihrerseits unter Druck fühlte, desto leichter fand Chantall auch

wieder Zugang zu ihrem Verlangen nach Felipe. Nach einer Weile konnte sie ihre Liebe zu Felipe ebenfalls durch Sex zum Ausdruck bringen. So fand das Paar allmählich zu einem Muster an emotionalem und sexuellem Austausch, der für beide Seiten befriedigend war. Chantall erzählte mir später, sie wollten in einem Jahr heiraten, wenn es bei ihnen weiter so gut liefe.

⌂ Himmlischer Rat
Lernen Sie die Liebessprache Ihres Partners kennen, indem Sie miteinander darüber reden, wie Sie jeweils Liebe zum Ausdruck bringen und warum das für Sie ein Ausdruck Ihrer Leidenschaft ist. Versuchen Sie, Ihre Liebe in eine Sprache zu übersetzen, die Sie beide miteinander teilen und verstehen können.

Himmlischer Rat bei spirituell unausgeglichenen Beziehungen

Anfang der Neunzigerjahre waren Geld, Sex und Erziehungs-fragen die Hauptthemen, um die sich Paare stritten, die zu mir in Therapie kamen. Nur zehn Jahre später zeigt sich ein ganz anderes Bild: Durch die spirituelle Renaissance in unserer Gesellschaft sind spirituelle Differenzen zu einem weit verbrei-teten Konfliktthema geworden. Sie zeigen sich besonders, wenn sich einer der Partner auf den spirituellen Weg begeben hat und der andere nicht.

Der stärker spirituell orientierte Partner fühlt sich dann nicht in der Lage, mit dem anderen seine Interessen zu teilen, und trifft oft auf Skepsis und Geringschätzung, wenn er solche Themen anspricht. Also geht er allein zu Kursen, Seminaren und Grup-pen und muss die Erfahrungen, die er dort macht, daheim ver-schweigen, um keinen Streit zu provozieren. Er kann Gedanken und Erkenntnisse nicht mitteilen, und die daraus entstehenden Gefühle der Einsamkeit und Zurückweisung treiben das Paar auseinander.

Die Situation ist auch für den nicht spirituellen Partner schwierig. Vielleicht ist er in einem konservativen religiösen Umfeld aufgewachsen und hat gelernt, allem Metaphysischen und anderen Formen der Spiritualität zu misstrauen. Und selbst wenn er keine Vorurteile dieser Art hat, fürchtet er vielleicht, dass der Lebensgefährte in eine Sekte gerät oder einer Gehirnwäsche unterzogen wird oder dass dessen Selbstbewusstsein so anwächst, dass er ihn verlässt.

Ich nenne solche Beziehungen »spirituell unausgeglichen«. Wenn Sie sich in einer derartigen Beziehung befinden, sind Sie wahrscheinlich unglücklich und frustriert. Der Abgrund zwischen Ihren Interessen und denen Ihres Partners mag unüberwindbar erscheinen. Vielleicht erwägen Sie eine Scheidung und fragen sich, ob Sie nicht Ihren gegenwärtigen Partner lieber gegen ein stärker spirituell orientiertes Modell eintauschen wollen. Ich begegne jeden Monat Hunderten von Menschen, die sich in einer solchen Situation befinden.

Sue, eine Schülerin von mir, fing nach dem Tod ihrer Mutter an, sich für Engel und mediale Phänomene zu interessieren. Sie war in einem traditionell christlichen Elternhaus aufgewachsen und immer religiös konservativ gewesen. Sie hatte sich jedoch nie viele Gedanken um das Leben nach dem Tod gemacht und war zu sehr mit ihrem Alltag beschäftigt, um über dergleichen nachzudenken.

Nachdem ihre Mutter nach kurzer, plötzlicher Krankheit verstorben war, stürzte Sue in tiefe Verzweiflung. Eines Nachts erwachte sie aus dem Schlaf und sah am Fußende ihres Bettes ein blauweißes Leuchten. Inmitten dieses Leuchtens stand ihre Mutter. Sue rieb sich die Augen und glaubte zu träumen, aber ihre Mutter stand tatsächlich vor ihr. Sie sprach telepathisch mit

Sue und vermittelte ihr ein Gefühl des Friedens und der Ruhe, das einen großen Teil ihres Kummers sofort heilte. Nachdem die Erscheinung ihrer Mutter wieder verschwunden war, schaute Sue zu ihrem Mann Dan hinüber. Er hatte die ganze Zeit tief und fest geschlafen.

Am nächsten Morgen beim Frühstück wollte Sue gerne Dan von ihrem Erlebnis erzählen, aber sie war sich unsicher, wie er es aufnehmen würde. Er tat solche Dinge gewöhnlich geringschätzig ab. Trotzdem fasste sie sich ein Herz und brachte das Gespräch vorsichtig auf das Leben nach dem Tod. Dan verdrehte die Augen. »Schau mal«, sagte er und legte die Zeitung beiseite, »wenn jemand gestorben ist, ist er weg. Es tut mir leid, dass ich dir das so sagen muss, mein Schatz. Das Leben ist kurz und süß und dann ist alles vorbei.« Er stand auf, kam zu ihr herüber und legte sanft seine Arme um ihre Schultern. »Wenn das mit dem Tod deiner Mutter zu tun hat, dann solltest du dir vielleicht professionell helfen lassen, darüber hinwegzukommen, okay? Ich weiß, dass du sie schrecklich vermisst.«

Dan verließ die Küche – Sue fühlte sich abgewiesen. Sie staunte immer noch über ihre nächtliche Begegnung. Es hatte sich so echt angefühlt, gar nicht wie ein Traum. »Vielleicht gibt es ja ein Buch über das Thema«, dachte sie sich beim Ankleiden.

Eine Stunde später kaufte sie drei Bücher über das Leben nach dem Tod. Sie fand viel Trost in den zahlreichen Fallgeschichten von Menschen, die Nahtoderfahrungen gemacht hatten oder denen Verstorbene erschienen waren. Sie versteckte die Bücher vor Dan, weil sie fürchtete, dass er sie missbilligen würde. Außerdem fand sie einen Buchladen, in dem Kurse zu verschiedenen metaphysischen Themen stattfanden, darunter auch einen, den ich anbot.

Das einzige Problem war, dass sie ihre Interessen und Erfahrungen nicht mit dem Mann teilen konnte, dem sie jahrelang so nahe gewesen war. Sue fühlte sich schuldig, eine Art Doppelleben zu führen, wenn sie hinter dem Rücken ihres Mannes ihre Kurse besuchte. Sie begann, über Scheidung nachzudenken. Schließlich fasste sie Mut und kam zu einem Gespräch zu mir.

Die Engel sagten: »*Betrachte deinen Partner als spirituellen Menschen, da jeder ein Kind Gottes ist und deswegen in Wahrheit ein spiritueller Mensch. Meide Gedanken, die Trennung und Verschiedenheit erzeugen, wie ›Er ist nicht so spirituell wie ich‹. Dein Mann ist so spirituell wie du, ob er sich dessen bewusst ist oder nicht. Wenn du diese Qualität in ihm erkennen kannst, wird es leichter für ihn sein, sie auch in dir zu erkennen.*«

»Ich habe ihn nie zuvor als spirituelles Wesen betrachtet«, sagte Sue nachdenklich. »Aber es passt zu allem, was ich gelernt habe. Wir sind alle spirituelle Wesen.«

Die Engel fuhren fort: »*Lege die ganze Beziehung in Gottes Hand. Bitte Gott um Hilfe, deine emotionale Anhaftung an die Situation zu lösen, wenn du merkst, dass du an Verurteilungen oder Leiden festhältst. Wir können nur eingreifen, wenn du loslässt und Gott und uns erlaubst, euch zu helfen. Indem du dich darauf ausrichtest, dein Liebesleben dem Himmel anzuvertrauen, entsteht eine Öffnung, durch die das göttliche Licht einströmen und die Situation erhellen kann. Entweder die Beziehung wird auf wundersame Weise heilen, oder sie wird auf harmonische Weise enden und eine neue Beziehung wird an ihre Stelle treten, wenn du emotional dafür bereit bist.*«

Sue sah besorgt aus. »Ich würde die Situation gerne loslassen, aber wie kann ich das tun?«

Die Engel gaben ihr folgenden Rat; Sie können ihn auch selbst ausprobieren: »*Stell dir vor, du hältst die Beziehung in der Hand, mit der du normalerweise schreibst. Das ist deine Hand zum Loslassen. Du zählst bis drei. Bei drei öffnest du deine Hand und visualisierst einen Engel, der deine Beziehung ins Licht trägt, wo sie behandelt werden kann. Spüre die Erleichterung, die damit einhergeht, dass du zu Gott sagst: ›Hier, ich überlasse dir diese ganze*

Situation. Bitte übernimm sie, damit ich meinen Geist befreien kann, denn ich bin schon ganz erschöpft davon, immer zu überlegen, was wohl das Richtige wäre.‹ Wisse, dass die Situation in Wahrheit schon geheilt ist, und du wirst bald den Beweis dafür erleben. Erwarte ein Wunder.«

Sue nahm sich diesen Rat zu Herzen. Statt darüber zu verzweifeln, in einer spirituell unausgeglichenen Beziehung zu stecken, konzentrierte sie sich darauf, ihre eigenen Gedanken und Gefühle bezüglich der Situation zu heilen, und vertraute darauf, dass die Engel sich um das spirituelle Gleichgewicht in ihrem Leben kümmerten. Schließlich trennten sich ihr Mann und sie in aller Freundschaft. Sue hat inzwischen einen spirituell offenen Mann kennengelernt; die beiden erwägen, zu heiraten.

☌ Himmlischer Rat
Versuchen Sie zu verstehen, dass auch ein nicht spiritueller Partner ein spirituelles Wesen ist. Lassen Sie trennende Gedanken sogleich los! Vielleicht wird Ihr Partner auch irgendwann die Spiritualität entdecken, oder Ihre Wege werden sich trennen, sodass Sie frei werden, jemandem zu begegnen, der mit Ihnen gemeinsam den spirituellen Pfad geht.

Himmlischer Rat für den Umgang mit schwierigen Expartnern

Viele Partnerschaftskonflikte der heutigen Zeit haben mit früheren Beziehungen zu tun. Trennungen und Scheidungen sind heute so weit verbreitet, dass sogenannte Patchwork-Familien inzwischen zum normalen Gesellschaftsbild gehören. Neben dem gewöhnlichen Stress und den Problemen einer Ehe und

Familie müssen sich solche – aus Stiefeltern, Stiefkindern und Halbgeschwistern bestehenden – Familien oft noch mit den Problemen beschäftigen, die aus Sorgerecht, Besuchszeiten und Streitigkeiten mit Expartnern entstehen.

Die dreiunddreißig Jahre alte Kirsten kam mit eben solchen Problemen zu mir. Sie und ihr Partner Kirk waren jeweils mit anderen Partnern verheiratet gewesen, als sie sich kennen und lieben lernten. Kirsten war schon lange unglücklich gewesen, weil ihr Exmann heimlich Kokain nahm und sich keiner Therapie unterziehen wollte. Auch Kirk war unglücklich gewesen, weil er im Gegensatz zu seiner Frau mehr Kinder haben wollte. Sowohl Kirsten als auch Kirk hungerten schon lange nach Zuwendung und Zärtlichkeit, als sie einander trafen. Eine Affäre war praktisch unvermeidlich; schnell wurde eine feste Beziehung daraus.

Sie beschlossen, ihre Partner zu verlassen und als Paar zusammenzuleben. Kirstens Scheidung war klar und abgeschlossen, aber Kirks Exfrau wehrte sich mit aller Macht und weigerte sich, die Scheidungspapiere zu unterzeichnen. »Wir lieben einander sehr«, erzählte Kirsten. »Mit niemandem habe ich je eine so stille Freude empfunden.« Dann verschwand ihr Lächeln, sie schaute grimmig drein. »Unser größtes Problem ist seine Exfrau und ihre Bitterkeit. Ständig versucht sie, ihre neunjährige Tochter gegen ihren Vater und mich aufzuhetzen. Sie ruft zu jeder Tages- und Nachtzeit an und beschimpft mich und Kirk am Telefon. Wenn sie ihre Tochter abholt, stürmt sie ins Haus und fängt Streit mit mir an. Es hat einen schrecklichen Einfluss sowohl auf uns als auch auf Kirks Beziehung zu seiner Tochter. Wir brauchen dringend spirituellen Rat. Was können wir tun, bevor es uns ganz zerstört?«

Ich holte tief Luft und konzentrierte mich auf die Botschaften der Engel für Kirsten. »Ja, die Engel zeigen mir eine friedliche Lösung für diese Situation«, sagte ich.

»*Du kannst den Heilungsprozess beschleunigen, indem du an die Schutzengel von Kirks Exfrau einen Brief schreibst. Bitte sie um Hilfe, zu einer friedvollen Lösung zu finden, dann werden ihr ihre Engel ins Ohr flüstern und sie daran erinnern, wie wichtig es um ihres Kindes willen ist, dass sie sich im Einklang mit der göttlichen Liebe verhält.*«

Kirsten machte eifrig Notizen. »Okay«, sagte sie, »ich bin bereit, es auszuprobieren.«

Die Engel fuhren fort: »*Es ist wichtig, dass du Kirks Exfrau aus einer liebevollen Perspektive betrachtest. Mit deiner Erwartung, dass sie sich negativ verhält, schickst du ihr negative Energie, die sich dann in ihrem negativen Benehmen manifestiert.*«

Kirsten sah mich mit großen Augen an. »Ich verstehe. Ich hatte schon öfter das starke Gefühl, ich müsste seiner Exfrau vergeben. Wahrscheinlich habe ich doch schon meine Engel gehört.«

Der himmlische Rat, den die Engel Kirsten gaben, ähnelt dem, was ich in vielen anderen Fällen auch von ihnen gehört habe. Die Engel empfehlen immer wieder, die Expartner (oder Ex-Schwiegereltern) mit liebevollem Blick zu betrachten. Halten wir an unseren Anschuldigungen und giftigen Gefühlen fest, dann nähren wir die Feindseligkeit, die die anderen möglicherweise gegen uns hegen. Die Engel sahen, dass Kirks Exfrau Kirstens negative Energien und Erwartungen spürte – was ihr negatives Verhalten nur verstärkte.

Ein Jahr später hatten Kirk und Kirsten noch ein Gespräch mit mir. Diesmal ging es um das Kind, das sie erwarteten. Ich sah, wie sich Kirstens Haltung gegenüber Kirks früherer Frau gewandelt hatte. Dadurch war der Stress in ihrer Beziehung deutlich gemindert und seiner Tochter geholfen worden, mit der neuen Situation besser fertig zu werden. Die Engel sagten auch, dass ihr neues Kind sich darauf freue, in eine so liebevolle Familiensituation geboren zu werden.

△ Himmlischer Rat

Entwickeln Sie liebevolle Gedanken gegenüber der anderen Person. Senden Sie keine negativen Energien aus, die dann in Form von zusätzlichen Schwierigkeiten auf Sie zurückwirken könnten.

6

Himmlischer Rat für Kinder, Verwandte und nahestehende Menschen

Die Engel haben noch mehr zu geben als nur hilfreiche Ratschläge für persönliche Schwierigkeiten und für Probleme in Paarbeziehungen. Sie helfen auch bei Rivalität unter Geschwistern, bei Familienauseinandersetzungen und Zusammenstößen zwischen Eltern und Kindern. Manchmal scheint es so, als wäre es in Familien fast unvermeidlich, irgendwann in einen Konflikt zu geraten. Die Engel meinen jedoch, mit ihrer Hilfe können Sie mit jedem Menschen, der Ihnen nahesteht, friedvoll auskommen.

Von Zeit zu Zeit hat jeder mal Schwierigkeiten in der Kommunikation mit anderen, vor allem mit jenen, die einem besonders nahestehen. Werden diese Missverständnisse nicht gleich am Anfang ausgeräumt, können daraus rasch Familienzwiste entstehen, die im Lauf der Zeit immer tiefer gehen. Doch Menschen, die lernen, auf die Empfehlungen der Engel zu hören, können mit deren Hilfe aufrichtige und liebevolle Familienbeziehungen entwickeln. Die Engel wünschen nichts mehr, als dass die Menschen in Frieden leben, und es macht ihnen große Freude, alle menschlichen Interaktionen mit ihrem Licht zu bereichern.

Himmlischer Rat für unglückliche, zurückgezogen lebende Kinder

Wenn ein Kind, das bis jetzt normal und glücklich war, sich plötzlich zurückzieht und abweisend wird, fürchten viele Eltern, irgendetwas Schlimmes könnte dahinterstecken. Diese Angst kann die Situation noch verschlechtern, weil sie das Kind erst recht in den Rückzug und die Einsamkeit treibt.

Die Engel sagen, die positiven Erwartungen von Eltern regen die Kinder zu positivem Verhalten an. Besorgnis hingegen wirkt wie ein negatives Gebet und kann zu Problemen führen. Die Engel weisen darauf hin, dass Kinder empfindsam sind und spüren, wenn Erwachsene sich Sorgen machen. Die Kinder reagieren dann negativ, weil das Wissen, dass ihre Eltern ängstlich sind, sie selbst unsicher und ängstlich werden lässt.

Ilona sorgte sich um ihre älteste Tochter Kim. Das fünfzehnjährige Mädchen war immer ein sonniges, glückliches Kind, doch in letzter Zeit verhielt sie sich eher mürrisch und distanziert. In Ilonas Fantasie entstanden Bilder von sexueller Aktivität, Schwangerschaft, Drogenmissbrauch und Schlimmerem.

»Wann immer ich versuche, mit ihr zu reden, wendet sich Kim von mir ab. Noch bis vor wenigen Monaten waren wir uns so nahe. Jetzt antwortet sie kaum noch, wenn ich mit ihr rede, und wenn sie zu Hause ist, verbringt sie den größten Teil ihrer Zeit in ihrem Zimmer hinter verschlossener Tür. Meinen die Engel, dass Kim mich aus irgendeinem Grund plötzlich hasst? Oder nimmt sie Drogen? Ich muss wissen, warum sie sich so verändert hat.«

»Erinnere dich, wie du Kim gesehen hast, als ihr euch noch nahe wart«, antworteten die Engel. »Du hattest eine hohe Meinung von ihr und gingst davon aus, dass sie dich ähnlich sieht. Ihr habt in der gegenseitigen Erwartung gelebt, dass ihr euch respektiert und mögt, und so war es dann auch. Du kannst es auch so betrachten: Verhältst du dich nicht auf eine bestimmte Weise, wenn du von

*Menschen umgeben bist, die dich ganz offensichtlich gern haben?
Bringt es nicht das Beste in dir zum Vorschein, wenn du merkst,
jemand hat eine hohe Meinung von dir?«*

»Sicher«, antwortete Ilona.

*»Und verhältst du dich nicht verunsichert und unbeholfen, wenn du
mit Menschen zusammen bist, die dich missbilligen oder ablehnen?«*

»Wahrscheinlich schon«, gab Ilona zu.

*»Deine Tochter Kim reagiert nur auf deine Erwartungen. Du hast
es persönlich genommen, als sie anfing, mehr Zeit für sich zu brauchen, um über das nachzudenken, was sie als Jugendliche beschäftigt. Du hast deine Sicht von ihr verändert und bist deshalb anders
mit ihr umgegangen. Mit jedem Tag, an dem du mit negativer
Erwartung auf sie zugehst, zieht sie sich weiter in sich selbst zurück.«*

Ilona zog die Augenbrauen hoch. »Meint ihr, *ich* bin die Ursache
für Kims Verhalten?«

*»Letztendlich ist jeder Mensch ein Teil von dir und wird durch
deine positiven und negativen Erwartungen beeinflusst. Kim geht
es genauso wie dir, wenn du dich in Gegenwart einer positiven Person anders verhältst als bei einem ängstlichen oder geringschätzigen
Menschen. Wir wissen, dass du dir eine engere Beziehung mit deiner Tochter wünschst. Wir bitten dich, stell dir jedes Mal, wenn
du mit deiner Tochter sprichst oder an sie denkst, die Beziehung zu
ihr vor, die du gerne hättest. Stell dir vor, wie ihr beide zusammen
im Kino sitzt, einkaufen geht, euch unterhaltet und eine wundervolle Mutter-Tochter-Beziehung habt. Sobald du merkst, dass du in
negative Erwartungen abgleitest, bitte uns, deine Gedanken in die
richtige Richtung zu lenken, damit sie auf das orientiert sind, was
du dir wünschst, und nicht auf das, was du fürchtest.«*

»Ich glaube, das kann ich«, sagte Ilona.

Zwei Wochen später hatten wir eine Folgesitzung. »Am Anfang
war es schwierig für mich, optimistisch zu bleiben, wenn Kim
mir die kalte Schulter zeigte«, berichtete sie. »Doch ich betete
um Hilfe und das gab mir Kraft. Ich wollte nicht einfach auf-

geben, weil ich meine Tochter so liebe. Ich zwang mich, mir vorzustellen, wie wir beide so locker und liebevoll miteinander umgehen wie früher. Es scheint eine gewisse positive Wirkung auf Kim zu haben. Ich fühle mich ein wenig besser, ein bisschen hoffnungsvoller.«

Etwa einen Monat später erhielt ich einen aufgeregten Anruf von Ilona. »Sie werden es nicht glauben, was ich gerade erlebt habe«, erzählte sie atemlos. »Kim und ich sind zusammen ins Kino gegangen und hatten richtig Spaß miteinander. Es war genau so, wie ich es mir vorgestellt hatte. Sie fängt wirklich an, ihr Verhalten zu ändern, und behandelt mich, als ob sie mich wieder mag. Sie verbringt nicht mehr so viel Zeit allein in ihrem Zimmer und wir kommen gut miteinander aus.«

Es ist an dieser Stelle wichtig, zu erwähnen, dass der plötzliche Rückzug eines Kindes tatsächlich ein Warnsignal für Drogenmissbrauch oder dergleichen sein kann. Falls Sie den Verdacht haben, dass ihr Kind Drogen konsumiert, sollten Sie sich sofort um professionelle Hilfe kümmern. In unserer Fallgeschichte hier war die wesentliche Ursache für Kims Rückzug jedoch Ilonas Erwartungshaltung.

🔔 Himmlischer Rat
Bewahren Sie eine positive Erwartungshaltung gegenüber Ihrem Kind. Positive Energie wird bewirken, dass es sich Ihnen näher fühlt und positiver auf Sie reagiert.

Himmlischer Rat, um Kindern zu helfen, mit einem Umzug fertig zu werden

Ein Umzug der Familie in eine ferne Stadt kann für Kinder sehr belastend sein. Von ihrer gewohnten Umgebung und ihren Freunden getrennt zu werden, wäre schon schwer genug, doch

183

dazu kommen die Eingewöhnung in eine andere Schule und neue Klassenkameraden. Ohne die starke Unterstützung von Erwachsenen kann daraus leicht ein Trauma entstehen, unter dem die Betroffenen bis ins Erwachsenenalter leiden.

Die Engel wissen, es ist für Kinder oft nicht leicht, sich nach einem Umzug einzugewöhnen. Sie verstehen auch, dass ein Umzug manchmal unvermeidlich ist und langfristig dem Wohl der ganzen Familie dient. Und sie haben eine göttliche Empfehlung, damit Eltern ihren Kindern helfen können, mit der Situation besser umzugehen.

Sie haben diesen Rat auch Betty erteilt, einer vierzig Jahre alten Mutter von drei Kindern im Alter von sieben, neun und elf. Seit dem plötzlichen Tod des Vaters vor drei Jahren hatten sich die Kinder allmählich an ein Leben ohne Papa gewöhnt. Jetzt hatte Betty in einer anderen Stadt eine Arbeit als Büroleiterin angeboten bekommen. Der neue Job wurde sehr gut bezahlt und hatte gute Konditionen, die Betty und ihrer Familie das Leben leichter machen würden. Betty war zunächst begeistert gewesen. Doch als ihre Kinder erfuhren, dass sie zweihundertfünfzig Meilen weit weg ziehen sollten, brachen sie in Tränen aus. Betty fühlte sich schrecklich schuldig. Und deswegen war sie zu mir gekommen.

Sie bat um Rat. »Ich habe das Gefühl, für uns alle die beste Entscheidung getroffen zu haben. Aber jetzt fürchte ich, es könnte meinen Kindern schaden, zum jetzigen Zeitpunkt ihres Lebens so entwurzelt zu werden. Sie mussten schon so viel durchmachen, als sie ihren Vater verloren. Und jetzt verlange ich quasi, dass sie auch ihre Freunde und ihre gewohnte Umgebung zurücklassen.« Ich sah eine Gruppe schöner Engel um Betty herum, darunter ihren verstorbenen Mann Ed. Wie in einem Film zeigten sie mir Bilder von Betty mit ihren Kindern in naher Zukunft, und die Kinder lächelten und sahen fröhlich aus.

Die Engel versicherten Betty: »*Deine Kinder werden den Umzug gut verkraften. Am Anfang brauchen sie allerdings verstärkt deine Unterstützung. Da ihnen die emotionale Nähe zu ihren Freunden fehlen wird, werden sie sich mit diesem Bedürfnis an dich wenden. Bereite dich darauf vor, mehr Zeit mit ihnen zu verbringen, mehr mit ihnen zu spielen. Das wird ihnen sehr helfen, diesen Übergang zu verarbeiten.«*

Betty lächelte und sagte: »Ed hat immer viel mit den Kindern gespielt. Sie haben sich dabei entspannt und ich auch. Ich bin oft zu beschäftigt und dann vergesse ich, mir dafür Zeit zu nehmen. Dieser Tage jage ich sie oft einfach in den Garten oder schalte den Fernseher für sie ein und sage ihnen, sie sollen sich selbst beschäftigen.« Sie ließ den Kopf hängen und sagte leise: »Ich sollte wohl mehr Zeit mit ihnen verbringen.«

Ich versicherte Betty, ihre Engel wollten ihr keine Schuldgefühle vermitteln. Sie boten ihr vielmehr eine göttliche Empfehlung an, wie sie ihren Kindern helfen könne, sich auf die unbekannte Situation einzustellen. Die Engel betonten, die Kinder würden sich geliebt, sicher und geborgen fühlen, wenn Betty ihnen mehr Zeit widme: Dann gingen sie mit diesen Gefühlen zur Schule, und weil sie sich wohlfühlten, fänden sie schnell neue Freunde. Das würde ihnen helfen, den Verlust ihrer alten Heimatstadt schnell zu überwinden.

△ Himmlischer Rat
Widmen Sie Ihren Kindern besonders viel Zeit und Zuwendung, bis sie sich in der fremden Umgebung zurechtfinden und neue Freunde kennengelernt haben. Weil ihnen die Nähe und der Kontakt zu ihren Freunden fehlt, werden sie mehr Nähe und Gemeinschaft mit Ihnen brauchen.

Himmlischer Rat für hyperaktive Kinder

In den letzten Jahren ist die Anzahl von Kindern, bei denen eine Aufmerksamkeitsdefizit-Störung (ADS) oder eine Aufmerksamkeitsdefizit-Störung mit Hyperaktivität (ADHS) diagnostiziert wurde, drastisch angestiegen. Diese Kinder verfügen über ungeheuer viel überschüssige Energie, was dazu führt, dass sie von einem Spielzeug zum nächsten eilen, pausenlos reden und auf viele Menschen ihrer Umgebung sehr störend wirken. Die Eltern solcher Kinder sind oft mit ihren Nerven und ihrem Latein am Ende und fühlen sich unfähig, mit ihren Kindern zu kommunizieren oder mit ihnen Schritt zu halten.

In einigen Schulen der USA wurden bis zu 20 Prozent der Schüler mit ADHS diagnostiziert[*]. Und diese Zahl scheint weiter zu steigen. Die Standardantwort der Schulmedizin ist die Medikation mit Methylphenidat (Ritalin). In einem medizinischen Forschungsbericht wird geschätzt, dass auf der Schwelle zum 21. Jahrhundert etwa 8 Millionen Schulkinder mit Ritalin behandelt werden.

So war es auch bei dem jungen Mann, dessen Mutter Maria mich wegen eines anderen Themas aufgesucht hatte. Die Engel hatten jedoch ihre eigenen Ideen an jenem Tag. Statt Marias Frage direkt zu beantworten, zeigten sie mir das Bild eines jungen Mannes, der bei ihr lebte. Als ich ihm ihr beschrieb – groß, dünn, braune Haare und Nickelbrille –, erwiderte Maria überrascht, das sei ihr Sohn Ricardo, Ricky genannt.

In dem Augenblick spürte ich intensiv die Energie von Rickys Engeln, die durch mich zu Maria sprechen wollten. Sie redeten laut und deutlich; offenbar lag ihnen viel daran, zu Maria durchzudringen: »Ist Ihr Sohn besonders nervös? Hat er ungewöhn-

---

[*] Anm. d. Übers.: Die Originalausgabe dieses Buches ist bereits im Jahr 2000 erschienen; die Zahlen stammen also aus dieser Zeit.

lich viel Energie?«, fragte ich Maria. »Die Engel zeigen mir das.«
Maria griff nach einem Teddybären, der auf dem Sofa lag, und
presste ihn gegen ihre Brust. »Ja, das kann man wohl sagen. Der
Schulpsychologe hat ihn als hyperaktiv diagnostiziert und ihm
Ritalin verschrieben. Ich mache mir große Sorgen, wie das auf
ihn wirkt, aber ich weiß auch nicht, was ich sonst tun könnte.«
Die Engel sagten: »*Ricky strebt hohe Ziele an. Er scheint von außen
nicht besonders ehrgeizig zu sein, aber innerlich macht er sich sehr
viele Gedanken um seine Zukunft. Bitte lass seine künstlerische Seite
mehr zum Ausdruck kommen. Das ist eine Botschaft, die wir dir
ganz dringend vermitteln wollen. Künstlerische Arbeit kann ihm als
Ventil dienen. Ermutige ihn, zu malen, zeichnen, musizieren und
damit seine überschüssige Energie umzusetzen. Er wird in Zukunft
eine führende Rolle einnehmen, irgendwie im Management. Mach
dir keine Sorgen um deinen Sohn.*«
Maria sagte, Ricky interessiere sich für Musik und spiele Kla-
vier. Sie wolle seine künstlerischen Ambitionen gerne unterstützen und bitte auch um Ideen, welche anderen Aktivitäten ihm
Freude machen könnten. Die Engel sagten, wenn Ricky seine
Energie in solche Dinge stecke, werde er in der Schule und zu
Hause konzentrierter und ruhiger sein.
»*Wir bitten dich, Rickys Energieniveau nicht mit Medikamen-
ten zu behandeln, sondern ihm zu helfen, damit er seinen jungen
Geist besser zu fokussieren lernt. Wir sehen, dass Jugendliche, die
in künstlerischen Dingen wie Musik oder Kunst ein Ventil haben,
ihren Wirbelwind an mentaler Aktivität leichter beruhigen kön-
nen. Finde für dein Kind Projekte, die ihn wirklich interessieren,
und alle werden davon profitieren.*«
Ich sah den ätherischen Körper eines großen Mannes neben
Ricky. Ich sagte: »Bei Ihrem Sohn ist ein männlicher, verstorbener Verwandter, ein großer, sehr schlanker Mann. Ist das sein
Urgroßvater?«
»Ja, das klingt nach ihm«, bestätigte Maria.

187

Ich beschrieb ihr weiter, was ich sah und hörte. »Rickys Urgroß-vater zeigt mir seine Zähne und sagt, dass mit ihnen irgendetwas nicht in Ordnung war. Das soll Ihnen helfen, zu erkennen, dass er wirklich Ihr Großvater ist.«

Maria war begeistert. »Ja, er hatte keine Zähne. Das ist er wirklich!«

»Ihr Großvater steht Ihrem Sohn sehr nahe. Ihr Sohn hat also einen starken männlichen Einfluss in seinem Leben«, fuhr ich fort. »Er zeigt mir, dass Ricky oft nicht auf ihn, seine Engel oder Sie hört. Er zeigt mir, dass Rickys Ohren oft verstopft seien, wie mit Wachs. Jedenfalls meint er, es sei in Ordnung, dass Ricky seinen Tagträumen nachhänge; das sei seine Art, seine Probleme zu lösen. Sie brauchen sich nicht zu beunruhigen. Es wird gut für ihn gesorgt. Er ist in Gottes Hand.«

Maria lächelte und seufzte erleichtert. »Ich hatte auch schon das Gefühl, dass er in Gottes Hand ist.«

Ein Jahr später sah ich Maria und Ricky, als sie zusammen an einem meiner Seminare teilnahmen. Ricky schien mir ein ruhiger, reifer junger Mann zu sein. Seine Mutter nahm mich beiseite und erzählte, sie habe Ricky für Musikstunden ange-meldet und er befasse sich mit Fotografie. Nur wenige Monate, nachdem er sich mehr auf seine künstlerischen Projekte konzen-triert hatte, konnte er das Ritalin absetzen, und seine schulischen Leistungen waren bestens.

Diese Hinweise der Engel für Ricky passen zu den Empfeh-lungen der angesehenen National Foundation for Gifted and Creative Children: »Viele hochbegabte Kinder werden fälsch-licherweise mit ADHS diagnostiziert«, berichtet die Stiftung. »Und viele der betroffenen Eltern wissen nicht, dass ihr Kind vielleicht hochbegabt ist.« Der Stiftung zufolge weisen hochbe-gabte Kinder häufig ähnliche Merkmale auf wie Ricky und viele andere Kinder, bei denen ADHS diagnostiziert wurde: Merk-male wie eine besondere Sensibilität für ihre Umgebung; ein besonders hohes Energieniveau; Neigung zu Langeweile oder leichte Ablenkbarkeit ihres schnellen Verstands; hohe Frustrationsanfälligkeit, wenn sich ihre kreativen Ideen nicht umsetzen lassen; die Unfähigkeit, stillzusitzen, solange sie nicht mit etwas beschäftigt sind, das sie persönlich interessiert.

☖ Himmlischer Rat
Mit ADHS diagnostizierte Kinder sind oft hyperkreativ und werden ruhiger, wenn sie darin unterstützt werden, ihre Energie auf künstlerische Weise zum Ausdruck zu bringen.

Himmlischer Rat für wütende Kinder

Eltern erschrecken oft sehr, wenn ein glückliches, freundliches Kind plötzlich wütend oder destruktiv wird. Das Miteinander in der Familie wird durch ständige Wutausbrüche gestört und die liebevolle Atmosphäre im Haus wird durch lautes Geschrei, zuknallende Türen und geworfene Gegenstände ruiniert. Alle leiden: Die Eltern machen sich Vorwürfe, die Geschwister werden beschimpft und die Klassenkameraden fühlen sich gestört. Wenn alle Bemühungen, das Verhalten des Kindes zu ändern, scheitern, schieben sich die Eltern oft gegenseitig die Schuld zu; es kann sogar bis zur Scheidung kommen.

Die Engel empfehlen vor allem körperliche Betätigung als ein Ventil, durch das diese Kinder ihre große Wut ablassen können. Sie raten vor allem zu asiatischen Sportarten wie Yoga und Tai-Chi, da hierbei auch gelernt wird, den Geist zu fokussieren.

Diesen Hinweis gaben sie auch Dianna, deren zehnjährige Tochter ein Verhalten an den Tag legte, das zum Problem geworden war: Teri hatte in der Schule und zu Hause immer öfter Wutanfälle.

»Die Lehrerin sagt, Teri versuche immer wieder, sich in den Mittelpunkt der Aufmerksamkeit zu drängen, und wenn sie nicht ihren Willen bekommt, tobt sie verbal und körperlich herum zulasten der anderen Kinder«, erklärte Dianna. »Die anderen Kinder rücken schon von ihr ab. Wenn wir mit ihr darüber zu reden versuchen, verhält sie sich genauso. Manchmal kriegt sie Wutanfälle, ohne dass irgendein Anlass erkennbar wäre. Mein Mann meint, es sei meine Schuld, ich hätte sie zu sehr verwöhnt. Ich meine, es liegt daran, dass er zu streng mit ihr ist. Wir haben uns schon oft darüber gestritten. Was ist nur aus dem lieben, zärtlichen Mädchen geworden, das sie einmal war? Können mir die Engel sagen, woher ihre Wut stammt und wie wir ihr helfen können, die Kontrolle über sich zu gewinnen?«

Innerlich sah ich sofort ein Bild von Teri, in dem sie mit hoher Geschwindigkeit von Aktivität zu Aktivität eilte. Die Engel versetzten mich in Teris Gedanken und Gefühle, damit ich sie wirklich verstehen konnte. Ich sah, wie ihre Gedanken blitzschnell hin- und herschossen. Ihre Emotionen wechselten ebenso rasch. Sie war immer aufgewühlt – was sie daran hinderte, zuzuhören und sich zu konzentrieren.

Es folgten weitere Bilder, in denen ich sah, wie Teri Yoga-Haltungen übte: Ruhig streckte sie ihre Arme und Beine und genoss die Kontrolle über ihre Muskeln und Glieder. Ich spürte, wie es in ihrem Herzen und Geist ganz anders zuging: Teri war konzentriert und sehr ruhig und gelassen. Ich sagte zu Dianna: »Die Engel zeigen mir, dass Ihre Tochter sehr viel Energie hat; sie hat einige Emotionen im Überfluss, nicht nur Ärger. Die Engel zeigen mir, dass Teri eine körperliche Form braucht, um ihre Energie zu fokussieren, so etwas wie Tai-Chi oder dergleichen.«

Die Engel fügten hinzu: »*Deine Tochter ist sehr stark und energiegeladen, und wir wünschen uns nicht, dass ihre Energie unterdrückt oder gering geschätzt wird. Sie braucht es, sich mit ihrer Energie gut zu fühlen, weil sie als Erwachsene eine starke Führungspersönlichkeit werden wird. Fernöstliche Sportarten sind besser für*

*sie als Mannschaftssport, weil sie deiner Tochter helfen können,
ihren Geist und ihre Energie zu konzentrieren. Wettkampf-Sport-
arten würden ihre Aggressivität nur noch fördern.«*

Dianna spitzte die Ohren. »Ich habe schon darüber nachgedacht, Teri bei einem Tai-Chi-Kurs anzumelden. Das ist wirklich erstaunlich.« Die Engel hatten offenbar schon versucht,
Dianna diese Botschaft zu übermitteln, aber aus irgendeinem
Grund war sie dem Rat bis jetzt nicht gefolgt.

Dianna war fest entschlossen, ihre Tochter gleich dort anzumelden. Zwei Wochen später rief sie mich an, um mir von der
erstaunlichen Verwandlung Teris zu berichten. »Zum ersten
Mal seit ihrer frühen Kindheit ist es angenehm, sie um sich zu
haben«, schwärmte Dianna. »Ihre Lehrerin sagt, dass sie in der
Schule viel besser mit den anderen Kindern auskommt. Auch
ihre Hausaufgaben und Noten haben sich verbessert. Ich glaube,
Teri geht es besser mit sich selbst und sie kann jetzt stolz auf das
sein, was sie tut. Danke, Engel!«

🔔 Himmlischer Rat
Probieren Sie, wütenden Kindern ein körperliches Ventil
zu bieten, zum Beispiel fernöstliche Sportarten wie Yoga,
Tai-Chi und Aikido, in denen Körper und Geist gleichzeitig
angesprochen werden.

Himmlischer Rat für drogensüchtige Jugendliche

Viele Familienstreitigkeiten werden durch den Drogen-, Alko-
hol- oder Zigarettenmissbrauch von Jugendlichen ausgelöst.
Diese Süchte haben unter Jugendlichen enorm zugenommen.
Die Eltern haben natürlich Angst, dass die schulischen Leistungen und die Ausbildungsmöglichkeiten darunter leiden und
dass lebensbedrohliches Verhalten oder kriminelle Aktivitäten

folgen können, wie Trunkenheit am Steuer, Vandalismus, Diebstahl und mehr. Doch nur wenige Eltern verstehen die Ursachen jugendlichen Drogenmissbrauchs. Die Engel sagen, dass meistens Gefühle der Leere und Angst dahinterstehen.

Darum ging es auch bei meiner Klientin Loretta und ihrem Marihuana rauchenden Sohn. In unserer ersten Sitzung gestand Loretta, Mutter von drei Kindern, wie sehr sie sich um ihren Sohn Lester sorge. »Er raucht so viel Marihuana, dass ich fürchte, er ist süchtig.«

Ich wiederholte mehrfach Lesters Namen, weil ich es dank der Wiederholung des Namens leichter finde, Zugang zu Informationen über jemanden zu erhalten, der nicht anwesend ist. Als ich mich auf Lester eingeschwungen hatte, hörte ich seine Engel sagen: »*Er ist viel zu hart mit sich selbst. Er macht sich selbst mental fertig.*« Diese Botschaft gab ich an Loretta weiter und fügte hinzu: »Die Engel sagen mir auch, dass eine Menge Wut in ihm steckt.«

Ich hörte Lesters Engel laut in mein rechtes Ohr reden. »Sie sagen mir, dass Lester durch das Marihuana versucht, seinen Gefühlen im Hinblick auf sich selbst zu entkommen, und sie bitten Sie, im Augenblick einfach Mitgefühl mit ihm zu haben. Die Engel arbeiten mit ihm an seiner Sucht.«

Loretta sah überrascht aus, als hätte sie erwartet, dass die Engel Lesters Marihuana-Sucht mit Donnerstimme verdammten und ihr sofortiges mütterliches Handeln forderten. Die Engel erklärten, dass Süchtige nach dem Gefühl von göttlicher Liebe suchen. Sie fühlen sich innerlich leer und halten sich für ungeliebt und nicht liebenswert. Und dann fangen sie an, im Außen nach dem zu suchen, wonach sie sich eigentlich sehnen, nämlich Gottes Liebe. In der Hoffnung, durch die Essenz der konsumierten Substanzen mit Gott und dem Gefühl des Geliebtwerdens in Verbindung zu kommen, trinken, essen, rauchen oder spielen sie zu viel oder nehmen Drogen.

Die Engel sagten: »*Er hat schreckliche Angst davor, das Rauchen aufzugeben, weil er die Leere fürchtet. Deinen Sohn zu bitten, damit aufzuhören – das ist, als würdest du von ihm verlangen, den Mittelpunkt seines Universums aufzugeben. Er hat ein paar Probleme mit seinem Vater. Er fühlte sich oft kritisiert, und jetzt kritisiert er sich selbst. Wir fühlen mit ihm. Er weiß im Moment nicht, wie er sich lieben kann, also verdrängt er diese Gefühle. Es hat nichts mit dir zu tun.*«

»Aber was kann ich tun?«, flehte Loretta. »Ich habe Angst, dass er zu noch gefährlicheren Drogen greift, wenn er so weitermacht.«

Die Engel rieten ihr folgendermaßen: »*Es würde ihm helfen, aus dem Stress der Stadt herauszukommen. Der Aufenthalt auf einer Ranch oder irgendwo in der Natur würde ihm helfen, seine ungesunde Art, sich selbst und das Leben zu betrachten, aufzugeben.*«

Loretta schien ein Licht aufzugehen. »Mein Bruder hat eine Ranch, und Lester liebt es, dort zu sein«, erzählte sie aufgeregt. »Wir hatten schon überlegt, ihn diesen Sommer dorthin zu schicken.«

Ich sagte, gemäß der Botschaft der Engel würde das Leben auf einer Ranch Lester helfen, seinen Geist zu heilen. Ich freue mich immer, wenn ich Leuten begegne, die die Empfehlungen der Engel bereits hören. »Sie haben also schon göttlichen Rat dazu empfangen, wie Ihr Sohn Heilung finden kann. Die Engel raten Ihnen, einfach weiter für ihn zu beten.«

Die Engel signalisierten mir dann eine glückliche Lösung in Form eines Regenbogens um Loretta und ihren Sohn – als Zeichen, dass alles gut werde, wenn ihr Rat befolgt würde. Sie zeigten mir auch das Wort »Sorge« in einem Kreis, das mit einer diagonalen Linie durchgestrichen war; also ermutigte ich Loretta, sich keine Sorgen zu machen.

Ein Jahr später kam Loretta mit Lester zu mir. Auf der Ranch seines Onkels hatte er aufgehört, Marihuana zu rauchen. Nach seiner Rückkehr boten ihm seine Freunde wieder »Stoff« an, sodass er sehr in Versuchung war. Er sprach mit seiner Mutter darüber, was er tun solle. In diesem Gespräch erzählte er ihr von den Gefühlen der Leere, von denen die Engel ebenfalls gesprochen hatten. Loretta nahm das als Zeichen, mit ihm zusammen noch einmal zu mir zu kommen. Lester war einverstanden gewesen.

»Der einzige Weg, wie du dieses Gefühl der Leere loswerden und Fülle und Liebe erleben kannst, besteht darin, dir deiner Einheit mit Gott bewusst zu werden, Lester«, sagten ihm die Engel. »Das lässt sich auf verschiedenen Wegen erreichen: durch Meditation, durch Zeit alleine in der Natur, durch eine liebevolle religiöse Umgebung oder indem du uns um Hilfe bittest. Wenn du uns darum bittest, werden wir in deinen Geist, deine Gefühle und Zellen kommen und dich mit genau dem Hochgefühl erfüllen, nach dem du dich sehnst: dem Gefühl, zutiefst geliebt zu werden.

Gott ist überall, denn der Schöpfer ist allgegenwärtig. Daher ist alles mit der Essenz von Gottes Liebe durchtränkt. Du musst dir eine stille Zeit schaffen, um diese göttliche Liebe wirklich wahrzunehmen. Der Lärm des Alltags kann bei dir die Wahrnehmung unserer Gegenwart trüben. Deswegen haben die Engel deine Mutter so gedrängt, dass du Zeit im Freien verbringen solltest. Es gilt gleichsam der alte Spruch: ›Nirgendwo auf der Welt ist man Gott so nahe wie in einem Garten.‹«

Lester erzählte, auf der Ranch seines Onkels habe er sich von positiver, wundervoller Energie erfüllt gefühlt; sein Bedürfnis nach Drogen sei weg, wenn dieses Gefühl da ist.

Auf den Vorschlag seiner Mutter, sie könne sich bei ihrem Bruder in einem Brief erkundigen, ob Lester nicht ganz zu ihm auf die Ranch ziehen könne, leuchtete Lesters Gesicht auf.

Inzwischen lebt er das ganze Jahr über auf der Ranch und verbringt nur den Sommer bei seiner Mutter. Für Lester – und für viele andere Kinder – ist ein Leben mit der Natur der beste Ort, um die Gefühle der Leere zu heilen.

Wenn ich mit Eltern rede, deren Kinder möglicherweise Drogen nehmen, weise ich immer darauf hin, dass die Engel die Bedeutung von Fürbitten betonen. Fürbitten sind Gebete zum Wohl eines anderen Menschen. Wissenschaftliche Studien haben belegt, dass Menschen, für die gebetet wird, sich schneller von Krankheiten und Operationen erholen als jene, für die nicht gebetet wird.

♤ Himmlischer Rat
Bitten Sie die Engel, Ihr Kind dahingehend zu lenken, dass es sich der Meditation zuwendet oder Zeit in der Natur verbringt, eine Aktivität beginnt, die ihm am Herzen liegt, oder ein unterstützendes, liebevolles religiöses Umfeld findet.

Himmlischer Rat bei Konflikten mit den Eltern

Wenn Kinder größer werden und das heimische Nest verlassen, kommt eine Zeit, in der Kinder und Eltern Ideen darüber entwickeln, was wohl für die Zukunft der Söhne und Töchter am besten sei. Häufig liegen jenes, was den Eltern als das Beste erscheint, und das, was die Kinder für das Beste halten, weit auseinander. Spirituell weise Eltern, die auf den Rat der Engel hören, lösen solche Konflikte auf friedliche, heilende Weise und bringen die Kinder mit Liebe und Unterstützung auf den Weg.
Manche Eltern und Kinder finden jedoch nicht so einfach eine harmonische Lösung. Stattdessen geraten sie sich in die Haare und hegen Groll, wo nur Liebe herrschen sollte. In solchen Fällen greifen die Engel gerne ein, sofern wir es zulassen, und bieten viele Ratschläge an, um den Konflikt zu heilen.
Allysa, eine neunzehn Jahre alte College-Schülerin, befand sich in einer schweren Krise. Sie liebte es, kreativ tätig zu sein, und

wollte gerne professionelle Künstlerin werden. Ihr Vater erwog dies jedoch nicht einmal als Möglichkeit und hatte darauf bestanden, dass sie sich für Betriebswirtschaft einschrieb; andernfalls wollte er ihr nicht mehr die Schule bezahlen.

»Ich fühle mich so zur Kunst hingezogen«, erklärte Allysa, »aber meine Eltern meinen unbedingt, ich solle etwas Solides, Zuverlässiges lernen. Sie zahlen für mein College, deshalb darf ich nicht selbst bestimmen, was ich lerne. Mein Vater meint, ich solle einen Abschluss in Betriebswirtschaft machen, weil das so praktisch sei. Sobald ich von einem Kunststudium spreche, geht er gleich in die Luft.«

Allysa gestand mir dann auch, welch schrecklichen Preis sie dafür zahlte, sich dem Willen ihres Vaters zu fügen: Im zweiten Semester hatte sie angefangen, ziemlich viel Alkohol zu trinken; sie hatte über zehn Kilo zugenommen und sich auf Beziehungen zu Männern eingelassen, die sie schlecht behandelten. Der Kontakt mit ihren Eltern war schon vor dem College angespannt gewesen, doch jetzt wurde aus jedem Besuch zu Hause ein einziger Kampf.

Während unseres Gesprächs fragte Allysa nach dem Rat der Engel. Die Engel sagten: »*Diese Situation ist eine Chance für viel Wachstum, wenn Allysa ihre lang gehegten Ängste überwindet und offen und ehrlich mit ihrem Vater umgeht. Er ist eine weiter entwickelte Seele, als Allysa denkt, und er ist offen für Verhandlungen.*«

Ich sprach mit Allysa über den Rat der Engel und hakte genauer nach, wie die Gespräche zwischen ihr und ihrem Vater denn in der Vergangenheit abgelaufen seien. Je mehr sie mir davon erzählte, desto besser verstand ich, was die Engel gemeint hatten. Allysas Versuche, mit ihrem Vater über das Thema zu kommunizieren, entsprachen eher einem Degenduell: Sie warf ihm eine wütende Forderung vor die Füße und zog sich dann ins Schweigen zurück, wenn er anfing, seinen Standpunkt zu verteidigen. Die Engel und ich baten Allysa, mit ihrem Vater wie mit einem guten Freund oder Mentor zu reden. Sie sagten durch mich: *»Schlage ihm folgenden Kompromiss vor, den wir dir sehr empfehlen: Du verschiebst ein oder zwei Betriebswirtschaftskurse auf später und baust dafür ein paar Kunstkurse in deinen Stundenplan ein.«* Sie rieten ihr, einen Doppelabschluss anzustreben. Als ich die Botschaft an Allysa weitergab, war sie verblüfft über die einfache Lösung. Sie und ihr Vater hatten immer nur über Alles-oder-nichts-Lösungen gesprochen. Allysa ging nach Hause und führte mit ihrem Vater ein vernünftiges Gespräch. Sie diskutierten, wie nützlich es für eine Künstlerin sein könne, auch betriebswirtschaftliche Kenntnisse zu haben, und umgekehrt. Ihr Vater war einverstanden, dass sie zwei Kunstkurse belegte und dafür einen Betriebswirtschaftskurs ausließ.

Bei meinem nächsten Gespräch mit Allysa berichtete sie, sie habe sich schon lange nicht mehr so glücklich und zuversichtlich gefühlt. Ihr Übergewicht war verschwunden und der Familienfrieden war wiederhergestellt.

⚘ Himmlischer Rat
Rechnen Sie damit, dass andere weiter entwickelt sind, als Sie meinen. Schlagen Sie Kompromisse vor, und Sie werden sich einigen.

Himmlischer Rat bei Konflikten zwischen erwachsenen Geschwistern

Konflikte unter Geschwistern sind unvermeidbar. Eltern sind auch nur Menschen und haben nur begrenzt Zeit, Energie und Geld, die sie unter ihren Kindern verteilen können. Jedes Kind kennt Momente, in denen es die Aufmerksamkeit der Eltern besonders braucht, und erlebt irgendwann, dass sie einem anderen Kind zugewendet wird. Daraus entstehen Spannungen,

Eifersucht und Neid. Der Groll und die Rivalitäten enden nicht immer mit der Kindheit. Werden sie nicht aufgelöst, dann streiten oder quälen sich noch erwachsene Geschwister bei jeder sich bietenden Gelegenheit.

Fahris Schwester Nedi machte Fahri immer wieder schlecht. Fahri war die Älteste von drei Mädchen und besaß ein Geschäft. Der Vater war gestorben, als die Mädchen noch jung waren. Nach seinem Tod musste die Mutter arbeiten und hatte deshalb nur wenig Zeit für die Kinder gehabt. Nedi, die Mittlere, war immer neidisch auf Fahris Status als Älteste und auf die Aufmerksamkeit der Mutter für die jüngste Schwester gewesen. Seit ihrer Kindheit ließ Nedi daher keine Gelegenheit aus, um Fahri schlechtzumachen, und auch jetzt, nachdem alle verheiratet waren, trieb sie es auf jedem Familientreffen weiter.

»Nedi beleidigt mich immer wieder«, schimpfte Fahri. »Letzte Woche erst hat sie gesagt, ich sei wahrscheinlich so schlecht im Bett, dass mich mein Mann irgendwann verlassen würde. Wenn ich mich dann beschwere, meint sie, ich sei zu empfindlich und es sei doch nur ein Scherz gewesen. Aber ihre Scherze verletzen mich. Ich weiß nicht, was ich anstellen kann, damit sie aufhört.«

Die Engel gaben Fahri den effektivsten Rat, den ich je kennengelernt habe: »*Wenn du mit einem Freund oder einem Familienmitglied einen Konflikt hast, den du heilen willst, wende dich an die Schutzengel dieser Person. Du kannst ein inneres Gespräch mit den Schutzengeln führen oder ihnen einen Brief schreiben. Schütte den Engeln dein Herz aus und bitte um Hilfe bei der Lösung des Konflikts. Du kannst dich darauf verlassen, dass die Engel dich darin unterstützen, Frieden zu finden. Wenn du die Engel um Unterstützung gebeten hast, achte gut auf deine Gefühle, Ahnungen, Träume und Visionen. All dies sind Kanäle, durch die wir dir Hilfe zukommen lassen, wie du den Konflikt mit deiner Schwester lösen kannst.*«

Fahri war bereit, es zu probieren, fragte sich allerdings, ob sie auch fähig sei, mit den Schutzengeln ihrer Schwester Kontakt aufzunehmen, und ob diese es schaffen würden, Nedis Haltung zu beeinflussen.

»Man braucht nicht besonders medial zu sein, um mit den Schutzengeln eines anderen Menschen zu kommunizieren«, erklärte ich ihr. »Vielleicht können Sie auch nicht hören oder fühlen, wie die Engel auf Ihre Bitte antworten. Aber Sie werden die Beweise dafür sehen, dass die Engel Sie gehört haben, weil sie schnell mehr Frieden in die Situation bringen. Schließen Sie jetzt einmal Ihre Augen. Atmen Sie tief durch und richten Sie Ihre Absicht darauf, den Schutzengeln Ihrer Schwester eine mentale Botschaft zukommen zu lassen. Sagen Sie den Engeln innerlich, wie Sie sich fühlen und dass Sie die Situation gerne friedlich lösen möchten.«

Ich sah zu, wie Fahri meinen Anweisungen folgte. Lächelnd öffnete sie die Augen. »Ich fühle mich besser«, verkündete sie. »Meine Hoffnung ist gewachsen, dass Nedi und ich eine normale Schwesternbeziehung führen können.«

Zwei Wochen später schickte mir Fahri eine E-Mail. Sie hatte mit ihrer Schwester in einem Restaurant zu Abend gegessen. Nedi war mit etwas zerknirschtem Gesichtsausdruck erschienen. »Ich bin ein paarmal bei einer Therapeutin gewesen«, gestand sie, bevor Fahri noch etwas sagen konnte, »und mir ist klar geworden, dass ich dir keine besonders gute Schwester war. Ich habe viel von meiner Wut und meinem Groll über Papas Tod an dir ausgelassen, und auch meine Eifersucht darauf, dass Mama immer so viel, das uns alle anging, mit dir besprochen hat. Ich weiß jetzt, dass mein Verhalten nicht richtig war, und ich wollte fragen, ob wir vielleicht von vorne anfangen und eine gute Schwesternbeziehung aufbauen könnten. Oder ist es dafür schon zu spät?«

Als Nedi Fahri um Verzeihung bat, brachen beide Schwestern in Tränen aus und versöhnten sich. Fahri meinte, die Veränderung in ihrer Schwester sei ein echtes Wunder. Ihre Schutzengel müssen mit ihr gesprochen haben; sie könne es sich nicht anders erklären.

Das unmittelbare Gespräch mit den Schutzengeln eines anderen Menschen ist auch hilfreich, wenn Sie merken, dass Sie jemanden durch Ihr Reden oder Handeln verletzt haben und es bereuen. Bitten Sie die Engel des anderen, dass Ihnen der andere verzeihen kann. Die Engel helfen Ihnen gerne, Fehler auszubügeln und von ihnen zu lernen, damit Sie sie nicht wiederholen müssen.

⌂ Himmlischer Rat
Reden Sie direkt mit den Schutzengeln Ihres Bruders oder Ihrer Schwester; bitten Sie die Engel, einzuschreiten und zu helfen, den Konflikt zwischen Ihnen zu beenden.

Himmlischer Rat bei Problemen mit alternden Eltern

Dank der Fortschritte in Medizin und Technologie leben die Menschen immer länger. Die Frage des Umgangs mit alternden Eltern ist daher für viele Einzelne und Paare zu einem wichtigen Thema geworden. Erwachsene Kinder quälen sich mit der Entscheidung, ob sie Mutter oder Vater zu sich nehmen oder in ein Heim geben sollen. Die erste Lösung kann zu Schwierigkeiten mit dem Partner führen und das Familienleben durcheinanderbringen; der zweite Weg hingegen ruft bei vielen schwere Schuldgefühle hervor.

Mein Klient Sidney führt zusammen mit seinem Lebenspartner Antonio einen kleinen Weinhandel. Der schlechte Gesundheitszustand von Sidneys alter Mutter wurde für ihn zunehmend zur Belastung und zum Konfliktthema mit seinem Partner. »Sie sieht nicht mehr gut und ich fürchte, sie kann nicht mehr gut auf sich aufpassen«, erzählte er mir. »Sie läuft gegen Möbel und Wände, sodass sie voller blauer Flecken und Kratzer ist. Ich habe Angst, dass sie irgendwann richtig fällt und sich die Hüfte bricht. Ich weiß nicht, was ich tun soll, meine Gedanken laufen immer im Kreis. Soll ich meine Mutter zu uns in die Wohnung holen? Antonio ist von der Idee nicht begeistert. Wir hatten darüber schon oft heftige Diskussionen, obwohl wir uns sonst fast nie streiten. Soll ich sie in ein Pflegeheim geben? Ich fürchte, das würde sie nicht überleben. Mein Bruder will sich damit nicht befassen; die ganze Sorge liegt auf meinen Schultern. Was sagen die Engel dazu?«

Die Engel hatten schon zu reden begonnen, bevor Sidney fertig war: »*Du versuchst, ein emotionales Problem intellektuell zu lösen. Wir sehen, dass du mit Schuldgefühlen ringst und dir Sorgen machst, und wir verstehen deine Gefühle. Alles, was mit deiner geliebten Mutter zu tun hat, ist bei dir emotional belegt. Doch um eine Lösung zu finden, die für alle Beteiligten gut ist, kannst du nicht einfach den Kanal wechseln und das Problem intellektuell angehen. Du musst im Bereich der Gefühle bleiben, wo auch der Kern der Sache liegt.*«

Ich gab die Botschaft an Sidney weiter.

»Ich bin sicherlich ziemlich mental«, gab er zu. »Ich bin bei uns der Mann fürs Geschäftliche, während Antonio die Weine aussucht. Ich weiß nicht, wie ich ein Problem anders lösen sollte als durch Nachdenken. Was kann ich tun?«

»*Wir sagen dir Folgendes: Mit dem, was du im Moment als deine Wahlmöglichkeiten siehst, fühlst du dich nicht wohl. Wenn du deine Mutter zu dir nach Hause holst, bereitet dir die Reaktion deines Partners Kummer. Du fürchtest, deine Mutter werde sich in Antonios Nähe nicht wohlfühlen oder sie meine, euch zu belasten. Und wenn du deine Mutter in ein Seniorenheim gibst, fürchtest du, sie fühle sich von dir nicht geliebt und werde aus Niedergeschlagenheit und Vernachlässigung dahinsiechen.*

Wir sagen dir, dass es andere Möglichkeiten gibt, und wenn du uns erlaubst, wollen wir sie dir zeigen. Erlaube uns, dir zu helfen, ein gutes Heim für deine Mutter zu finden, in dem sie sich wohlfühlen kann. Achte auf deine Gefühle, wenn du dir verschiedene Heime anschaust, und entscheide aus deinem Bauch heraus. Das ist deine Verbindung mit dem Göttlichen. Achte auf dein Herz, und du wirst wissen, welche Einrichtung dir, deiner Mutter und deinem Partner Frieden bringt.«

Dem Vorschlag der Engel entsprechend, bat ich Sidney, sich vorzustellen, seine Mutter lebe bei ihm zu Hause. Er schloss die Augen, verzog schon bald das Gesicht zu einer Grimasse und hielt sich den Bauch.

»Was sagt Ihnen Ihr Bauchgefühl?«, fragte ich.

»Das wird nichts«, meinte er. »Ich habe das Gefühl, meine Mutter und mein Partner gingen kühl und distanziert miteinander um. Es würde einen Keil zwischen mich und die beiden treiben und wir würden uns alle unwohl fühlen.«

»Und jetzt stellen Sie sich vor, Ihre Mutter lebt in einer Seniorenresidenz. Nicht in einem Pflegeheim, sondern in einem Apartmentkomplex, in dem auch Mahlzeiten und Pflegedienste angeboten werden. Was sagt Ihr Bauch dazu?«

»Ich glaube, solange ich sie oft besuche, wäre sie dort glücklich. Wir wären beide glücklich, denn sie hätte ihre Freiheit und gleichzeitig würde für sie gesorgt.«

Von ihren Gefühlen geführt, besuchten Sidney und Antonio verschiedene Seniorenheime in der Stadt, in der sie lebten. Sie machten eines ausfindig, das sie beide als wohltuend empfanden. Als Sidney mit seiner Mutter dorthin fuhr, um es ihr zu zeigen, stellte sich heraus, dass eine alte Freundin von ihr dort wohnte. Sidneys Mutter war begeistert und sah dem Umzug mit Freude entgegen.

🔔 Himmlischer Rat

Versuchen Sie, bei Entscheidungen, die Ihre alten Eltern betreffen, sich alle Lösungsmöglichkeiten vorzustellen. Nutzen Sie Ihre Körperreaktionen und Ihre Gefühle als Barometer, um die beste Lösung für alle Beteiligten zu finden.

7

Himmlischer Rat für Berufsplanung, Karriere und Finanzen

Die meisten von uns verbringen einen großen Teil ihres Lebens mit Arbeit. Wir investieren mehr Zeit in unsere Arbeit als in unsere Familie, unser Liebesleben oder unsere Gesundheit. Doch unsere Berufstätigkeit hat große Auswirkungen auf all diese Bereiche unseres persönlichen Lebens. Geldsorgen halten uns nächtelang wach und verursachen Auseinandersetzungen mit unseren Lieben. Das Bestreben, beruflich voranzukommen, kann aus Kollegen erbitterte Gegner machen, und der Stress kann Krankheiten auslösen. Unternehmer, die starker Konkurrenz ausgesetzt sind, fürchten um die Quelle ihres Lebensunterhalts und ihres Selbstbewusstseins.

Für viele von uns stellt unsere Arbeit die Basis unserer persönlichen Identität dar. Schließlich gehört zu den ersten Fragen, die wir einer neuen Bekanntschaft stellen: »Und was machen Sie beruflich?« Die Antwort entscheidet oft darüber, ob eine Freundschaft in Erwägung gezogen wird oder nicht. Wir investieren viel in unsere Arbeit, egal ob wir sie gerne erfüllen oder nicht. Wenn wir ein eigenes Unternehmen aufbauen, stecken wir alles hinein: unsere Hoffnungen, Träume, Zukunft, Freizeit und unser Erspartes.

Die Engel wollen uns nicht nur in unserem Privatleben beistehen, sondern auch in unserem Beruf, bei unserer Karriere und bei finanziellen Schwierigkeiten. Der Himmel weiß Rat, wie wir auf sinnvolle Weise ein angemessenes Einkommen verdienen können. Gott kann uns auch helfen, ein schwankendes Unternehmen wieder ins Lot zu bringen und zum Erfolg zu führen. Und nahestehende Verstorbene mit unternehmerischem oder finanziellem Wissen stehen uns ebenfalls zur Seite.

Himmlischer Rat für die Berufswahl

Untersuchungen zeigen: Den richtigen Beruf zu haben und die richtigen Karriereentscheidungen zu fällen, spielt eine wesentliche Rolle dafür, ob man sein Leben als wirklich befriedigend erlebt. Falsche Entscheidungen in diesem Bereich können zu leidvollen Situationen führen, die Körper, Geist, Seele sowie der Familie und manchmal auch Ihren Finanzen schaden. Der falsche Job zieht womöglich Ihre Gesundheit und Ihre Ehe in Mitleidenschaft, während der richtige Job die Grundlage für ein befriedigendes, glückliches Leben sein kann.

Leider verharren viel zu viele Menschen in Jobs, die ihnen weder Freude machen noch Perspektiven bieten und nichts mit dem zu tun haben, wofür sie sich interessieren. Jeden Abend verlassen sie die Tretmühle mit dem Gefühl, wieder einen Tag mit sinnloser Tätigkeit verbracht zu haben, nur um ein paar Dollar nach Hause zu bringen. Sie sehnen sich nach etwas Besserem, aber sie wissen nicht, ob es das gibt, ob sie es finden könnten oder ob sie dessen wert wären, wenn sie es denn fänden.

Manche Menschen halten diesen Ansatz für unrealistisch: Sie finden es unklug, persönliche Erfüllung in der Arbeit zu suchen; sie meinen, andere Prioritäten setzen zu müssen, zum Beispiel die Verantwortung für ihre Familie, das Abzahlen von Schulden oder einfach das Erwirtschaften ihres Lebensunterhalts. »Ja, klar ist es toll, wenn jemand das Glück hat, mit dem Geld zu verdienen, was ihm Spaß macht«, sagen diese Spötter, »aber auf solches

Glück kann man sich nicht verlassen. Ich muss drei Kinder satt kriegen und ihnen ein Dach über dem Kopf finanzieren.«

Aber Gott und unsere Schutzengel sagen, Sie haben nicht nur eine spirituell befriedigende, gut bezahlte Arbeit verdient, sondern sie wollen Ihnen auch helfen, diese zu finden. Allen Menschen sind besondere Gaben und Neigungen verliehen – Tätigkeiten, in denen sie gut sind und die ihnen so viel Freude bereiten, dass sie sie mit oder ohne Bezahlung tun würden. Der eine hat vielleicht einen Sinn für Zahlen, die andere spielt wundervoll Geige oder hat das Fingerspitzengefühl einer Chirurgin; es kann die Fähigkeit sein, Menschen zu beruhigen und ihnen Sicherheit zu geben; manche haben ungewöhnlich viel Geduld und Ausdauer oder Freude am Dienst für den Nächsten oder eine besonders stabile Persönlichkeit.

Gott hat uns diese Gaben gegeben, damit wir sie nutzen, und er wird das Nötige tun, damit wir sie einsetzen können, Schritt für Schritt. Sie müssen an sich selbst und Gott glauben, um sich auf den Weg zu machen, der auf keiner Karte verzeichnet ist, und darauf vertrauen, dass die Engel Ihnen helfen werden, Ihr Ziel zu erreichen. Die göttliche Führung kann in Form eines unerwarteten Anrufs eintreten, durch einen Artikel, den Sie lesen, eine Bemerkung, die Sie aus einem Gespräch aufschnappen, einen Kurs, den Sie besuchen, oder durch eine alte Freundin, der Sie zufällig im Supermarkt begegnen. So werden Sie allmählich auf die Arbeit hingeleitet, die Ihnen bestimmt ist, auch ohne dass Sie oder Ihre Familie unter der Brücke enden.

Gillian hatte die Handelsschule besucht, doch jetzt befand sie sich beruflich in der Krise. Sie hatte die Nase voll von ihrem Job im mittleren Management einer großen Datenverarbeitungsfirma und dachte über einen Wechsel nach. Aber sie kannte diese Ruhelosigkeit bereits und hatte schon mehrfach den Arbeitgeber gewechselt. Sie hatte schon für ein Tonstudio, eine Tennisschläger-Manufaktur, eine Gesundheitsorganisation und in der Verwaltung einer großen Haushaltswarenkette gearbeitet. Jedes Mal hatte sie geglaubt, eine neue Arbeitsumgebung und neue Kollegen würden ihr den Schwung geben, nach dem sie sich sehnte. Aber irgendwie fühlte sie sich immer wieder unzufrieden, frustriert und gelangweilt.

»Ich mache offensichtlich etwas falsch«, klagte Gillian. »Ich bin mir immer sicher, dass der neue Job mich glücklich machen wird, aber schon zwei Monate später bin ich wieder unzufrieden. Können die Engel einen Job für mich finden, mit dem ich leben kann? So darf das nicht weitergehen!«

»*Du hast deinen Beruf nach dem Einkommen gewählt, das du erzielen kannst, und nicht nach den Bedingungen, die dir wahrhaft Frieden und Zufriedenheit geben*«, sagten ihr die Engel.

Gillian runzelte die Stirn. »Ja, klar habe ich eigentlich keine Lust mehr, in der Verwaltung zu arbeiten. Ich habe auch schon darüber nachgedacht, einen richtigen Schnitt zu machen und auf etwas ganz anderes umzusteigen. Aber ich habe viel in meine Ausbildung investiert und bin sogar noch dabei, mein Ausbildungsdarlehen zurückzuzahlen. Ich habe gerade einen Dreijahresvertrag für eine neue Wohnung unterschrieben und helfe meiner Mutter, ihre Krankenhausrechnungen zu begleichen. Ich kann sonst nichts tun, was so gut bezahlt würde. Ich kann es mir nicht leisten, auszusteigen.«

»*Bleib im Hier und Jetzt*«, rieten ihr die Engel dringend. »*Mach dir keine Sorgen, wie du dieses oder jenes bezahlen sollst oder ob du genügend qualifiziert bist. Deine Aufgabe besteht nur darin, dein Herz und deine Seele zu nähren, indem du dir eine erfüllende Arbeit suchst. Dann wirst du auch mehr Energie und Begeisterung für alles andere in deinem Leben haben. Überlass Gott das ›Wie‹. Er wird dich Schritt um Schritt führen und alle Türen werden sich dir im richtigen Moment öffnen. Hab Vertrauen. Bleib dran, bis du ganz sicher bist, dass du Erfolg hast. Gott wird dir den zweiten Schritt erst zeigen, wenn du den ersten getan hast. Wenn du eine erfüllende*

Zukunft anstrebst, sei versichert, dass Gott dich dahin führen wird, egal welche Hindernisse auf deinem Weg liegen mögen.«

»Ich bin bereit, alles zu probieren«, antwortete Gillian, »aber ich habe wirklich keine Ahnung, welche Art von Job ich denn gerne hätte. Ich habe schon versucht, mir meine Zukunft vorzustellen, aber ich kann nichts klar erkennen. Können die Engel mir dabei helfen?«

Gillians Engel zeigten mir ein inneres Bild von Gillian: Sie fühlte sich immer großartig, sobald sie zwischen Bäumen, Pflanzen und Blumen war. *»Wir raten dir dringend, dich noch mal auf Jobsuche zu begeben und daran zu denken, dass du besonders glücklich bist, wenn du im Freien bei den Naturengeln bist. Die Natur hat einen besonderen Platz in deinem Herzen. Du bist unglücklich, wenn du zu lange drinnen eingesperrt bleibst. Denke nicht, dein Einkommen müsse leiden, du Liebe. Es ist dir absolut möglich, einer schönen Arbeit nachzugehen, bei der du dich zwischen den Pflanzen aufhalten kannst, die du so liebst.«*

Zum ersten Mal erschien ein Leuchten auf Gillians Gesicht. »Das ist eine wundervolle Idee. Ich werde gleich heute Abend online ein paar Möglichkeiten erkunden.«

Einige Wochen später rief Gillian mich an. »Es ist mir ja ziemlich peinlich, aber jetzt habe ich mehrere Jobmöglichkeiten und weiß nicht, für welche ich mich entscheiden soll. Haben die Engel vielleicht einen Rat für mich?«

Die Engel gaben ihr eine rasche Empfehlung. *»Bitte uns um Hilfe, damit du weißt, welcher weitere Berufsweg am besten zu deinen Interessen und Bedürfnissen passt. Du kannst diese Bitte laut oder leise äußern oder sie aufschreiben. Bitte darum, dass die Hinweise, die du erhältst, klar und deutlich sein sollen. Oder bitte uns vor dem Einschlafen, in deine Träume zu kommen und dir ein lebhaftes Bild deiner Lebensaufgabe zu zeigen.«*

»Wie werde ich die Antworten erkennen, wenn ich sie erhalte?«, fragte Gillian. »Ich bin nicht medial begabt.«

Ich erklärte ihr, was ich schon vielen Klienten mitgeteilt habe: Die Führung der Engel kann in starken, unerklärlichen Gefühlen auftreten, in lebhaften Träumen, plötzlichen inneren Bildern oder Sätzen oder Namen, die einem immer wieder durch den Sinn gehen. Falls sie sich nicht sicher sei, ob sie die Botschaft klar verstanden habe, solle sie die Engel um ein Zeichen der Bestätigung bitten. Die Engel finden immer einen Weg, uns spürbare, unzweifelhafte Bestätigungen dafür zukommen zu lassen, dass wir ihre Hinweise richtig verstanden haben.

Ich erklärte Gillian auch, sie solle sich nicht von der Vorstellung irre machen lassen, es gäbe nur eine einzige perfekte Arbeit für sie. Es würde sie nur in die Verzweiflung treiben, diese finden zu wollen. So wie jeder Mensch mehrere Seelenpartner hat, gibt es auch für jeden unterschiedliche Berufe und Karrieren, die alle sehr erfüllend sein können. Solange die Arbeit, für die sich jemand entscheidet, ihm reichlich Gelegenheit bietet, seinen gottgegebenen Interessen und Fähigkeiten nachzugehen, wird sie ihm auch Erfüllung und Erfolg bringen. Gillian versprach, all dies bei ihren weiteren Entscheidungen zu berücksichtigen.

Als ich Gillian das nächste Mal begegnete, lief sie auf mich zu und umarmte mich begeistert. »Die Engel hatten so recht. Ich arbeite jetzt für den National Park Service. Dabei verwalte ich die Pflegetrupps und verbringe den ganzen Tag damit, durch die Natur zu fahren. Noch nie im Leben bin ich glücklicher gewesen.«

Die Engel raten immer dazu, dass wir uns eine Arbeit suchen, die im Einklang mit unseren natürlichen Interessen und Neigungen ist. Für jemanden wie Gillian, die so gerne im Freien ist, wäre eine Bürotätigkeit wie eine Gefängnisstrafe. Für einen kreativen Menschen wäre eine eintönige Tätigkeit ein schreckliches Schicksal. Für jemanden, der stark visuell veranlagt ist, wäre es eine Qual, den ganzen Tag nur mit Zahlen zu hantieren. Und für eine Person, die gerne anderen hilft, wäre ein Job mit reiner Bildschirmarbeit leer und sinnlos. Als Gillian eine Arbeit gefunden hatte, bei der sie viel draußen sein konnte, erlebte sie bei ihrer Arbeit eine nie für möglich gehaltene Befriedigung.

♤ Himmlischer Rat
Suchen Sie nach einer erfüllenden Arbeit, die im Einklang mit Ihren Interessen und Begabungen ist. Vertrauen Sie darauf, dass der Weg zu Ihrem idealen Arbeitsplatz sich Schritt für Schritt zeigen wird.

Himmlischer Rat für das richtige berufliche Timing

Wenn Sie dringend einen besseren Job suchen oder Ihre gegenwärtige Position verlassen und eine ganz neue Richtung einschlagen möchten, kann es passieren, dass Sie den Himmel um Hilfe bitten und keine unmittelbare Antwort erhalten. Keine Firma, die Sie anschreiben, hat offene Stellen, nichts geschieht, was Sie in die richtige Richtung lenkt, und Sie erhalten keine eindeutigen Hinweise, was Sie als Nächstes tun sollten. In solchen Situationen kommen dann manchmal Zweifel an den Engeln auf. Sie denken vielleicht: »Wenn es die Engel wirklich gibt und ihnen so daran gelegen ist, uns unmittelbar auf unsere Bitte hin zu helfen – warum habe ich dann noch keinen Kontakt gefunden, der mich zu der neuen Arbeit führt?«
Die Engel fordern uns manchmal auf, Geduld zu üben, sowohl was berufliche Angelegenheiten betrifft als auch in Bezug auf andere Themen. Die Engel wissen sehr wohl um Ihre tiefe Sehnsucht, in dem von Ihnen gewählten Feld zu arbeiten. Aber sie wissen auch, dass Sie große Rückschläge erleiden können, wenn Sie eine wesentliche Veränderung erzwingen, bevor die Zeit dafür reif ist. Wenn sich Ihr Traumjob also noch nicht gezeigt hat – so sagen

die Engel –, liegt es nicht daran, dass es ihn nicht für Sie gäbe; Sie haben den Engeln vielmehr noch nicht genug Zeit gelassen, die Dinge so zu arrangieren, dass er Ihnen direkt in den Schoß fallen kann. Die Engel sagen in manchen Fällen auch, dass Sie selbst für diesen Schritt noch nicht bereit sind, vielleicht weil es für Sie noch eine Lektion zu lernen gilt: zum Beispiel eine Beziehung zu Kollegen durch Vergebung zu heilen oder an einem Kurs teilzunehmen, durch den Sie sich spezielles Wissen aneignen.

Wenn Sie beten, dass Ihnen beruflich weitergeholfen wird, denken Sie daran, dass das Universum manchmal die Türen so lange geschlossen hält, bis es für Sie Zeit ist, hindurchzugehen. Wir nennen dies »das göttliche Timing«, durch das Gott und die Engel alles so arrangieren, dass eine Vielzahl von Menschen und Ereignissen harmonisch zusammenwirken, damit die Dinge natürlich und mühelos entstehen.

Diese Lektion lehrten die Engel auch Carla, einer Frau in den Dreißigern, von der ich nur wusste, dass sie Wirtschaftsprüferin war. Als sie sich in meiner Praxis auf den Stuhl setzte, zeigten mir die Engel lebhafte Bilder von Carla als einer Giraffe, die ihren langen Hals reckt, um hoch in den Bäumen von den Blättern zu fressen. Die Engel vermittelten mir damit, dass sie sich gegenwärtig in einem Wachstumsprozess befand.

»Die Engel zeigen mir, dass Sie sich zurzeit in einer Phase starken Wachstums befinden«, sagte ich zu ihr. »Sie strecken sich und vergrößern Ihre Reichweite.«

Carla bestätigte dies. Ich sah Carlas Schutzengel applaudieren, um zu zeigen, dass sie mit ihren Bemühungen um persönliches Wachstum sehr einverstanden waren. Ich erzählte Carla von diesem Bild und gab weiter, was die Engel sagten. »*Du bist im Begriff, die Dinge aus einer anderen Perspektive zu sehen. Du hast den Mut dazu. Manche Menschen fürchten sich davor, die Dinge in einem anderen Licht zu betrachten. Deine Engel segnen dich für diese Bereitschaft.*«

»Das ist ja schön und gut«, sagte Carla, »aber wo sind die Engel, wenn ich sie brauche? Ich bin in meinem gegenwärtigen Job sehr unglücklich. Mein Leben ist ein einziges Chaos. Mein Mann und ich haben uns gerade getrennt und lassen uns scheiden. Ich bin erst einmal wieder zu meinen Eltern gezogen. Ich habe mein ganzes Leben einer Prüfung unterzogen, vor allem im Hinblick auf die Frage, was für eine Arbeit ich die nächsten zwanzig oder dreißig Jahre machen will. Ich will meinem Leben eine andere Richtung geben und suche die Art erfüllender Arbeit, von der Sie oft reden. Ich habe genau das getan, was Sie immer raten, und die Engel gebeten, mich zu einem neuen Job, einer neuen beruflichen Richtung zu lenken, wo ich alle meine Begabungen einsetzen und einen Beitrag für eine bessere Welt leisten kann. Aber sie scheinen nicht zu antworten. Mittlerweile sind schon zwei Monate verstrichen, ohne dass etwas geschehen wäre. Ich fange an der Existenz der Engel zu zweifeln an. Oder habe ich etwas falsch gemacht?«

»Nein, du Liebe, du hast nichts falsch gemacht«, antworteten die Engel. *»Aber du bist ungeduldig, weil du diesen Übergang hinter dich bringen und mit einem neuen Leben weitermachen willst. Das ist verständlich. Es gibt jedoch für alle Ereignisse ein göttliches Timing, und das liegt in Gottes Hand. Und für eine Kündigung deines jetzigen Jobs ist die Zeit noch nicht ganz reif. Wir bitten dich, Geduld zu haben, mit dir, mit uns, mit den äußeren Umständen, mit dem Himmel. Wenn ihr um eine große Veränderung bittet, in eurem Beruf oder in einem anderen Bereich, dann überprüfen wir sofort, welche Bedingungen dafür notwendig sind. Es verhält sich mit einem neuen Leben oder einem neuen Berufsweg ähnlich wie mit einem Gebäude, das nur schrittweise in einer bestimmten Reihenfolge errichtet werden kann, damit es stabil und sicher steht. In deinem Fall ist die Konstruktion deines neuen Lebens noch nicht ganz abgeschlossen. Du hattest auch nicht genug Zeit, um all die Veränderungen ganz zu begreifen, die mit dem Abschluss deines*

alten Lebens einhergehen. Dies wäre kein guter Zeitpunkt für dich, um in deiner Arbeit einen großen Wechsel zu vollziehen. Du könntest keinem deiner Lebensbereiche wirklich gerecht werden. Das würde deine weitere Entwicklung eher behindern.

Vertraue darauf, dass wir um deinen Herzenswunsch wissen und dass wir darauf hinarbeiten, dich und deine neuen Lebensumstände bestmöglich vorzubereiten. In wenigen Monaten wirst du dein neues Selbst und die nächsten Schritte in deinem Leben besser verstehen. Bis dahin empfehlen wir dir, einen offenen Geist zu bewahren und weiter an den Themen dranzubleiben, die dich am meisten interessieren. Wichtig ist, dass es dich fasziniert, und nicht, ob es zu deinem gegenwärtigen Leben passt oder nicht. Deine Freude am Lernen dieser Dinge wird dich zu deinem neuen Berufsweg führen.«

In dem Wissen, dass die Engel sie sehr wohl hörten und sie nur noch etwas Geduld üben müsse, ging Carla leichteren Herzens nach Hause. Sie sagte, die Botschaften der Engel hätten sie inspiriert, vertrauensvoller abzuwarten und sich bis dahin den Lektionen zu widmen, die ihre Scheidung und ihre gegenwärtige Arbeit für sie bereithielten.

△ Himmlischer Rat
Verzweifeln Sie nicht, wenn eine neue Arbeit oder eine neue berufliche Richtung nicht sofort auftaucht. Es kann eine Weile dauern, bis die richtigen Umstände zusammenkommen. Hinter allem steckt ein göttliches Timing.

Himmlischer Rat bei starker Abneigung gegen einen Job

Manche Menschen ziehen es nie auch bloß in Erwägung, den verhassten Job zu verlassen. Sie halten es vielleicht für kindisch, darüber nachzudenken, ob die eigene Arbeit erfüllend ist und

Freude bereitet. Vielleicht liegt die Vorstellung, es müsse schwer und mühevoll sein, sich seinen Lebensunterhalt zu verdienen – ja, es sei sogar gottgewollt –, an unserem puritanischen Erbe.

Aber die Engel sagen, Gott will nicht, dass wir in irgendeiner Weise leiden. Es entspricht nicht Gottes Plan für die Menschheit, dass Arbeit eine mühsame Last ist. Die Engel wollen, dass wir eine befriedigende Arbeit finden, bei der wir glücklich sind, unseren wahren Neigungen und Interessen nachgehen und der Welt dienen können. Gott und die Engel werden Sie in jeder Hinsicht unterstützen, wenn Sie dieses Ziel anstreben.

Die Engel und ich versuchten dies auch dem alleinstehenden Sozialarbeiter Clarence zu vermitteln. In keinem meiner Klienten hatte ich je eine so niedrige Lebensenergie gespürt. Seine Stimme klang so matt, als wäre er bis in seine Seele hinein erschöpft. Man brauchte nicht medial begabt zu sein, um zu erkennen, dass er unter extremem Burn-out litt. Schon sein Beruf war ein Hinweis darauf, woran es liegen könnte: Sozialarbeiter sind oft mit schweren Fällen konfrontiert und arbeiten mit vielen hochemotionalen und instabilen Familiensituationen. Doch Clarence klang, als habe er sich weit über seine Grenzen hinaus verausgabt. Er lief herum wie ein Zombie. Alles, was mir meine Engel zeigten, bestätigte diesen Eindruck.

Ich äußerte, wie erschöpft er aussehe. Clarence reagierte defensiv: »Was erwarten Sie denn? Ich bin Sozialarbeiter, da ist das normal.«

Ich fragte Clarence, ob er je darüber nachgedacht habe, den Beruf zu wechseln. Er bremste mich schnell aus. »Meinen Beruf wechseln? Etwas anderes machen? Klar habe ich darüber nachgedacht. Wer tut das nicht? Es ist immer nett, von einem besseren Leben zu träumen. Aber bleiben wir mal realistisch: Niemand mag seine Arbeit. So ist das nun mal. Man arbeitet, um Geld zu verdienen, um kranken- und rentenversichert zu sein. Es stimmt, ich kann meine Arbeit nicht ausstehen. Aber so geht es

doch den meisten, oder? Ich bin da nicht der Einzige. Schließlich muss man ja irgendwie seinen Lebensunterhalt verdienen,
oder? Und ich unterstütze noch meine kranke Mutter.«

Clarences Negativität ging mir zunächst etwas auf die Nerven.
Ich fragte mich, ob er wild entschlossen sei, im Elend zu verharren, und die Hilfe der Engel ablehnen würde. Doch dann folgte
ich dem – aus meiner Sicht – besten Weg und fragte die Engel
um Rat, wie ich zu diesem unglücklichen Mann durchdringen
könnte. Ich spürte sofort, wie ihre Energie mich beruhigte.

»Clarence«, sprach ich ihn an, »viele Leute mögen ihren Job. Sie
wachen morgens auf und freuen sich, zur Arbeit zu gehen. Ich
meine damit nicht Workaholics, sondern einfach Menschen, die
aus einer Tätigkeit, die sie gerne machen, die nötige Kraft schöp-
fen, um sie zu tun.«

»*Du erwartest, dass deine Arbeit belastend ist*«, sagten die Engel
liebevoll zu ihm. »*Aber so hat es Gott nicht für seine Kinder vorgesehen. Du hast gesehen, wie deine beiden Eltern unter ihrer Arbeit
litten, und seitdem betrachtest du Arbeit als etwas Leidvolles. Doch
für deine Eltern war es ein Teil ihres spirituellen Wegs, um dir ein
besseres Leben zu ermöglichen. Für sie waren es letztlich lohnende,
erfüllende Jobs. Hast du nicht die Größe ihrer Liebe zu dir gespürt?
Wie hätten sie so voller Liebe sein können, wenn ihre Arbeit für sie
so leer gewesen wäre?*«

Clarence dachte über die Frage nach. »Ich weiß nicht, keine
Ahnung«, sagte er wiederholt. Ich sah, dass er den Botschaften
der Engel immer noch Widerstand entgegenbrachte.

»*Denke einmal an deine Freunde: Sie haben eine Arbeit, die sie
anregt und befriedigt, auf die sie stolz sind. Das wünschen wir uns
auch für dich. Versuche, den Mut zu finden, um daran zu glauben,
dass Arbeit Freude machen und Erfüllung bringen kann. Und dann
lass uns dir helfen, dich zu führen.*«

Clarence wirkte immer noch ungläubig und ich spürte sinken-
den Herzens, dass er dem Rat der Engel nicht folgen würde. Lei-

der hatte ich recht. Von einer Freundin hörte ich später, er habe nach unserer Sitzung gesagt, das sei alles Engelquatsch gewesen. Er blieb in seinem Job und veränderte nichts. Wenige Jahre später starb er an einem Schlaganfall.

Wenn Clarence Arbeit nicht als Last, sondern so wie die Engel als einen Weg zur Erfüllung hätte sehen können, wäre er frei gewesen, sich eine Arbeit zu suchen, die ihn vielleicht gerettet und ihm noch viele sinnerfüllte Jahre beschert hätte.

⌂ Himmlischer Rat
Schauen Sie auf Menschen, von denen Sie wissen, dass sie sich in ihrem Beruf und bei ihrer Arbeit wohlfühlen. Lernen Sie, dass Arbeit nicht freudlos oder leidvoll sein muss. Folgen Sie dem Beispiel Ihrer Freunde und suchen Sie sich die erfüllende Berufung, die Sie verdienen.

Himmlischer Rat bei arbeitsbedingtem Stress

Stress, vor allem beruflicher Stress, ist eine der häufigsten Todesursachen der heutigen Zeit. Er verursacht Schlaganfälle, Herzinfarkte, Verdauungsstörungen und Atembeschwerden, an denen jedes Jahr Millionen sterben. Arbeitsstress ist ein häufiger Grund für Scheidungen, Kindesmissbrauch, Alkoholismus, Drogensucht, Suizid und psychische Erkrankungen. Die Kosten von Arbeitsstress sind gesellschaftlich und individuell kaum zu kalkulieren.

Vor allem in Zeiten wie jetzt, wo sich viele Unternehmen verkleinern und die verbliebenen Mitarbeiter jeweils die Arbeit für zwei oder drei machen müssen, steigt der Leistungsdruck enorm an. Kein Wunder, dass so viele Menschen das Gefühl haben, in der Tretmühle festzustecken und von morgens bis spätabends nur von einer Sache zur nächsten zu hetzen. Zum Stress durch viel Arbeit kommen Faktoren wie Langeweile, schwierige Chefs, Lärm, lange Arbeitswege, Spannungen unter Kollegen, Anforderungen der Familie und finanzielle Belastungen.

Die Engel wissen noch mehr über die negativen Auswirkungen von Stress als wir und wollen uns helfen, weniger unter Druck zu leben. Wenn Ihre Schutzengel merken, dass Sie unter Stress leiden, werden sie Ihnen Tipps zur Stressreduktion ins Ohr flüstern. Dann haben Sie vielleicht plötzlich den Drang, einen Tag draußen in der Natur zu verbringen, ins Museum oder zu einem Sportereignis zu gehen, einen Film mit einer Komödie auszuleihen und den Abend lachend auf dem Sofa zu verbringen oder in der Mittagspause einen schnellen Spaziergang durch den Park zu machen, was auch immer auf Sie entspannend wirkt.

Wenn Sie nicht wissen, dass diese Botschaften vom Himmel kommen, tun Sie sie vielleicht als Neigung zur Faulheit oder als fromme Wünsche ab. Doch wenn Sie den Mut aufbringen, diesen inneren Stimmen der Engel zu folgen, befreien Sie sich nicht nur vorübergehend vom Druck, unter dem Sie sonst leben, sondern verbessern wahrscheinlich auch Ihre Kreativität und Produktivität.

Sophia, siebenundvierzig Jahre alt und Chefsekretärin in einer Kaufhauskette, rief mich wegen eines Termins an, äußerte jedoch gleich, dass sie keine Zeit für ein persönliches Treffen habe. »Ich brauche Hilfe«, sagte sie. »Ich habe das Gefühl, ich werde langsam verrückt. Mein Job bringt mich noch um.«

Sophia erklärte, ihre Arbeit für den Regionalleiter des Unternehmens habe sie ursprünglich gern gemacht. »Doch dann wurden wir von einem anderen Unternehmen übernommen. Die haben ein Drittel der Belegschaft entlassen, und der Rest von uns musste deren Arbeit mit erledigen.«

Ihr waren noch zwei Chefs zugeteilt worden, denen sie zuarbeiten sollte. Ihre Arbeit hatte sich verdreifacht. »Das Schlimme ist, jeder meiner Chefs erwartet immer, dass ich sofort alles stehen und liegen lasse, was ich für die anderen tue, um mich seinen Aufgaben zuzuwenden, selbst wenn ich gerade mittendrin bin, für einen der anderen etwas Dringendes zu erledigen. Ich nehme praktisch jeden Abend Arbeit mit nach Hause.«

Die Situation wurde noch verschlimmert, weil Sophias Mann verärgert war, dass sie nicht mehr so viel Zeit für ihn hatte. Er wollte, dass sie kündigte. Sophia fürchtete, keine andere Arbeit zu finden, die so gut bezahlt war. »Wir streiten uns ständig darüber. Aber was kann ich tun? Der Stress, alles hinzukriegen und es gut zu machen, frisst mich allmählich auf. Ich bin kürzer angebunden mit anderen Menschen, ich fühle mich ständig müde und gereizt und sage oft Dinge, die ich eigentlich nicht sagen will. Ich bin auch häufig niedergeschlagen. Ich fange an, mich inkompetent zu fühlen, und denke manchmal, diese Mühe ist es nicht wert. Manchmal möchte ich mich bloß noch hinlegen und sterben. Seit der Fusion ist es mir nicht mehr gut gegangen.«

Die Engel sagten ihr: »*Freude zu haben ist eine Notwendigkeit, kein Luxus. Dein Wunsch, es allen recht zu machen, ist nur ein Ausdruck deines liebevollen Wesens. Doch wenn du deine Grenzen überschreitest, gehst du nicht liebevoll mit dir und deiner Familie um. Wir raten dir einfach zu Folgendem: Erledige alles, wofür du verantwortlich bist, während deiner Arbeitszeit, bitte deine Kolleginnen um Hilfe, wo immer es möglich ist, und nimm sie auch an – und lass deine Arbeit im Geschäft, wenn du abends nach Hause gehst.*«

»Aber ich schaffe nicht alles, wenn ich abends nichts mit nach Hause nehme«, protestierte Sophia.

»*Indem du das tust, unterstützt du die Überstunden-Politik und die frustrierende Situation in deiner Firma*«, fuhren die Engel fort. »*Die anderen können nicht sehen, dass du Hilfe brauchst, wenn du ihnen vorenthältst, wie unmöglich es ist, alles zu schaffen. Wir raten dir, tagsüber fleißig zu arbeiten und dich abends zu Hause auszuruhen und deine Freizeit zu genießen. Und dann schau, was sich daraus ergibt. Dein ursprünglicher Chef wird mit dafür sorgen, dass du Hilfe erhältst, denn er hat dich gerne als seine persönliche Assistentin, glaub uns.«*

Ich fügte hinzu: »Ihre Engel sagen, dass Sie eine Pause brauchen, um sich von dem ständigen Stress auszuruhen. Können Sie zwei oder drei Tage freinehmen und sich wirklich ausruhen? Das ist die Antwort, sagen die Engel.«

Sophia sagte, sie und ihr Mann hätten schon daran gedacht, mal ein langes Wochenende am Meer zu verbringen. Ich empfahl ihr dringend, es nicht weiter hinauszuschieben. Ich habe oft gehört, dass die Engel solchen überarbeiteten Menschen Auszeiten verordnet haben. Manchmal empfehlen sie einen Urlaub, manchmal reicht einfach ein freier Tag oder regelmäßig ein Abend in einem netten Restaurant oder bei einem Konzert. Meistens empfehlen die Engel jedoch, Zeit in der Natur zu verbringen, am Meer, an einem See, in den Bergen oder im Wald. Sie wissen, der Kontakt mit der Natur ist Balsam für erschöpfte Seelen und hilft den Menschen, wieder mit Gott in Verbindung zu kommen.

In Sophias Fall verordneten die Engel auch körperliche Bewegung. Sie zeigten mir Bilder von Sophia beim Joggen und sagten ihr durch mich, dass es Zeit wäre, regelmäßig Sport zu treiben. »Ihre Engel sagen, Ihr Vater sei mit achtundvierzig an einem Herzinfarkt gestorben«, sagte ich, worauf Sophia zustimmend nickte.

»Du bist selbst fast in dem Alter, und es ist jetzt besonders wichtig, dich um dein Herz und deinen Kreislauf zu kümmern. Der Stress, dem du in deiner Firma ausgesetzt bist, ist das eine. Dazu kommt deine Sorge um die Gesundheit deines Herzens. Wenn du Sport treibst, wirst du dich weniger um deine Gesundheit sorgen, und wenn du dich weniger sorgst, wird es tatsächlich deiner Gesundheit zugute kommen.«

Anderen Klienten haben die Engel andere Ratschläge zum Umgang mit Arbeitsstress gegeben, darunter Arbeitsplatzwechsel; Fortbildungen, um in einen anderen Beruf zu wechseln; einen Umzug oder Fahrgemeinschaften gegen den Stress langer Arbeitswege; der Verzicht auf (zu viel) Kaffee, Alkohol oder Nikotin; andere Zeitpläne für die Kinder, die Babysitter oder Ehepartner, um Hektik am Morgen oder am Abend zu vermeiden, und die Delegation von Verantwortung.

🔔 Himmlischer Rat
Erholung ist eine Notwendigkeit, kein Luxus. Nehmen Sie sich eine Auszeit und lassen Sie den Stress los. Gehen Sie in die Natur oder tun Sie sonst etwas, woran Sie Freude haben.

Himmlischer Rat, um einen unangenehmen Job angenehmer zu machen

Natürlich geht es nicht immer darum, aus unangenehmen Jobs auszubrechen, um nach grüneren Weiden zu suchen. Manchmal gibt es Verpflichtungen, die diesen Weg nicht zulassen. In solchen Fällen – so raten die Engel – kann es in Ihrem Interesse sein, herauszufinden, wie Sie die Situation so verwandeln können, dass sie Ihren Wünschen eher entspricht. Es spielt keine Rolle, ob es sich um einen extrem fordernden Chef, boshafte Mitarbeiter, unerträglichen Lärm, einen Mangel an beruflichen Entwicklungsmöglichkeiten, die Geschäftspolitik, zu hohen Arbeitsdruck, langweilige Aufgaben oder unmoralische Geschäftspraktiken handelt. Die Engel meinen, wenn Sie darauf aus sind, die Dinge zum Besseren zu wenden, ist es oft möglich, eine Situation zu beeinflussen und die grüneren Weiden sozusagen in ihren eigenen Garten zu holen.

Heutzutage wollen sich so viele Leute beruflich verändern, dass häufig Menschen zu mir kommen, die woanders nach einem Job suchen, ohne sich Gedanken gemacht zu haben, wie sie ihre jetzige Arbeitssituation für sich angenehmer gestalten könnten.

Zu diesen Menschen gehörte auch Trina, ein Twen. Sie arbeitete als qualifizierte Gebäudeverwalterin in einer Farbenfabrik, in der es die Verantwortlichen profitabler fanden, den giftigen Müll einfach in den Fluss zu leiten und ab und zu Strafen dafür zu zahlen, als ihre Abfälle dem Gesetz entsprechend zu entsorgen und die Umwelt zu schützen. Trina litt unter diesen Gepflogenheiten ihres Unternehmens und schämte sich oft, anderen zu sagen, wer ihr Arbeitgeber war. Das Unternehmen hatte sie schon im College angeheuert. Damals hatte sie noch nicht überschaut, worauf sie sich einließ. Jetzt arbeitete sie schon mehrere Jahre lang dort und träumte seit Langem davon, einfach zu kündigen.

Trina wollte sich beraten lassen, wie sie eine weniger widerwärtige Arbeitssituation finden könnte. »Ich will meinen Lebensunterhalt nicht damit verdienen, dass die Umwelt belastet wird«, erklärte sie. »Ich möchte lieber etwas tun, das besser zu meinen Überzeugungen passt, damit ich mich dabei gut fühlen kann. Mein Mann sitzt jedoch seit einem Autounfall im Rollstuhl, sodass ich für uns beide das Geld verdienen muss. Ich kann erst kündigen, wenn ich etwas anderes gefunden habe.«

Seit fast einem Jahr hatte Trina erfolglos nach einer anderen Arbeit gesucht. Sie hatte es auch bei Arbeitsvermittlungen, Netzwerkgruppen und Internet-Chatrooms probiert und unzählige Bewerbungen verschickt. »Aber nichts hat geklappt«, klagte sie. »Ich stecke in einem Job fest, den ich hasse, und das macht mich noch elender. Ich habe es sogar mit Beten versucht, aber das hat auch zu nichts geführt. Haben Sie sonst irgendwelche Vorschläge?«

Trinas Engel fingen sofort an, mit mir zu kommunizieren. Sie redeten so schnell, dass ich trotz meines jahrelangen Trainings kaum mitkam. Ich warnte Trina vor: Die Engel hätten zwar einen Rat für sie; sie solle sich jedoch wappnen, denn es sei wahrscheinlich etwas anderes, als sie erwartet hatte.

»Du hast keine andere Arbeit gefunden, weil du diesen Job noch nicht verlassen sollst. Du bist aus einem bestimmten Grund in dieser Position, und du hast dort noch etwas Wichtiges zu tun und einen bedeutenden Beitrag zu leisten. Du kannst nicht eine spirituell und moralisch falsche Sache wie Umweltverschmutzung einfach hinter dir lassen, ohne zu versuchen, die Situation zu verbessern, und gleichzeitig erwarten, dass du zu einer spirituell und moralisch richtigen Arbeit geführt wirst, die dir Frieden und Erfüllung schenkt. Du musst dich an der Lösung dieser Situation beteiligen, bevor dein Werk dort fertig ist.«

Die Engel baten Trina, ihre Position als Gebäudeverwalterin zu nutzen, um ihren Vorgesetzten zu zeigen, dass eine sensiblere Berücksichtigung der Umwelt langfristig kostengünstiger sei. Zuerst konnte Trina sich das überhaupt nicht vorstellen. Ihre Stellung sei viel zu unbedeutend, sie sei völlig hilflos, was das Verhalten ihres Unternehmens beträfe, und es würde sowieso niemand auf sie hören, weil sie keine Expertin sei.

Die Engel hatten natürlich eine Antwort darauf. *»Du wirst ihnen die finanziellen Vorteile nachweisen, nämlich dass eine verbesserte Abfallentsorgung sie billiger kommt als die regelmäßigen Strafgebühren. Wir werden dich zu all den entsprechenden Informationen führen, sodass dein Bericht gut aufgenommen wird. Du brauchst dich bloß einverstanden zu erklären, dieses Projekt durchzuziehen. Wir machen dann den Rest.«*

»Ich habe ja schon mal in diese Richtung gedacht«, gestand Trina. »Es fühlt sich wirklich nicht richtig an, die Farbenfabrik zu verlassen, ohne die Situation verbessert zu haben. Wenn Sie und die Engel mir zeigen, was ich tun soll, will ich es versuchen.« Sie lachte kurz auf. »Ich habe ohnehin nicht viel zu verlieren.«

Die Engel bestätigten nochmals, dass sie Trina Schritt für Schritt führen würden. Sobald sie die ersten Schritte unternehme, würden die Engel dafür sorgen, dass ihr alles Erforderliche zur Verfügung stand, um die Sache erfolgreich vor der Geschäftsleitung zu präsentieren.

Ich sah, dass Trina sich der Sache noch nicht ganz sicher war, aber sie willigte ein, noch am selben Abend im Internet zu recherchieren, wie viel die Firma in den letzten zehn Jahren an Strafen gezahlt hatte. »Aber nur, wenn ich Sie anrufen und um Rat fragen kann«, erklärte sie. Ich nickte zustimmend.

Bemerkenswerterweise kontaktierte Trina mich nie wieder. Ich fragte mich schon, was wohl aus ihr geworden sei und ob sie wohl den Auftrag der Engel weiter verfolgt hatte. Viele Monate später begegnete ich ihr auf einem Flughafen. Es hatte geschneit und alle Flüge hatten Verspätung. Ich hatte mir etwas zu trinken geholt, und als ich mich umdrehte, um einen Tisch zu suchen, stand Trina hinter mir. Sie strahlte und fing an, mir begeistert zu erzählen, wie es weitergegangen war.

»Es war unglaublich, was nach der Sitzung mit Ihnen passiert ist. Ich wollte Sie eigentlich ein paar Tage später anrufen, um zu fragen, wie ich denn anfangen soll. An jenem Abend stellte ich jedoch eine einzige Frage auf eine Mailing-Liste und erhielt eine Flut von Informationen. Die Leute schickten mir Website-Adressen und fotokopierte Zeitungsartikel. Ich erhielt praktisch eine Grundausbildung in Umweltrecht und jede Menge Tipps über erfolgreiche Strategien, um Unternehmen davon zu überzeugen, dass es in ihrem eigenen Interesse liegt, ihre Verpflichtungen gegenüber der Umwelt wahrzunehmen. Wann immer ich die Puste verlor oder nicht mehr weiterwusste, kam eine E-Mail mit genau den Informationen oder Fakten oder Ermutigungen, die ich brauchte. Es war, als hätte ich ein unsichtbares Forscherteam hinter mir. Das war wohl auch so. Ich glaube, die Engel haben mir geholfen. So hatte ich bald alles Nötige zusammen, um unzweifelhafte Fakten und Zahlen zu präsentieren und Schritt für Schritt darzulegen, wie viel Geld wir jedes Jahr für Strafgebühren ausgeben und wie viel weniger es uns kosten würde, mit den neuesten Entsorgungstechnologien den Umweltgesetzen zu entsprechen. Mir zitterten die Knie, als ich in die Besprechung ging, wo ich meine Informationen vorstellen sollte. Als ich den obersten Geschäftsführer und den Leiter der Rechnungsabteilung dort sitzen und so ernst und offiziell dreinschauen sah, hätte ich am liebsten auf dem Absatz kehrtgemacht. Doch genau in diesem Augenblick ging mir etwas aus unserer Sitzung wieder durch den Sinn, das ich bis dahin vergessen hatte. Die Engel hatten gesagt, ich bräuchte die Informationen nur vorzustellen – sie würden dann den Rest erledigen. Ich fühlte mich sofort ruhiger. Mir wurde wohl klar, dass die Sache eigentlich in ihren Händen lag. Oder in irgendjemandes Händen. Jedenfalls nicht in meinen. »Was soll's?!«, dachte ich. »Ich mag den Job eh nicht.« Ich händigte den Anwesenden Kopien meines Berichts aus und begann meine Präsentation. Ich schloss mit der Bemerkung, wir würden nicht nur Jahr um Jahr Millionen Dollar sparen, sondern könnten auch den Gewinn einer guten, kostenlosen Öffentlichkeitswirkung einstreichen. Als ich fertig war, sah ich mich um. Ich erwartete leere oder abweisende Gesichter, aber der Geschäftsführer und der Leiter der Rechnungsabteilung sahen einander an und nickten. Vielleicht flüsterten ihnen die Engel etwas ins Ohr, denn unsere Chefs wollen wirklich das meiste von meinen Vorschlägen umsetzen.«

Trina wurde mit der Leitung des neuen Programms beauftragt und erhielt mehr Gehalt. Jetzt mag sie ihre Arbeit und denkt nicht mehr an Kündigung.

⌂ Himmlischer Rat

Gott hilft denen, die versuchen, sich selbst zu helfen, indem sie probieren, einen unangenehmen Job zu verbessern. Schauen Sie genau hin, bevor Sie einen Job abschreiben, mit dem Sie nicht glücklich sind. Vielleicht lässt sich mit einem gewissen Einsatz ja etwas daraus machen.

Himmlischer Rat bei Konflikten mit Kollegen

Nichts kann einen guten Job schneller zur Hölle machen als Kollegen oder Chefs, mit denen Sie nicht auskommen oder die mit Ihnen nicht auskommen. Die Belastung durch eine Arbeit ist oft groß genug, auch ohne Streit und Konflikte. Vielleicht sind Sie in einer Situation, wo Sie sich immer wieder in die Haare kriegen, sosehr Sie es auch zu vermeiden suchen. Oder jemand mochte Sie einfach von Anfang an nicht. Wenn jemand den ganzen Tag lang mit Ihnen aneinandergerät, werden daraus schnell Stress, Anstrengung und Unzufriedenheit. Im schlimmsten Fall wirkt sich das auch aufs Familienleben und die Beziehung zum Partner aus.

Zum Glück gibt es himmlische Hilfe für solche Situationen, wie auch mein Klient Lars erleben konnte. Er war zu einer Engelsitzung gekommen, weil er mit seiner Arbeitssituation unglücklich war. Er war Grundschullehrer und klagte darüber, dass seine neue Direktorin Anita ihm das Leben schwer machte.

»Ich weiß nicht, woran es liegt, aber Anita scheint mit mir Probleme zu haben. Sie regt sich über alles auf, was ich sage. Bei Kollegiumssitzungen lässt sie keine Gelegenheit aus, mich vor allen schlechtzumachen. Wenn ich versuche, ihr aus dem Weg zu gehen, habe ich das Gefühl, sie verfolgt mich. Sie hat mich sogar schon zu Hause angerufen, um mich wegen irgendetwas zu beschimpfen, das ihr nicht gefiel. Ich halte das nicht mehr aus. Ich weiß, ich breche bald zusammen. Und ich fürchte mich davor, ihr Kontra zu geben, weil ich noch nicht fest angestellt bin.«

Lars meinte, er sei noch nie zuvor in so einer Situation gewesen. Mit der vorigen Schulleiterin hatte er sich sehr gut verstanden, genauso wie mit den anderen Lehrern und den meisten Schülern. Er konnte sich den Konflikt mit der neuen Direktorin einfach nicht erklären. »Diese Frau scheint mich von Anfang an nicht gemocht zu haben«, schloss er und bat die Engel um Rat.

Ich wiederholte mehrfach den Namen Anita, um mit den Engeln der Direktorin Kontakt aufzunehmen. Ich sah das Bild einer Frau, die heftig mit Lars stritt. Hinter Anita erkannte ich eine Gestalt, von der ich sofort wusste, dass es Anitas verstorbener Vater war, der zu einem ihrer Schutzengel geworden war. Ich sah auch eine ältere Frau, ihre Großmutter mütterlicherseits, die mir erklärte, dass sie ihre Enkelin während ihrer ersten Monate als Schulleiterin zusätzlich unterstütze.

Beide Engel sprachen zu Lars: »*Anita geht gerade durch einen schweren Scheidungsprozess inklusive einem Sorgerechtsstreit um die Kinder. Sie leidet an gebrochenem Herzen, weil ihr Mann sie wegen einer anderen Frau verlassen hat. Allein deine Anwesenheit ist für sie schmerzhaft, weil du ihrem Mann so stark ähnlich siehst. Es handelt sich um eine reine Projektion, in der Anita ihren Zorn auf ihren Mann an dir auslässt.*«

Lars war sichtlich überrascht und zweifelte ein wenig. Mit so etwas hatte er nicht gerechnet. Er hatte nie das Geringste über das Privatleben der neuen Direktorin gehört und wusste nichts von einer Scheidung. Später bestätigte sich jedoch alles, was die Engel an jenem Tag sagten.

»*Diese Art von Projektion ist oft die Ursache für sogenannte ›natürliche Antipathien‹, das heißt, wenn Menschen schon bei der ersten Begegnung eine Abneigung gegeneinander verspüren. Wir sehen, dass das zwischen Menschen recht häufig geschieht*«, erklärten die Engel weiter. »*Und es ist klar, warum das passiert: Ihr zieht die Menschen an, die euch helfen können, zu vergeben. Anita ist in dein Leben getreten, weil sie durch dich lernen kann, ihrem Mann und der Situation zu vergeben. Betrachte diese Angelegenheit nicht als Prüfung, sondern mit Geduld. Es ist eine Gelegenheit zu einer großen Heilung. Wann immer du Anita siehst oder an sie denkst, richte deine Absicht darauf aus, ihr zu helfen. Sende ihr Gedanken der Liebe, statt dich in Gefühle von Angst und Groll zu vergraben, die das Kranke an der Situation nur noch verstärken. Denke buch-*

stäblich: ›Ich liebe dich, Anita, und ich vergebe dir.‹ Und du wirst sehen, dass die Situation auf eine Weise heilen wird, die jenseits deines Vorstellungsvermögens liegt.«

»Ich soll sie also in Grund und Boden lieben?«, fragte Lars mit gequältem Lächeln. Er war noch nicht ganz überzeugt, aber er war bereit, alles zu versuchen, was auch nur die geringste Hoffnung bot. Er versprach, mich auf dem Laufenden zu halten.

»Ich musste mich am Anfang wirklich zwingen, liebevoll an Anita zu denken«, berichtete er zwei Monate später. »Aber ich bin wohl ziemlich stur, denn ich blieb dran, obwohl ich anfangs keine Veränderungen bemerkte. Ich muss zugeben, dass zumindest ich mich ein wenig besser fühlte, obwohl mich Anita immer noch schlecht behandelte. Und dann geschah eine Art Wunder: Anita und ich saßen in ihrem Büro und hatten ein langes Gespräch. Es fing nicht besonders gut an, aber ich konzentrierte mich darauf, ihr zuzuhören und gute Gedanken zu denken. Und plötzlich wurde sie ganz offen und begann, mir von ihrer Scheidung zu erzählen, von ihrem Mann und den Kindern. Sie zeigte mir ein Foto ihrer Familie, und ich erschrak selbst, wie sehr ihr Mann und ich uns ähneln. Nach einer Weile empfand ich wirklich Liebe für diese Frau – natürlich keine romantische, sondern mitfühlende Liebe. Nach der Schule sind wir zusammen einen Kaffee trinken gegangen. Ich fange an, Anita fast als eine Art Freundin zu betrachten.«

Lars sagte, er sei den Engeln sehr dankbar für die Art, wie sie seine Probleme mit seiner Chefin geheilt hatten. Er war froh, gelernt zu haben, solchen Konflikten mit Liebe zu begegnen, und wollte diesen Ansatz jetzt auch auf andere Situationen anwenden. Er versucht es bereits mit seinen schwierigsten Schülern.

△ Himmlischer Rat
Denken Sie daran: Mindestens einer von Ihnen ist in das Leben des anderen getreten, um etwas zu lernen. Projizieren Sie liebevolle Gedanken auf die andere Person. Früher oder später wird sich manifestieren, für wen die Lektion ist und worin sie besteht.

Himmlischer Rat bei finanziellen Schwierigkeiten

Viele Menschen sparen und kratzen ihr Leben lang jeden Cent zusammen, in beständiger Angst, es könnte nicht genug Geld da sein, um für sie und ihre Lieben zu sorgen oder für eine eventuelle Krise gerüstet zu sein. Neben Sex sind die Finanzen eines der Hauptthemen für Ehestreitigkeiten. Viele Paare und Familien zanken sich darüber, wie Geld ausgegeben werden soll, wer das Geld verdient oder wer das meiste Geld verdient und wie viel und wobei man sparen sollte.

Geldsorgen können zu einer körperlichen und psychischen Belastung werden und dazu führen, dass man das wirklich Wichtige aus den Augen verliert: Freunde, Familie, Freizeit, Kinder oder innere Erfüllung. Jeder hat es schon erlebt, dass gewöhnlich fröhliche Leute plötzlich niedergeschlagen und ruppig werden, weil sie finanzielle Sorgen haben. Es ist schwer, das Leben zu genießen, wenn man nicht weiß, wie man den nächsten Einkauf oder die Miete des folgenden Monats bezahlen soll, woher das Geld für die neuen Autoreifen oder für die Zahnspangen der Kinder kommen soll.

Nur Mut! Die Engel sagen, jeder hat eine spirituelle ATM* in seinem Inneren ATM heißt bei ihnen »Automatic Thought Mani-

---

* Anm. d. Übers.: ATM ist das amerikanische Kürzel für Geldautomaten.

fester« (Automatischer Gedanken-Manifestierer). Das bedeutet, dass Ihre Gedanken zusammen mit Gottes Gedanken starke Kräfte sind, die das Geld, das Sie brauchen, in Ihren Orbit bringen können. Nur Ihre Überzeugung, dass Sie nicht genug Geld haben werden oder dass Sie es nicht verdienen, mehr zu haben, entscheidet darüber, ob Sie finanzielle Fülle oder Armut erleben. Charmaine, eine meiner spirituellen Schülerinnen, litt unter ihrer finanziellen Situation. Sie und ihr Mann Floyd besaßen eine kleine Saftbar. Der Laden lief zwar, aber ihr Einkommen war nur gering und reichte gerade zum Überleben. »Wir scheinen nie genug Geld zu haben«, sagte Charmaine. »Unser gesamtes Einkommen geht für Lizenzgebühren, Mitarbeiter, Steuern und Nebenkosten drauf.«

Das Paar träumte davon, auf der anderen Seite der Stadt in einem neuen Einkaufszentrum eine zweite Saftbar aufzumachen. Die beiden gingen davon aus, dass sich dadurch bei 50 Prozent Mehrkosten ihr Umsatz verdreifachen würde. Sie verfügten jedoch über kein Kapital, um einen weiteren Laden zu eröffnen. »Wenn wir das schaffen würden, wären wir auf dem Weg zu einem leichteren Leben«, meinte Charmaine.

Sie fragte die Engel, was sie tun sollten. Diese antworteten prompt: *»Floyd und du, ihr habt nicht wirklich das Gefühl, Fülle zu verdienen. Deshalb habt ihr noch nicht mehr Kunden in euer jetziges Geschäft gelockt, was euch helfen würde, das Geld für euren Traum zusammenzubekommen. Aus demselben Grund geht ihr mit euren Abrechnungen und eurem Papierkram nur ungeordnet um. Dabei übersehr ihr Möglichkeiten, Geld zu sparen und Geld zu verdienen.«*

Ich fragte Charmaine, ob daran etwas Wahres sei. Sie schaute mich erstaunt an. »Ich glaube schon. Manchmal liege ich nachts wach und schmiede Pläne, wie wir reich werden könnten. Doch dann denke ich: ›Das klappt doch nicht für dich, Charmaine. Du bist halt nur ein einfaches Mädchen.‹ Dabei spielt mein

College-Abschluss keine Rolle. Ich denke dann, Leute wie ich werden nicht reich. Andere Leute schon. Und ich bin mir fast sicher, dass Floyd genauso denkt.«

Die Engel gaben ihr folgenden Rat für finanzielle Fülle: »*Wenn Floyd und du absolut davon überzeugt seid, dass ihr Fülle verdient und sie erfahren werdet, dann werdet ihr feststellen, dass euer Einkommen zunimmt. Aber solange ihr eure gegenwärtige finanzielle Situation so hinnehmt, ist es euch unmöglich, mehr zu bekommen. Ihr müsst euch innerlich ganz und gar dafür entscheiden, eine andere, eine bessere Beziehung zum Geld zu haben. Entscheidet euch verbindlich dafür, für eure harte Arbeit einen guten Ausgleich zu verdienen. Entscheidet euch verbindlich dafür, dass ihr eine gut organisierte Buchhaltung verdient. Entscheidet euch verbindlich dafür, dass ihr es verdient, mehr Kunden anzulocken. Und es wird praktisch sofort so geschehen.*«

»Das klingt alles wunderbar«, meinte Charmaine, »aber wie schaffe ich es, das Gefühl zu haben, mehr zu verdienen, wenn ich jetzt schon damit Mühe habe?«

Ich gab ihr zwei Hinweise der Engel weiter: »*Denke daran, dass du nicht um Geld bittest, nur um einfach Geld zu haben. Du bittest um Geld, um deine grundlegenden Bedürfnisse zu befriedigen. Du möchtest Geld haben, um jene zu unterstützen, die du liebst. Warum sollte Gott etwas dagegen haben? Traue dich ruhig, um finanzielle Hilfe zu beten und sie anzunehmen, damit du deinen Lieben und anderen besser helfen kannst. Dazu gehört auch Geld für Ausbildung und Weiterbildung, für Reisen, Erfahrungen, Lebensunterhalt, Behausung, Geschäftsausgaben und dergleichen mehr. Zum Zweiten, Charmaine, hegst du keine egoistischen, erdgebundenen Absichten mit dem Geld. Du siehst es einfach als ein Mittel zum Zweck, deinen Lieben und anderen in der Welt zu helfen.*«

Charmaine senkte beschämt den Blick. »Könnte unsere finanzielle Bedrängnis daran liegen, dass es falsch ist, *mehr* haben zu wollen? Steht nicht in der Bibel, Geld korrumpiere und es sei leichter für einen Reichen und all diese Sachen? Ist es nicht Sünde, Geld haben zu wollen?«

Ich ergänzte lachend, sie meine wahrscheinlich die Aussage von Jesus, eher gehe ein Kamel durch ein Nadelöhr, als dass ein Reicher in den Himmel komme. Die Engel sagen mir, diese und ähnliche biblische Passagen seien nur als Warnung vor übermäßiger Gier nach Geld und Besitz zu verstehen. Jesus wollte die Menschen daran erinnern, Gott und nicht den Mammon als wahre Quelle von Fülle und Wohlstand zu erkennen.

Die Engel sagten zu Charmaine: *»Geld an sich ist weder richtig noch falsch. Es ist einfach ein Mittel, das zugunsten der Liebe und des Lichts eingesetzt werden kann – oder im Dienst der Angst und der Dunkelheit. Wenn du Ersteres wählst, wirst du den Rest deiner Tage belohnt werden wie eine Millionärin. Wenn du das Zweite wählst, wirst du immer das Gefühl haben, es sei nicht genug.«*

Mit dieser Rückversicherung war Charmaine bereit, es mit dem Rat der Engel zu versuchen.

Ich sah sie erst etwa anderthalb Jahre später wieder, als wir uns im Einkaufszentrum begegneten. Sie stand hinter dem Tresen der neuen Saftbar, die Floyd und sie dort eröffnet hatten. Die beiden waren dabei, ein drittes Geschäft in der Nähe einer stark frequentierten Bürogegend und gegenüber einem College aufzumachen. Sie berichtete, sie und ihr Mann hätten sich an den Rat der Engel gehalten. Beide beschlossen fest, nicht mehr von der Hand in den Mund zu leben. Gemeinsam hatten sie entschieden, dass sie es nicht erwarten könnten, finanzielle Fülle zu erleben, sofern sie ihr Geschäft nicht ordentlich führten. Sie stellten eine Buchhalterin an und fanden mehrere Bereiche, in denen sie Geld vergeudet hatten. Das bessere Management führte dazu, dass sie mehr Gewinn erwirtschafteten. Sie machten mehr Werbung für die gesundheitlichen Vorzüge von Frischsaft und gaben Schülerrabatte. Innerhalb von sechs Monaten verbesserte sich ihr Kontostand zunehmend. Nach einem Jahr reichte ihr Erspartes zusammen mit einem Bankkredit, dass sie den neuen Laden im Einkaufszentrum finanzieren konnten.

🔔 Himmlischer Rat
Seien Sie davon überzeugt, dass Sie Fülle verdient haben, und Sie werden Fülle erfahren. Seien Sie jetzt schon so gut organisiert, als würden Sie das Geld bereits haben.

8

Wie Sie himmlischen Rat empfangen können

Wenn Sie die Idee der himmlischen Ratschläge fasziniert und
Sie wissen möchten, wie Sie von Gott und den Engeln direkte
Empfehlungen empfangen können, dürfen Sie guten Mutes sein:
Ich habe gute Nachrichten für Sie.

Gott will Ihnen seinen Rat genauso gerne schenken, wie Sie ihn
empfangen möchten. Deshalb macht er es uns leicht: Himmlischer Rat wird Ihnen nicht nur bei einer Engelsitzung zuteil;
Sie können ihn direkt selbst empfangen, über den sechsten Sinn,
den Gott jedem verliehen hat, um seine Botschaften zu vernehmen (im Vorwort finden Sie eine vollständigere Erläuterung des
sechsten Sinns). Gott hat es uns so leicht gemacht, dass oft nur
eine einzige Übungssitzung reicht, um zu lernen, wie Sie sich
mithilfe Ihres sechsten Sinns himmlischen Rat zur Lösung Ihrer
persönlichen Probleme holen können.

Falls Sie zu den Menschen gehören, die meinen, alles im Leben
müsse irgendwie schwierig sein, fällt es Ihnen vielleicht schwer,
das so zu glauben. Wie in diesem Buch sowie in meinen anderen
Büchern zu lesen ist, sind Sie immer von Gott und den Engeln
umgeben; ständig lassen sie Ihnen Botschaften, Empfehlungen
und Ratschläge zukommen.

Möglicherweise verschließen Sie sich vor diesen Botschaften
der Engel, ohne es zu merken. Das kann verschiedene Gründe
haben: Erstens hören Sie vielleicht einfach nicht zu und wissen
nicht, wie Sie sich auf die Engel einschwingen können. Zweitens
könnten die himmlischen Botschaften von Ihren inneren emoti-

onalen Turbulenzen übertönt werden. Und drittens mögen Sie es vielleicht nicht, gesagt zu bekommen, was Sie tun sollen – auch nicht von Gott –, und so ignorieren Sie den Rat, obwohl er die Antwort auf Ihre Gebete birgt.

Durch fleißiges Üben des Fragens und Lauschens auf himmlische Antworten kann jedoch ausnahmslos jeder eine klarere, deutlichere Verbindung zu seinen Engeln aufbauen. Gott und seine Helfer werden Ihnen Schritt für Schritt dabei helfen, und sie wollen Sie wissen lassen, dass Sie hier und jetzt durchaus die Fähigkeit haben, ihre Botschaften zutreffend zu empfangen.

In diesem Kapitel werden Sie lernen, einige der Arten zu erkennen, wie Ihre Engel Ihnen Ratschläge zukommen lassen. Sie werden auch lernen, emotionale Störungen aufzulösen, die die Empfehlungen des Himmels blockieren oder verzerren können. Und Sie erhalten eine erprobte zweistufige Anleitung, mit deren Hilfe jeder in schwierigen Lebenssituationen um Führung bitten kann, wenn sie gebraucht wird.

Emotionale Läuterung: Das Freimachen des Wegs

Um den Rat der Engel zu empfangen, ist es wichtig, sich zuerst von allen aufwühlenden und negativen Emotionen zu befreien. Diese Arten von Emotionen verhindern den Zugang zu den vier Modalitäten göttlicher Kommunikation (siehe erstes Kapitel): Hellhören (Worte und Klänge); Hellsehen (Bilder); Hellfühlen (Gefühle und Empfindungen) und Hellwissen (ein plötzliches Wissen). Die himmlischen Ratschläge, die zu Ihnen herabgesendet werden, treffen auf all die dunkle, chaotische Energie und prallen wieder zurück nach oben. Sie können die Barriere der Negativität nur schwer durchdringen.

Die Engel raten Ihnen dringend, sich vor der Inanspruchnahme göttlicher Empfehlungen die erforderliche Zeit zu nehmen, um alle Ihre Unzufriedenheit oder Disharmonie aufzulösen. (In Notfällen sollten Sie natürlich einfach sofort um die nötige Hilfe bitten.) Sie sollten sich selbst dann die Zeit dafür nehmen, wenn Sie nicht den Eindruck haben, unter negativen Emotionen zu leiden. Viele Menschen tragen diese Gefühle tief in sich und bemerken sie erst, wenn sie innehalten oder wenn diese Gefühle durch einen Auslöser hochgeschwemmt werden.

Im Gegensatz zur Psychotherapie, in der oft erst langwierig nach den Ursachen für negative Gefühle geforscht wird, ist die emotionale Läuterung eine von den Engeln angebotene Meditation, die nach meiner Erfahrung Menschen hilft, sich schnell und selbstständig all der schädlichen emotionalen Lasten wie Ärger, Groll, Eifersucht und Verletztheit zu entledigen. Durch diese Meditation wird Ihr Herz frei und die positive Energie der göttlichen Liebe kann in Form von himmlischen Empfehlungen in Ihr Herz eindringen.

Nehmen Sie sich für die emotionale Läuterung mindestens eine halbe Stunde Zeit, in der Sie ungestört sind. Stellen Sie das Telefon ab, um jede Unterbrechung zu vermeiden. Wenn Sie mit anderen Menschen zusammenleben, können Sie auch ein »Bitte nicht stören«-Schild an die Tür hängen.

❧⟷

Setzen oder legen Sie sich bequem hin. Atmen Sie drei Mal sehr, sehr langsam und tief ein und aus.

Wenn es eine spirituelle Leitfigur gibt, zu der Sie ein besonderes Verhältnis haben – Jesus, Kuan Yin, Mohammed, Moses, Mutter Maria, der Große Geist, Vater Wind –, können Sie sie anrufen und bitten, um Sie zu sein. Ich selbst spreche in der Regel Jesus, die Erzengel Raphael und Michael und andere heilende und klärende Engel an.

Sagen Sie zu Ihren himmlischen Begleitern laut oder leise: »Ich erlaube euch jetzt, in mein Herz zu kommen. Ich bitte euch, jetzt in mein Herz zu kommen und mich emotional zu klären. Ich bitte euch, mein Herz von allem Ärger zu läutern, an dem ich festhalte.«

Verweilen Sie dann ein paar Momente in Stille und spüren Sie die Engel in Ihrem Herzen. Es fühlt sich ähnlich an wie Wellen von Energie. Vielleicht zuckt Ihr Körper auch beim Loslassen alten Ärgers. Wenn Körper, Geist und Herz wieder ruhig geworden sind, wissen Sie, es ist Zeit für den nächsten Schritt.

»Ich bitte euch jetzt, mein Herz von allem Schmerz zu läutern, den ich von diesem Leben oder aus vergangenen Leben noch in mir trage.« Verweilen Sie wieder ein paar Momente, während die Engel Sie von diesen Lasten befreien. Achten Sie darauf, regelmäßig weiterzuatmen. (Wenn Sie die Luft anhalten, kann das den Prozess verlangsamen.)

»Ich bitte euch jetzt, mein Herz von allem Groll zu läutern, den ich im Hinblick auf mich selbst und auf mein Leben, auf andere Menschen, auf Institutionen oder auf die Welt in mir trage.« Halten Sie eine Weile inne, während die Engel alle Formen von Groll in Ihnen auflösen.

»Ich bitte euch, mein Herz von allen Gefühlen zu befreien, dass ich von mir selbst oder von anderen betrogen worden bin.« Atmen Sie tief weiter, um den Engeln vollen Zugang zu Ihrem Herzen und Ihren Emotionen zu gewähren.

»Ich bitte euch, mein Herz von allen Ängsten zu befreien, ich könnte die Kontrolle verlieren.« Warten Sie eine Weile ab, während die Engel ihr Werk verrichten.

»Ich bitte euch, mein Herz zu läutern von allem Widerstand, mir selbst zu vergeben.« Halten Sie eine Weile inne.

»Ich bitte euch, mein Herz von allem Widerstand zu läutern, anderen zu vergeben, seien es Familienmitglieder, Freunde, Liebespartner, Arbeitgeber, Kollegen, Fremde, Institutionen oder die Welt insgesamt.« Wiederholen Sie diesen Satz, bis sich Ihr

Körper dabei ruhig anfühlt. Das ist das Zeichen, dass die Engel Sie von der emotionalen Belastung, nicht vergeben zu wollen, befreit haben.

❧

Denken Sie dabei daran, dass es nicht unbedingt notwendig ist, zu vergeben, *was* jemand getan hat; wichtig ist, dem Menschen zu vergeben, *der* es getan hat. Vergebung ist zugleich ein Heilmittel und macht den Weg frei, dass der Himmel mit Ihnen kommunizieren kann.

Das Empfangen von himmlischem Rat in zwei Schritten

Wenn Sie die Meditation zur emotionalen Läuterung gemacht haben, sind Sie bereit, bewusst göttlichen Rat einzuholen. Halten Sie sich einfach an die folgenden zwei Schritte, selbst wenn Sie sich am Anfang vielleicht ein wenig eingeschüchtert fühlen.

1. Beschreiben Sie, zu welchem Problem oder welcher Situation Sie göttlichen Rat brauchen.
2. Empfangen Sie die himmlische Botschaft.

Klingt das nicht wirklich einfach? Und die Engel haben einen weiteren Tipp, wie wir es uns noch leichter machen können: Meine persönliche Kommunikation mit den Engeln ist detaillierter, klarer und zutreffender, wenn ich ein Gebet vorausschicke. Auch Sie können den Prozess mit einem Gebet einleiten. Mein eigenes Gebet, mit dem ich wundersame Erfolge erzielt habe, lautet so:

»Gott, Heiliger Geist, Jesus und Engel, ich bitte jetzt um eure

Hilfe. Bitte gebt mir detaillierte Informationen, die diesem Menschen helfen und ihn segnen. Ich danke euch sehr für eure Liebe und Hilfe, Gott, Heiliger Geist, Jesus und Engel. Amen.« Es kann auch hilfreich sein, vorher eine Weile zu meditieren. Untersuchungen haben gezeigt, dass Menschen in einem meditativen Zustand offener sind für Inspirationen und innere Signale. Vielleicht wird es dadurch auch für Sie einfacher, sich auf Ihre Engel einzustimmen sowie auf jene Ihres Gegenübers, falls Sie Botschaften für einen anderen Menschen einholen. Sollten Sie bislang nicht mit Meditation vertraut sein: Es gibt viele gute Bücher zu diesem Thema. Oder Sie besuchen eine Meditationsgruppe in Ihrer Kirche oder sonst wo in Ihrer Gegend. Zu meinen eigenen Lieblingsbüchern über Meditation gehört das Übungsbuch innerhalb von *Ein Kurs in Wundern,* aus dem man täglich Abschnitte wählen kann, um seinen Geist zu fokussieren. Auch zwei Meditationsbücher von Victor N. Davich *(The Best Guide to Meditation)* und Salle Merrill Redfield *(The Joy of Meditating)* finde ich exzellent.[*]

Beschreibung des Problems

Ich betone immer wieder, wie wichtig es ist, Gott und die Engel bewusst um Rat zu bitten. Sooft Sie dem Himmel eine Frage stellen, lösen Sie eine göttliche Antwort aus. Es kann sich dabei um ganz spezifische Fragen handeln, etwa: »Wie kann ich mit meiner dominanten Mutter umgehen?«, oder: »Soll ich mich nach einem neuen Job umschauen?«, oder um allgemeine Anliegen: »Wie kann ich glücklicher sein?«, oder: »Was soll ich mit meinem Leben anfangen?«, und dergleichen.

---

[*] Anm. d. Red.: Auf Deutsch erschienen: Davich: *Die 8-Minuten-Meditation; Meditation.* Redfield: *Das Celestine Meditations-Handbuch; Leben in Freude: Ein meditativer Führer.* Teilweise nur noch antiquarisch erhältlich.

Formulieren Sie Ihre Bitte um göttlichen Rat in der Form, die Ihnen am meisten liegt. Sie können die Frage

1. ... *verbalisieren* und laut äußern;
2. ... *im Geist* stellen (die Engel hören Ihre Gedanken genauso klar und deutlich wie gesprochene Worte; aber keine Sorge, Sie werden für Ihre Gedanken nicht verurteilt);
3. ... *aufschreiben,* zum Beispiel in ein Tagebuch oder in Form eines Briefes, den Sie versiegeln und später vernichten;
4. ... *visualisieren,* indem Sie sich innerlich die Situation vorstellen, zu der Sie um Rat bitten (zum Beispiel können Sie sich selbst sehen, wie Sie mit Ihrem hyperaktiven Kleinkind ruhig und gelassen umgehen, statt aufgeregt zu schimpfen, oder Sie visualisieren ein Anmeldeformular für einen Kurs, wenn Sie überlegen, ob Sie sich weiterbilden sollen).

Empfangen des himmlischen Rats

Die Engel können die Fragen schon hören, sobald Sie darüber nachdenken; insofern kann es sein, dass Sie die Antwort bereits erhalten, während Sie die Frage noch gar nicht ganz gestellt haben. Die Antworten können als Vision, Gedanken, Körperempfindung, Gefühl oder als hörbare Worte eintreffen. Um die Wahrscheinlichkeit zu erhöhen, die Botschaft gleich beim ersten Mal zu empfangen, ist es hilfreich, Ihr Bewusstsein in einen Zustand der *entspannten Konzentration* zu versetzen. *Entspannt,* weil jegliche Anspannung der Wahrnehmung einer Antwort im Weg steht. *Konzentration,* weil Sie sonst vielleicht gerade an etwas anderes denken, wenn Ihnen die Antwort zuteil wird. Sie können diesen Zustand schnell erreichen, indem Sie einige Male tief durchatmen oder kurz in stillem Gebet verharren, nachdem Sie die Engel um Rat gebeten haben. Achten Sie auf alle Eindrücke, die in diesem Moment auftauchen; sie können in folgenden Modalitäten erscheinen:

1. *Hellhören:* Vielleicht hören Sie innerlich Worte, ein Lied oder ein musikalisches Thema. Fragen Sie Ihre Engel: »Was hat dieses Lied, was haben die Worte mit dem zu tun, wonach ich gefragt habe?«

2. *Hellsehen:* Vielleicht sehen Sie innerlich etwas wie eine Filmsequenz, ein flüchtiges Bild oder ein Symbol. Fragen Sie die Engel: »In welcher Beziehung steht das, was ich sehe, zu meinem Problem?«

3. *Hellfühlen:* Vielleicht empfinden Sie Freude, Wärme, Bedrängnis, gespannte Erwartung oder etwas dergleichen. Vielleicht spannt Ihr Magen sich an oder Sie spüren ein Kribbeln im Bauch, eventuell riechen Sie plötzlich etwas oder eine andere Körperwahrnehmung taucht auf. Fragen Sie Ihre Engel: »Was haben diese Empfindungen mit der Frage zu tun, die ich gestellt habe? Sind sie ein Hinweis darauf, wie ich mich fühlen werde, wenn ich bestimmte Veränderungen vornehme?«

4. *Hellwissen:* Vielleicht wissen Sie plötzlich einfach, was zu tun ist, ohne eigentlich darüber nachgedacht zu haben. Dieses Wissen taucht in Ihnen auf, als entspränge es der Tiefe Ihrer Seele.

Die Interpretation und Bestätigung himmlischen Rats

Wenn Sie den Himmel um Rat bitten, erhalten Sie gewöhnlich eine klare, eindeutige Antwort. Angenommen, Sie haben danach gefragt, wie Sie wieder Wärme in Ihre Beziehung bringen können, und Sie sehen dann ein Bild, wie Sie mit Ihrem Partner einen Strandspaziergang machen und danach in einem gemütlichen Restaurant zu Abend essen. In diesem Fall können Sie vertrauensvoll davon ausgehen, dass Ihnen empfohlen wird, mit Ihrem Partner mehr Zeit auf angenehme Weise zu verbringen.

Oder Sie wollten wissen, was Sie für Ihre Gesundheit tun können, und haben plötzlich den Impuls, eine andere Strecke nach Hause zu fahren. Unterwegs sehen Sie ein neues Fitness-Studio, das gerade eröffnet wird. In diesem Fall ist der Rat sicherlich, dass Sie regelmäßig Sport treiben sollten.

Manchmal erscheinen die Antworten nicht so klar und deutlich, sodass Sie nicht sicher sind, wie sie gemeint sind. Angenommen, Sie fragen die Engel, wie Sie den Stress in Ihrem Leben abbauen können, und sehen eine Kinderrutsche auf einem Spielplatz im Park. Dann fragen Sie sich vielleicht: »Soll das heißen, ich bin am Abrutschen, oder sollte ich mehr spielen und Spaß haben? Oder ist es vielleicht nur ein Zufall gewesen und hat gar keine Bedeutung?«

Auch in solchen Fällen brauchen Sie sich keine Sorgen zu machen. Die Engel möchten wirklich, dass Sie verstehen, was sie Ihnen mitteilen. Wenn nötig, setzen sie Himmel und Erde in Bewegung, damit es Ihnen klar wird. Wenn Sie je verwirrt sind und nicht wissen, wie Sie eine Botschaft der Engel interpretieren sollen, garantieren die Engel, dass eine der vier folgenden Strategien helfen wird:

1. *Bitten Sie um Klarstellung.* Bitten Sie Ihre Engel, Ihnen die Antwort zu verdeutlichen, falls Sie eine unverständliche oder wenig sinnvoll erscheinende Botschaft empfangen. Wenn Sie die Botschaft auditiv empfangen, aber sie zu leise ist, sagen Sie: »Etwas lauter, bitte!« Bei einer visuellen Wahrnehmung sagen Sie: »Bitte zeigt mir etwas, das mir den Sinn klarmacht.« Kommt Ihnen eine Idee in den Sinn, können Sie fragen: »Was hat das mit

meiner Frage zu tun?« Oder falls Sie nicht wissen, wie Sie Ihre Gefühle oder Empfindungen verstehen sollen, haken Sie nach: »Bitte helft mir zu begreifen, wie diese Gefühle und Empfindungen zu der Antwort beitragen, um die ich gebeten habe.« Machen Sie sich keine Sorgen, dass die Engel Sie für dumm halten könnten. Die Engel sind auf Ihrer Seite. Sie werden Sie niemals verurteilen. Melden Sie sich und bitten Sie um Klärung, und die Engel werden Ihrer Bitte freudig nachkommen.

Als ich meine Engel vor vielen Jahren fragte, wie ich meine Hellsichtigkeit verstärken könnte, sah ich viele Bilder von Essen und Nahrungsmitteln. Ich begriff zuerst nicht, wie das gemeint war, und bat die Engel um Erklärung. Als Antwort hörte ich eine Stimme, die mir beibrachte, dass die Schwingungsenergie von Nahrungsmitteln eine Wirkung auf meine Empfänglichkeit für Botschaften und auf meine Denkfähigkeit habe. Ich folgte dem Hinweis der Engel, bestimmte Nahrungsmittel zu meiden, vor allem Fleisch, bestimmte Fette und Produkte mit Zucker und Schokolade sowie Getränke wie Kaffee, kohlensäurehaltige Limonaden und Alkohol, und meine Hellsichtigkeit nahm drastisch zu.

Fragen Sie immer weiter, bis Sie sicher sind, die Antwort verstanden zu haben. Sie können auch so tun, als würden Sie Ihre Engel interviewen und dürften nicht eher ruhen, bis das Publikum eine klare Aussage gehört hat. Mit etwas Übung werden Sie und Ihre Engel Umgangsformen finden, die die Kommunikation beschleunigen und erleichtern.

2. *Bitten Sie um Zeichen, die Ihre Antworten bestätigen.* Sind Sie unsicher, ob Sie sich die Kommunikation mit den Engeln nur vorstellt haben? Oder zweifeln Sie Ihre Interpretation der Botschaft an? Dann bitte Sie Ihre Engel um Bestätigung. Sagen Sie innerlich: »Bitte gebt mir ein deutliches Zeichen, dass ich euch richtig gehört habe.« Achten Sie in den darauf folgenden

Stunden gut auf alles, was Sie hören, sehen oder denken. Seien Sie besonders aufmerksam im Hinblick auf Muster – zum Beispiel auf ein Lied, das mehrfach im Radio läuft, oder den gleichen Aufkleber auf verschiedenen Autos oder eine Bemerkung in einem Gespräch, die genau das wiederholt, was Sie innerlich empfangen haben.

3. *Achten Sie auf Wiederholungen.* Ein wichtiges Merkmal dafür, dass eine Botschaft wirklich vom Himmel kommt, ist die Wiederholung. Nach meiner Erfahrung kann ich den Engeln mehrfach dieselbe Frage stellen und erhalte immer dieselbe Antwort, während die Fantasie dazu neigt, jedes Mal eine andere Antwort zu erfinden.

4. *Nehmen Sie wahr, wie Sie sich mit der Antwort fühlen.* Klingt das, was Sie empfangen haben, für Sie wahr? Häufig haben Sie den Rat der Engel schon vorher empfangen, aber nicht beachtet. Entsteht bei Ihnen ein Gefühl von »Hab ich's doch gewusst«? Passt die Antwort zu den Gefühlen und Gedanken, die Sie bereits kennen? Fühlen Sie sich mit der Antwort warm und sicher? Wenn die Antwort auf diese Fragen »Ja« lautet, können Sie ziemlich sicher sein, dass die Botschaft tatsächlich vom Himmel kommt.

Umsetzung des himmlischen Rats

Am Anfang mangelt es vielen an Vertrauen, ob sie auch wirklich fähig sind, Botschaften des Himmels zu empfangen. Sie fürchten, etwas falsch zu verstehen und sich selbst oder andere auf eine falsche Fährte zu bugsieren. So kommt es, dass sie den empfangenen Rat nicht vollständig umsetzen. Doch es verhält sich genau wie bei einem ärztlichen Rezept: Wenn Sie es nicht befolgen, kann die Heilung nicht im erwarteten Umfang eintreten. Was nützt ein himmlischer Rat, wenn Sie ihn nicht nutzen? Was haben Sie schon zu verlieren? Die Alternative ist doch nur, auf derselben Ebene des Problems stecken zu bleiben, auf der Sie bereits sind.

Deswegen ist es so wichtig, der empfangenen Botschaft auch zu vertrauen. Misstrauen kann darüber hinaus bewirken, dass eine Information nicht vollständig übermittelt wird oder dass Sie Teile weglassen, die Ihnen übertrieben oder sinnlos erscheinen. Denken Sie daran: Gott macht keine Fehler; die Botschaften kommen von ihm. Gott weiß, wie er Ihnen klare, verständliche Mitteilungen schicken kann. Schließlich tut er es seit Millionen von Jahren! Fragen Sie im Fall von Unklarheiten nach. Die Engel werden Ihnen weiter antworten, bis Sie es erkannt haben. Sie brauchen nicht zu fürchten, Gottes Geduld zu strapazieren – sie ist unendlich. Sie könnten sie nicht erschöpfen, selbst wenn Sie 3000 Jahre leben würden. Und denken Sie daran: Es gibt keine dummen Fragen.

Wenn Sie jedoch eine Botschaft erhalten haben, die so merkwürdig ist, dass Ihr Vertrauen in Gottes Fähigkeiten wankt, bitten Sie die Engel, Ihr Vertrauen zu stärken. Bitten Sie abends im Bett vor dem Einschlafen den Erzengel Raphael (Erzengel der Heilung), in Ihre Träume zu kommen. Sagen Sie zu ihm: »Ich bin bereit, alle Überzeugungen, Gedanken und Emotionen loszulassen, die mich davon abhalten, ganz zu vertrauen. Bitte befreie mich jetzt von allem, was mein Vertrauen behindert.«

Mit Ihrer Erlaubnis wird Raphael alles Weitere erledigen. Beim Erwachen am nächsten Morgen werden Sie sich weniger ängstlich, besorgt oder einsam fühlen als am Tag zuvor.

Wie bei jeder anderen Fertigkeit wird Ihr Vertrauen in Ihre Fähigkeit, himmlische Botschaften zu empfangen, mit der Zeit und der entsprechenden Übung wachsen. Sobald Sie sich sicher dabei fühlen, himmlische Botschaften für sich selbst zu empfangen, sind Sie nicht mehr darauf beschränkt, Ihren sechsten Sinn nur für sich selbst zu verwenden. Sie können auch für andere Menschen Fragen stellen und Antworten erhalten. Im folgenden Kapitel lesen Sie eine Anleitung, wie Sie die Engel erfolgreich für andere befragen können.

9

Wie Sie himmlischen Rat weitergeben können

Wenn Sie vielen meiner Seminarteilnehmer ähnlich sind, interessieren oder begeistern Sie sich vielleicht für die Idee, anderen Engel-Readings zu geben. Wenn Sie die Rolle eines Überbringers himmlischer Empfehlungen annehmen, werden Sie zu einem Erd-Engel, einem Mitglied von Gottes Botendienst. Die Botschaften und Ratschläge, die diese Engel weitergeben, können helfen, Leben zu transformieren, zu retten und zu erleuchten.

Ich habe Tausenden von ganz »normalen« Männern, Frauen und Jugendlichen beigebracht, ihren sechsten Sinn zu verwenden, um Empfehlungen der Engel zu empfangen und weiterzugeben. Die Erfolge haben mich davon überzeugt, dass jeder lernen kann, die Kanäle der göttlichen Kommunikation zu öffnen und diese Fähigkeit zu entfalten. Sie brauchen dafür nicht besonders begabt oder ausgebildet zu sein. Ich selbst habe keine besondere Begabung, die mich befähigt, mit den himmlischen Heerscharen zu reden. Die Engel umgeben uns, sie versuchen ständig, mit uns zu kommunizieren – und Sie empfangen ihre Botschaften bereits unbewusst. Jetzt bringen Sie diesen Prozess einfach in Ihr Bewusstsein.

In diesem Kapitel finden Sie das nötige Wissen, um mithilfe Ihres eigenen sechsten Sinns erfolgreich Botschaften für andere entgegenzunehmen. Anderen Menschen himmlische Empfehlungen zu übermitteln, ist ein hervorragender Weg, um Ihre Fähigkeit zu stärken, Botschaften für sich selbst zu empfangen. Dank des Feedbacks der anderen Person können Sie lernen, Ihre

Methoden des Fragens zu verfeinern, die Symbole zu verstehen, mit denen diese Fragen manchmal beantwortet werden, und mehr auf Ihre Fähigkeit zu vertrauen, zutreffende Botschaften zu empfangen.

Um zu einem bewussten Boten für Gottes Rat zu werden, brauchen Sie nur Ihre Ohren und Augen zu öffnen und darum zu bitten, die Informationen der Engel zu hören beziehungsweise zu sehen, was sie Ihnen zeigen wollen. Die einzige Voraussetzung ist die Bereitschaft, als Instrument für göttliche Kommunikation zu dienen.

Wenn Sie Antworten auf die Fragen anderer Menschen einholen, fragen Sie sich vielleicht, mit wessen Engeln Sie kommunizieren: mit Ihren eigenen oder mit denen des anderen. Die Antwort lautet: Mit beiden. Ihre eigenen Engel werden Sie bei den Readings begleiten, aber Sie werden auch viele Hinweise, Informationen und Anregungen von den Engeln der anderen Person erhalten. Wenn die Person gezielt Fragen über einen wichtigen Lebensbereich wie Geld, Liebe oder Gesundheit gestellt hat, werden die auf dieses Gebiet spezialisierten Engel antworten.

Ein letztes Wort zur Ermutigung: Lassen Sie sich nicht davon einschüchtern, wenn Ihr erstes Reading für jemand anderen kein großer Erfolg ist. Es bedarf einer gewissen Übung. Unter Umständen liegt es gar nicht an Ihnen; möglicherweise passen die andere Person oder ihre Engel einfach nicht gut zu Ihnen. Mit manchen Menschen ist es einfacher und mit anderen schwieriger. Die Schutzengel der einen sind laut und extrovertiert; es drängt sie förmlich, Ihnen alles über diesen Menschen zu sagen, sodass Sie klare und detaillierte Botschaften empfangen. Andere Menschen haben stille, zurückhaltende Engel, die Ihre Fragen zwar beantworten werden, doch ohne zusätzliche Informationen zu liefern. In diesem Fall müssen Sie vielleicht mehrfach nachfragen, bevor Sie und die betreffende Person das Gefühl haben, alles zu verstehen. Es gibt auch nahestehende Verstorbene, die nur schwache, schwer zu empfangende Kommunikationssignale aussenden.

Ich empfehle Ihnen, mindestens zehn Engel-Readings zu geben, bevor Sie prüfen, ob Sie gut damit zurechtkommen und weitermachen möchten. Bis dahin haben Sie wahrscheinlich alle Anfangsschwierigkeiten überwunden und können problemlos arbeiten.

Himmlischen Rat für andere einholen

Das Folgende ist ein narrensicherer, schrittweiser Leitfaden, um für andere Menschen erfolgreich mit den Engeln zu kommunizieren. Tausende meiner Seminarteilnehmer haben davon berichtet, dass sie auf diese Weise nach nur ein oder zwei Versuchen anderen Menschen himmlische Empfehlungen weitergeben konnten.

1. *Setzen Sie sich einander gegenüber.* Halten Sie sich an den Händen. Schließen Sie beide die Augen und fangen Sie an, langsam und tief zu atmen.

2. *Synchronisieren Sie Ihre Energien.* Wiederholen Sie beide im Geiste langsam immer wieder: »EINE Liebe, EINE Liebe, EINE Liebe ...« Dieser Satz öffnet das Herz und den Geist für göttliche Kommunikation und synchronisiert Sie beide gegenseitig auf den Rhythmus des anderen. Die andere Person kann diesen Satz während der ganzen Zeit innerlich weiter wiederholen und dadurch eine tiefe Verbindung mit den Engeln herstellen.

3. *Scannen Sie mit Ihrer inneren Wahrnehmung die Engel der anderen Person.* Halten Sie die Augen geschlossen und scannen Sie den Bereich der linken Schulter Ihres Gegenübers. Stellen Sie sich vor, wie der Schutzengel des anderen aussehen würde,

wenn Sie ihn sehen könnten. Scannen Sie dann den Bereich des Kopfes und der rechten Schulter. Gestatten Sie sich, die Engel zu sehen. Wenn Sie die Engel des anderen über seiner rechten Schulter sehen könnten, wie würden sie aussehen?

4. *Wählen Sie einen Engel aus.* Atmen Sie weiter langsam und sanft. Wählen Sie einen der Engel aus, die Sie gesehen haben oder dessen Essenz Sie gespürt haben, und konzentrieren Sie sich auf diesen Engel.

5. *Stellen Sie die Frage.* Halten Sie die Augen weiterhin geschlossen. Ihr Gegenüber kann jetzt seine Frage an die Engel laut äußern. Falls Sie eher allgemeine Informationen einholen möchten, fragen Sie: »Welche Botschaft möchtet ihr durch mich an … [die andere Person] übermitteln?«

6. *Wiederholen Sie die Frage innerlich mehrmals.* Während dieser Wiederholungen werden Sie anfangen, mental, auditiv, visuell oder emotional Eindrücke wahrzunehmen.

7. *Geben Sie weiter, was Sie empfangen.* Sobald Sie anfangen, Eindrücke aufzunehmen, geben Sie sie an die andere Person weiter. Indem Sie sie verbal zum Ausdruck bringen, setzen Sie den Fluss in Bewegung, sodass Ihnen weitere Eindrücke zufließen können.

8. *Bitten Sie die andere Person und die Engel um Klarstellung.* Sollten Sie den Sinn einer bestimmten Botschaft nicht verstehen, fragen Sie zunächst bei der Person nach, für die Sie mit den Engeln kommunizieren. Sie können zum Beispiel sagen: »Die Engel zeigen mir einen kleinen Jungen mit braunem Haar neben dir. Ist das dein Sohn?«, oder: »Warum zeigen mir die Engel immer wieder ein rotes Auto? Hast du mal ein rotes Auto besessen?«

Wenn die andere Person die erhaltenen Informationen genauso wenig versteht, kann es sein, dass sie sich auf etwas Zukünftiges beziehen oder auf ein Ereignis, das der Betroffene vergessen hat. Bitten Sie die Engel um Klarstellung. Das ist meistens hilfreicher, als zu versuchen, eine verwirrende Botschaft selbst zu interpretieren; das wäre nur Zeit- und Energieverschwendung.

Sie werden bald entdecken, dass Ihre Rolle vor allem darin besteht, die innere Führung der anderen Person zu bestätigen. Der andere weiß bereits tief in seinem Inneren, was ihm die Engel raten werden. Die Engel brauchen Sie »nur«, um ihm zu bestätigen, dass er ihre Botschaft richtig empfangen hat.

Das Weitergeben himmlischen Rats

Das Wichtigste, das es bei der Vermittlung von Engelbotschaften an andere zu beherzigen gilt: Geben Sie alles exakt so weiter, wie Sie es empfangen! Die Empfehlungen der Engel sind oft ähnlich genau und spezifisch wie die Rezepte und Verschreibungen eines Arztes. Als Mitglied von Gottes Botendienst gehört es zu Ihren Pflichten, sämtliche Details, die Sie empfangen, vollständig weiterzugeben. Die Einzelheiten helfen nämlich dem anderen, die Authentizität der Botschaft zu erkennen und die einzelnen Schritte zu begreifen, die erforderlich sind, um die Botschaft vollständig zu nutzen.

Es gibt einen weiteren Grund, weshalb Sie alle Eindrücke, die Sie während eines Readings empfangen, übermitteln sollten: Manche Bilder, Sätze oder Melodien mögen Ihnen unbedeutend erscheinen; doch für den Empfänger sind sie sehr wichtig. Die Engel überbringen die Botschaft exakt passend für die Person, für die sie gedacht ist.

Widerstehen Sie der Versuchung, die Botschaften zu zensieren oder zu verändern, bevor Sie sie weitergeben, sonst können wichtige Aspekte verloren gehen. Angenommen, eine Klientin hat Ihnen gerade erzählt, Ihr Ehemann fange immer Streit mit ihr an. Die Engel zeigen Ihnen jedoch ein Bild, bei dem es genau umgekehrt ist. Wenn Sie diese Information aussprechen, könnte die Frau verärgert reagieren; sollten Sie sie jedoch verschweigen, könnten Sie ihr die Erkenntnis vorenthalten, die sie braucht, um ihrer Beziehung eine neue Wendung zu geben.

Oder Sie sehen ein Bild von Ihrem Gegenüber, wie er im Büro mit einer Kollegin flirtet, obwohl er verheiratet ist. Falls Sie ihm dieses Bild verschweigen, kann er nicht sehen, dass sein Verhalten seiner Beziehung schadet. Der einzige Weg, um sicherzugehen, dass Sie die Informationen nicht durch Ihre persönlichen Gefühle beeinflussen, besteht darin, alles genau so weiterzugeben, wie es Ihnen gezeigt wird.

Auch in *Ein Kurs in Wundern* wird betont, wie wichtig Vertrauen ist, wenn man eine Botschaft empfängt, die zunächst nicht sinnvoll erscheint. Im Handbuch für Lehrer heißt es:

»Der Lehrer GOTTES [jemand, der anderen auf spirituelle Weise helfen möchte] akzeptiert die Worte, die ihm angeboten werden, und gibt, wie er empfängt. Er kontrolliert die Richtung seines Sprechens nicht. Er horcht und hört und spricht. Ein Haupthindernis bei diesem Aspekt seines Lernens ist die Angst des Lehrers GOTTES, ob das, was er hört, auch gültig ist. Und was er hört, mag fürwahr sehr überraschend sein. Es mag auch für das dargestellte Problem, so wie er es wahrnimmt, ziemlich belanglos erscheinen, und es mag den Lehrer tatsächlich mit einer Situation konfrontieren, die ihm sehr peinlich erscheint. Das alles sind Urteile ohne jeden Wert. Es sind seine eigenen, und sie kommen von einer armseligen Selbstwahrnehmung, die er hinter sich lassen möchte. Beurteile nicht die Worte, die zu dir kommen, sondern biete sie mit Zuversicht an. Sie sind weitaus weiser als deine eigenen. Hinter den Symbolen der Lehrer GOTTES steht GOTTES

Wort. Und er selbst gibt den Worten, die sie benutzen, die Macht seines Geistes und hebt sie von bedeutungslosen Symbolen zum Ruf des Himmels selbst empor.«[*]

In einem meiner Seminare gaben sich die Teilnehmer gegenseitig Engel-Readings. Dabei arbeitete LeAnn mit einem Mann namens Kim, der gefragt hatte, ob er zurück ans College gehen solle. LeAnn sah über Kims rechter Schulter eine verstorbene Frau, die Kim nahegestanden hatte. Die Frau wiederholte immer wieder ein einziges Wort in einer fremden Sprache. LeAnn scheute sich, dieses Wort zu äußern, weil sie sich nicht sicher war, ob sie es richtig aussprechen würde. Auf mein Drängen hin gab sie es schließlich stotternd an Kim weiter.

Es stellte sich heraus, dass LeAnn mit Kims verstorbener Großmutter mütterlicherseits sprach. LeAnn hatte Kim ihr Aussehen und ihre Kleidung beschrieben. Die Großmutter hatte nur Kambodschanisch gesprochen, und das Wort bedeutete in ihrer Sprache »College«. Kim wusste, dies war das Zeichen für ihn, seine Ausbildung fortzusetzen. Wenn LeAnn ihrer Scheu nachgegeben hätte, wäre ihm dieser Hinweis vorenthalten geblieben.

Eine andere Teilnehmerin, Sally, machte mit einer Frau namens Bethany ihr erstes Engel-Reading. Sally hörte von Bethanys Engeln die Botschaft: »Sage ihr, dass mit ihrer linken Schläfe, ihrer Brust und der linken Seite ihres Steißbeins alles in Ordnung ist.« Sally zögerte, diese merkwürdig persönliche Mitteilung weiterzugeben, weil sie fürchtete, sich lächerlich zu machen. Ich ermutigte sie jedoch, offen zu sagen, was sie empfangen hatte. Sally holte tief Luft und sagte mutig: »Die Engel meinen, dass bei dir hier, hier und hier« – dabei wies sie auf die genannten Stellen – »alles in Ordnung ist.«

Bethany fing zu weinen an, worauf Sally schon befürchtete, sie verletzt zu haben. Doch dann erklärte Bethany: »Ich war gestern

[*] Anm. d. Red.: H-21.4:7 ff.

252

beim Arzt, weil ich genau an den Stellen, die du gezeigt hast, Schmerzen habe. Ich werde die Untersuchungsergebnisse erst am Montag bekommen und habe mir große Sorgen gemacht. Danke, dass du mir geholfen hast, darauf zu vertrauen, dass alles in Ordnung ist!«

Manchmal habe ich während eines Readings den Impuls, die Botschaft der Engel durch meine eigenen Gedanken zu erklären. Ich schicke dann jedoch immer eine Bemerkung voraus, etwa: »Das Folgende sage ich jetzt als Psychotherapeutin. Das sind nicht die Worte der Engel. Meines Erachtens wollen sie sagen ...«, oder: »Ich würde mit dieser Situation so umgehen: ...« So wissen meine Klienten genau Bescheid, wann ich nicht eine göttliche Empfehlung, sondern meine fehlbare menschliche Meinung zum Besten gebe, die sie nach Gutdünken annehmen oder ablehnen können.

Es ist wichtig, dass Sie bei jedem Engel-Reading um himmlischen Beistand bitten. Sie müssen auch Ihre eigenen Gefühle verarbeiten. Wenn Sie Befürchtungen oder Zweifel hegen, werden Sie sich ihrer bewusst und bitten Sie Gott und die Engel, sie aufzulösen. Aufrichtigkeit gegenüber sich selbst ist eine Grundvoraussetzung für *geheilte Heiler*. Mit diesem Begriff bezeichnen wir Menschen, die nicht zulassen, dass sich ihre eigenen Themen mit der übermittelten Botschaft vermischen.

Die Methode des Spiegelns

Viele von Ihnen kennen vielleicht das Gefühl, dass sie keiner richtig »hört«, dass ihnen niemand richtig zuhört. Sie fühlen sich dann unbeachtet, ignoriert, missverstanden und einsam. Wie oft hört uns schon jemand wirklich zu? Bestehen viele Unterhaltungen nicht viel öfter aus Unterbrechungen und der Kunst, allen anderen um eine Nasenlänge voraus zu sein? Und während Sie etwas sagen, denkt Ihr Gegenüber schon über eine Entgegnung nach, anstatt Ihnen zuzuhören?

Während eines Engel-Readings haben Sie die perfekte Gelegenheit, einem anderen Menschen das Gefühl zu vermitteln, wirklich verstanden und gehört zu werden. Einer der besten Wege dazu ist das sogenannte Spiegeln. Diese von dem großen Psychologen Carl Rogers entwickelte Kommunikationsmethode lässt den anderen wissen, dass Sie ihm zuhören und dass Sie verstehen, was er meint.

Zum Spiegeln gehört, das soeben Gehörte in neue Worte zu fassen und sie dem anderen zu sagen. Äußert zum Beispiel die Person, die zu einem Reading gekommen ist: »Ich mache mir große Sorgen um meinen Job, weil mein Chef in letzter Zeit so unfreundlich mit mir umgeht«, dann könnten Sie erwidern: »Sie fragen sich, ob Ihr Chef sich über Sie ärgert, und fürchten deswegen um Ihren Job.«

Am Anfang fühlt sich dieses Umformulieren vielleicht etwas merkwürdig an, aber Sie werden staunen, was dabei herauskommt. Die andere Person wird aufgeregt zustimmen. Endlich weiß sie, dass ein anderer Mensch mit ihren Gefühlen in Kontakt ist. Durch das Spiegeln bieten Sie einem Menschen in einer Krise eine erholsame Oase der Aufmerksamkeit. Diese Methode ermutigt den anderen auch zum Weiterreden – was oft hilft, neue Lösungsansätze zu finden.

Vom Umgang mit Skeptikern

Irgendwann werden Sie in die Situation geraten, von einem Skeptiker um ein Engel-Reading gebeten zu werden: Er glaubt nicht an Gott und die Engel; ihm ist hauptsächlich daran gelegen, zu beweisen, dass Sie ein Heuchler seien. Die Bedenken, die in so einer Situation wahrscheinlich in Ihnen aufsteigen, werden im Folgenden einzeln angesprochen.

Die erste Sorge: Die Skepsis dieser Person könnte die Engel verscheuchen. Die Wahrheit ist jedoch, dass *nichts* die Engel verjagen kann, keine Skepsis, keine negativen Emotionen und nichts, was jemand tut. Nichts! Die Engel sind immer bei Ihnen, genauso wie sie bei Skeptikern, Spöttern und Atheisten sind. Sie brauchen nicht zu befürchten, dass sie Sie in der Stunde der Not verlassen.

Die zweite Sorge: Die Skepsis könnte das Reading stören, ähnlich wie Funkstörungen. Es ist wirklich nicht ganz einfach, mit einem zweifelnden Thomas zu arbeiten, aber nur weil wir dazu neigen, uns zu verspannen, wenn wir das Gefühl haben, auf die Probe gestellt zu werden. Ihre Anspannung – nicht die Anwesenheit eines Spötters – kann es Ihnen erschweren, die Botschaften der Engel zu empfangen. Bleiben Sie unwandelbar fest in Ihrem Vertrauen auf die Gültigkeit der Botschaften, die Sie empfangen. Falls Sie wanken und sich durch Ihre Befürchtungen beeinflussen lassen, können Sie wichtige Details übersehen, die den anderen vielleicht vom Wert der himmlischen Botschaften überzeugt hätte.

Ein gutes Beispiel dafür erlebte ich auf einer Lesereise für eines meiner Bücher. Ich trete häufig im Radio auf und werde oft gebeten, für das Publikum skeptischer Radio-Moderatoren Engelbotschaften zu übermitteln. An einem Abend saß ich bei einem solchen Moderator in Phönix, Arizona. Am Anfang seiner Sendung gestand er mir öffentlich, er glaube nicht im Geringsten, dass ich mit Engeln rede. Er habe mich nur eingeladen – so erklärte er –, weil er meinte, dass viele Zuhörer Engel interessant finden und dass ihm das Thema gute Einschaltquoten bringen könnte.

Gewöhnlich erzähle ich niemandem von den medialen Eindrücken, die ich von anderen Menschen habe, es sei denn, die Person fragt mich gezielt danach. Ich bin keine Voyeurin und ich glaube an die goldene Regel. Ich bemühe mich auch sehr um diplomatische Formulierungen, wenn ich jemandem öffentlich etwas sage, sei es im Radio oder auf der Bühne, denn ich achte die Würde des anderen.

Als dieser Moderator mich also bat, ihm etwas über sein Leben zu erzählen, zeigten mir die Engel einige Hintergründe, die ihn zu einem zornigen Skeptiker gemacht hatten. Ich wusste nicht recht, wie ich die Informationen handhaben sollte. Normalerweise hätte ich der Person in einer entsprechenden Situation vorgeschlagen, dass wir später darüber reden. Doch dieser Mann beharrte: »Sagen Sie mir etwas aus meinem Leben, das niemand hier wissen kann«, drängte er.

Tausende von Zuhörern warteten. Ich hatte kaum eine andere Wahl. »Die Engel zeigen mir, dass Sie und Ihre Frau gerade ein Kind bekommen haben«, berichtete ich. »Ihre Frau hat starke Wochenbettdepressionen und das belastet Sie sehr.«

Der Moderator beschimpfte sogleich lauthals seine Mitarbeiter: »Wer hat ihr das gesagt? Wer von euch hat hier den Mund nicht halten können?« Er regte sich ziemlich auf, dass ich eine so sensible, intime Informationen hatte, und da er nicht glaubte, dass ich mit Engeln spreche, musste jemand aus seinem Stab geplaudert haben. Doch nachdem alle schworen, sie hätten mir nichts erzählt, gab er schließlich zu, es gebe wohl keine andere Erklärung, als dass ich tatsächlich mit seinen Engeln gesprochen hatte. Nach diesem Erlebnis änderte sich seine Einstellung grundlegend.

Die dritte Sorge: Sollen Sie versuchen, die Zweifel des Skeptikers auszuräumen? Die Antwort lautet klar und deutlich: Nein! Sie sind da, um eine Botschaft zu überbringen, nicht um mit der Person zu debattieren. Philosophische Gespräche sind schön und gut, aber ein Engel-Reading ist etwas anderes. Ich selbst lasse mich eher von Erfahrungen überzeugen als von Argumenten, und den meisten Spöttern geht es ähnlich. Ich habe mehr Erfolg damit gehabt, solchen Menschen stichhaltige Informationen zu geben, als mit ihnen zu diskutieren.

Die meisten Skeptiker fürchten darüber hinaus genau das. Jeder Versuch, sie zu bekehren, macht sie noch defensiver und lässt sie sich umso stärker an ihre Zweifel klammern.

Tief in uns möchten wir alle gern glauben, dass wir von Engeln umgeben sind und dass sie uns beschützen. Skeptiker fürchten einfach, unrecht zu haben, ausgetrickst oder manipuliert zu werden. Viele haben sich irgendwann in ihrem Leben von Gott verraten gefühlt, weil er ein wichtiges Gebet um Hilfe oder Heilung nicht erhört hat. Sie schützen sich vor zukünftigen Enttäuschungen mit zynischen Bemerkungen über Gott, die Engel oder andere spirituelle Themen. Hinter dieser Skepsis steht jedoch die Hoffnung, dass Gott wirklich existiert, dass er sie liebt, dass es ein Leben nach dem Tod gibt und dass Gottes Engel über uns wachen. Sie fürchten sich davor, zu glauben und wieder bitter enttäuscht zu werden.

Wenn Sie von einem skeptischen Menschen um ein Engel-Reading gebeten werden, sollten Sie sich bewusst bleiben, dass sich der andere in der Situation noch unwohler fühlt als Sie selbst. Helfen Sie ihm, sich zu entspannen, indem Sie ihm versichern, dass Sie kein Missionar sind und nicht vorhaben, ihn zu Ihrer eigenen Denkungsart zu bekehren.

Natürlich ist es angenehm, neue Unterstützer und Freunde zu gewinnen, aber ich erinnere mich immer wieder daran, dass ich diese Arbeit nicht mache, um Menschen von meiner Sichtweise zu überzeugen. Beim Empfangen und Vermitteln von Engelbotschaften geht es darum, Gottes Weisheiten weiterzugeben. Findet die Botschaft in der betroffenen Person einen Widerhall, dann wird sie auf natürliche Weise in ihrem Glauben gestärkt. Ihre eigene Rolle besteht nur darin, aufmerksam zu sein für das, was Sie empfangen, und es der Person vertrauensvoll zu übermitteln.

Ich lernte diese Lektion, als ich im Mittleren Westen im Rahmen eines Nachrichtenprogramms interviewt wurde. Der Moderator, ebenfalls ein sturer Skeptiker, hatte mich vor laufender Kamera um ein Reading gebeten. Mit vor der Brust verschränkten Armen sagte er: »Also gut, Doktor Virtue, dann beweisen Sie mir mal, dass Sie mit Engeln reden können.«

Ein Teil von mir schluckte nervös und ich hoffte, dass ich angesichts einer derart herausfordernden Ansprache nicht sichtbar zusammengezuckt war. Ich fragte seine Engel: »Was wollt ihr mir über diesen Menschen zeigen?« Sofort erschien hinter dem Kopf des Moderators ein älterer Herr; ich erhielt die Information, dass es sein Großvater sei. Während ich den Großvater ansah, merkte ich, wie all die Dinge aus dem Büro des Moderators, wo wir filmten, mein Blickfeld bombardierten. Vor allem wurde ich von einem großen, alten Globus abgelenkt, der direkt hinter dem Moderator stand. Ich sah seine Engel vor einem sehr unruhigen Hintergrund von Formen, Farben und Worten. Darüber hinaus hielt der Großvater selbst noch einen Globus in der Hand. Er umfuhr ihn langsam mit seinem Finger, um mir zu zeigen, dass sein Enkel gerade eine Weltreise hinter sich hatte.

Einen kurzen Augenblick lang machte ich mir Sorgen. Sah ich den Globus in der Hand des alten Mannes wirklich oder bildete ich es mir nur ein, weil dahinter der Globus stand? Machte mein Verstand aus dem physischen Objekt eine spirituelle Vision? Ich wusste, dass ich den Großvater wirklich sah, denn ich nahm ihn detailliert und lebendig wahr. Aber wie stand es um den Globus? Unter dem Druck der laufenden Kameras und des wartenden Moderators entschied ich mich, meiner Hellsichtigkeit zu vertrauen. »Ihr Großvater steht hinter Ihnen«, sagte ich.

Dem Moderator fiel der Kinnladen herunter und er forderte mich auf, den Mann zu beschreiben.

Als ich die Gestalt des Großvaters, sein ungefähres Alter zum Zeitpunkt seines Todes, seine Frisur und seine Kleidung beschrieb, nickte der Moderator heftig: »Ja, genau so sah er aus. So hat sich Großvater angezogen.«

Ich holte tief Luft und sagte: »Ihr Großvater zeigt mir, dass Sie gerade von einer Weltreise zurückgekehrt sind.«

»Ja, das stimmt. Ich bin erst seit letzter Woche wieder da«, bestätigte der Moderator aufgeregt.

Der Rest der Sendung verlief ohne Probleme. Der alte Herr übermittelte mir weitere Details, die in den Augen des Moderators meine Glaubwürdigkeit stärkten. Der Moderator war ein Spötter gewesen, doch sein Großvater war es nicht.

Wenn Sie Botschaften für jemanden einholen, der starke Zweifel hat, konzentrieren Sie sich auf die Eindrücke, die Sie erhalten. Solange ich mit meinem Fokus bei meinem Austausch mit dem Großvater war, statt mich von den Zweifeln des Moderators beirren zu lassen, konnte alles gut gehen.

Das Überbringen unangenehmer Nachrichten

Die Medizin, die wir von den Ärzten verschrieben bekommen, schmeckt oft unangenehm, wirkt aber gut. Als Erwachsene wissen wir, es lohnt sich, den unangenehmen Geschmack zu ertragen, um wieder gesund zu werden.

Ähnlich verhält es sich auch mit den Engelbotschaften. Manchmal werden Sie aufgefordert, eine Nachricht zu überbringen, von der Sie wissen, dass Ihr Gegenüber sie nicht mögen wird, zumindest nicht spontan. Vielleicht fragt Sie eine Frau nach einer Biopsie, die sie in wenigen Tagen vornehmen lassen wird, und Sie erfahren von den Engeln, dass der Zustand der Frau ernst ist. Oder ein Mann möchte wissen, wie er seine Beziehung wieder hinkriegen kann, und die Engel zeigen Ihnen, dass ein neues Zusammenkommen höchst unwahrscheinlich ist. Aus unserer menschlichen Perspektive nennen wir so etwas »schlechte Nachrichten«, obwohl auf lange Sicht viel Segen daraus entstehen kann, wenn die Betroffenen dem Rat der Engel folgen.

Was sollen Sie tun, wenn Ihnen die Engel eine unangenehme Antwort zeigen? Wenn die Frage lautet: »Wird mein Unternehmen diese Krise überleben?«, oder: »Ist das das Ende meiner Ehe?«, dann hoffen die Betroffenen oft, dass sie zuversichtlich sein dürfen und sich ihre schlimmsten Ängste als unnötig erweisen. Doch was tun, wenn die Engel sagen, nein, das Unternehmen werde nicht überleben, oder ja, das sei das Ende dieser Ehe? Sollen Sie schweigen oder sollen Sie die schlechte Nachricht übermitteln?

Bevor Sie in so einer Situation sprechen, können Sie die Engel um weitere Empfehlungen bitten, ob und wie Sie diese Botschaft überbringen können, um den anderen möglichst wenig zu verärgern. Bitten Sie auch, dass noch mehr Engel die Person umgeben und ihr helfen mögen, in die bestmögliche Gemütsverfassung zu kommen, um die Botschaft zu hören.

Sofern dann immer noch Zweifel bestehen, ist meine Devise ganz einfach: Ich vertraue darauf, dass die Person diese Botschaft der Engel hören muss. Ich versuche, mich einfach als Durchgangsstation zu betrachten, wie eine Internetverbindung, durch die eine E-Mail ins entsprechende Postfach gelangt. Dieses Prinzip hat mir oft geholfen, schwierige Engelbotschaften an meine Klienten zu übermitteln, und später hat sich einige Male gezeigt, dass gerade diese Informationen Leben, Karrieren und Beziehungen gerettet haben. Eingeschworenen Faulpelzen habe ich mitgeteilt, sie müssten sich gesund ernähren, um nicht krank zu werden; ich haben Frauen gewarnt, sie könnten sich mit Aids infizieren, weil ihre Männer mehrere Affären hatten; und ich habe Männern gesagt, sie würden niemals die Frau (oder den Mann) ihrer Träume finden, wenn sie sich nicht mit ihrem Ärger, ihrem hitzigen Gemüt und ihrem Kontrollbedürfnis auseinandersetzten.

In einem meiner Seminare führte eine etwa dreißigjährige Geschäftsfrau namens Lilly ihr erstes Engel-Reading mit Dwayne, einem sehr viel älteren Geschäftsmann, durch. Lilly hörte Dwaynes Engel sagen, er erleide ernsthafte Herz-Kreislauf-Probleme, wenn er nicht sofort etwas an seinem Lebensstil ändere und zu einer fettarmen Ernährung überwechsle. Lilly zögerte, Dwayne diese Nachricht zu überbringen, aber sie erinnerte sich an meine Empfehlung, darauf zu vertrauen, dass die Person die Botschaft der Engel brauche. Also gab sie die Information so weiter, wie sie sie empfangen hatte.

Genau wie sie befürchtet hatte, nahm Dwayne es nicht gut auf. Verärgert bemerkte er, es gehe ihm gut, er habe sich gerade vor einem Jahr durchchecken lassen und kein Arzt habe jemals etwas von einem Infarkt- oder Schlaganfallrisiko gesagt. Lilly müsse da etwas falsch verstanden haben.

Ich hatte Lilly während des Readings beobachtet und die Engel um sie herum gesehen. Ich wusste, dass sie ihre Botschaft korrekt empfangen hatte. Da es ihr erstes Reading war, ließ sich Lilly von Dwaynes Reaktion einschüchtern. »Wahrscheinlich bin ich nicht gut darin, Engelbotschaften zu empfangen«, erwiderte sie. Ich nahm sie später beiseite und versicherte ihr, sie habe alles ganz richtig gemacht.

Ein Jahr später erhielt sie die Bestätigung. Es geschah bei einem jährlichen Treffen ehemaliger Seminarteilnehmer, zu dem sowohl Lilly als auch Dwayne erschienen waren. Wir sprachen darüber, wie es allen mit den Botschaften ergangen war, die sie ein Jahr zuvor erhalten hatten.

Dwayne meldete sich zuerst: Er wolle sich bei Lilly entschuldigen. Ihr Engel-Reading habe sich als erschreckend richtig erwiesen. »Vor fünf Monaten hatte ich einen Schlaganfall«, berichtete Dwayne und seine Sprache war immer noch undeutlich. »Die Ärzte haben mich auf eine extrem fettarme Diät gesetzt. Ich treibe jetzt auch regelmäßig Sport. Ich wünschte, ich hätte

damals auf Lillys Rat gehört. Aber vielleicht brauchte ich diesen
Weckruf des Schlaganfalls auch, um wirklich etwas in meinem
Leben zu verändern. Ich habe mich lange nicht so gut gefühlt
wie jetzt, und ich habe zwanzig Pfund abgenommen.«
Die Aufforderung, wesentliche Veränderungen im Lebensstil
vorzunehmen oder sich auf schwierige Zeiten vorzubereiten, mag
sich für den Betroffenen zunächst unangenehm anfühlen. Aber
ähnlich wie die bittere Arznei, die der Arzt verschreibt, kann das
Annehmen dieser Aufforderung das Risiko zukünftiger Kompli-
kationen mindern helfen.

Himmlische Botschaften für Freunde, Familien-
mitglieder und andere nahestehende Personen

Wenn bekannt wird, dass Sie Engel-Readings geben, werden Sie
auch von engen Familienmitgliedern und Freunden darum gebeten werden. Solche Situationen haben ihre speziellen Tücken,
ähnlich wie bei einem Chirurgen, der sein eigenes Kind operiert,
oder einer Therapeutin, die ihren Mann therapiert. Eine Freundin oder ein nahestehender Mensch kann eine wichtige göttliche
Botschaft ablehnen, nur weil sie von einer vertrauten Person
kommt und nicht von einem Fremden, der häufig geheimnis-
voller und weiser erscheint, weil er unbekannt ist. Oder die
Freundin reagiert negativ auf die Information, sodass die Beziehung belastet wird. Die Engel haben einen besonderen Rat für
den Fall, dass Sie mit Anfragen von nahestehenden Menschen
konfrontiert werden.
Angenommen, Ihre Schwester bittet Sie um ein Reading bezüglich ihrer Ehe: Wie können Sie dann vermeiden, dass Ihre Abneigung gegen den Ehemann Ihrer Schwester einfließt? Oder Ihr
Neffe, der Ihnen Geld schuldet, fragt Sie nach Informationen
über seine finanzielle Zukunft: Könnte dann nicht Ihr Interesse,

Ihr Geld zurückzubekommen, Ihre Interpretation der Informationen beeinflussen? Was würden Sie Ihrer besten Freundin sagen, wenn Sie sehen, dass ihr Ehemann sie betrügt? Und wie könnten Sie Ihrem Schwager taktvoll beibringen, dass die Engel meinen, er müsse dringend mit dem Rauchen aufhören, seine Ernährung umstellen und anfangen, Sport zu treiben?

Aus diesem Grund wird jungen Psychologen von ihren Lehrern dringend geraten, keine nahestehenden Personen als Klienten anzunehmen. »Niemand ist objektiv genug, um jemandem zu helfen, mit dem er persönlich verquickt ist«, warnte uns einer meiner Professoren. »Wenn ein Familienmitglied oder ein Freund psychologische Hilfe braucht, ist es klug von Ihnen, ihn an jemanden außerhalb der Familie oder des unmittelbaren Freundeskreises zu verweisen.«

Die emotionale Nähe kann Ihre Fähigkeit beeinträchtigen, die Botschaften der Engel zu empfangen und zu interpretieren. Ganz anders liegt der Fall bei den *spontanen* göttlichen Botschaften, die jeder mal über Angehörige oder enge Freunde erhält. Viele Menschen können von Situationen berichten, wo sie plötzlich wussten, dass ihr Kind oder eine Freundin dringend Hilfe brauchte. Bei einem formellen Engel-Reading ist es jedoch nach meiner Erfahrung sinnvoller, mit Fremden zu arbeiten.

Eine enge Freundin bat mich einmal um ein Reading hinsichtlich ihrer Finanzen. Die Engel zeigten mir genau, wie viel Geld sie auf dem Konto hatte und dass sie ihre Kreditkarten reduzieren müsse, um weniger in Versuchung zu geraten, ihr Konto noch weiter zu überziehen. Ich gab ihr die Informationen weiter, aber es belastete unsere Beziehung und wir entfernten uns allmählich voneinander. Ich fühlte mich unwohl, in die Konto-Informationen meiner Freundin eingeweiht zu sein, und ihr war es peinlich, dass ich über ihre privaten Finanzen Bescheid wusste. Seitdem gebe ich Freunden und Familienmitgliedern keine Readings mehr. Wenn mich ein Nahestehender darum bittet, frage ich sofort innerlich um Rat für uns beide und leite den Betreffenden an eine objektive außenstehende Person weiter, die ich gut kenne und der ich vertraue: entweder an jemanden, der ebenfalls Engel-Readings gibt, oder – bei schwerwiegenderen Themen – an einen Psychotherapeuten oder Psychologen. Ich erkläre, dass ich das aus Liebe tue, und bisher hat niemand Einwände erhoben.

Wenn die Person Hilfe bei persönlichen Problemen braucht, bitte ich darum, Gott möge ihr zusätzliche Engel schicken, um die Situation zu heilen. Sie können dasselbe tun. Solche Gebete sind das Beste, das Sie für jemanden in dieser Lage tun können, und sie werden Ihren Lieben auf unermessliche Weise helfen.

Das Überbringen sensibler Themen

Die Engel beantworten jede Frage, die gestellt wird – wenn nötig, auch entsprechend detailliert. Während eines Readings für jemanden erhalten Sie möglicherweise eine Menge höchst persönlicher Informationen über dessen Sexualleben, seine Finanzen und andere sensible Themen. Es mag Ihnen unangenehm sein, das eine oder andere laut auszusprechen; oder Sie fragen sich, wie Sie die Botschaft weitergeben können, ohne die Person zu verletzen oder zu beschämen.

Wenn Sie bei einem Reading Informationen erhalten, die Ihnen zu heiß erscheinen, und Sie nicht wissen, wie Sie damit umgehen sollen, können Sie sich an die beiden folgenden Regeln der Engel halten, um sich nicht die Finger zu verbrennen:

1. *Behandeln Sie alles höchst vertraulich.* Engel-Readings zu geben ist ein Privileg, das Ihnen von oben verliehen wird, und Sie sollten mit den damit einhergehenden Informationen genauso vertraulich umgehen wie ein Pfarrer bei der Seelsorge oder ein

Arzt mit Patientendaten. Die Betroffenen schenken Ihnen ihr Vertrauen; ein falsches Wort Ihrerseits könnte ihr Leben zerstören. Ich mache es mir zur Regel, nie mit jemandem über die Sitzungen mit meinen Klienten zu sprechen, es sei denn, ich habe deren ausdrückliche Erlaubnis. Ich empfehle Ihnen, das genauso zu handhaben. (Wenn ich, wie in diesem Buch, bestimmte Geschichten als Beispiele erzähle, verändere ich viele Details, um die Privatsphäre meiner Klienten zu schützen.)

2. *Seien Sie taktvoll.* Selbst wenn die Engel vielleicht nicht immer diplomatisch sind, sollten Sie es als Bote der Nachrichten unbedingt sein. Sie sollen zwar die Botschaften so überbringen, wie Sie sie empfangen, aber das heißt nicht, dass Sie alles mitteilen müssen, das Sie oder den anderen vielleicht verletzen oder beschämen könnte. Wenn Sie Informationen erhalten, bei denen Sie sich unwohl fühlen, bitten Sie um Rat, ob und wie Sie die Informationen übermitteln sollen. Auf Ihre Bitte hin werden Ihnen die Engel Schritt für Schritt dabei helfen.

Einmal kam ein Ehepaar zu mir. Die beiden hatten ihre Tochter durch einen Autounfall verloren. Die Tochter zeigte mir, dass sich ihre Eltern in ihrem Kummer ständig stritten und dass ihre Mutter ernsthaft darüber nachdachte, ihren Mann zu verlassen, jedoch noch nicht offen darüber gesprochen hatte. Ich brachte diese Tatsache nicht ins Gespräch, weil die Tochter mir zeigte, dass dies zu diesem Zeitpunkt nur unnötiges Leid verursachen und die Scheidung womöglich beschleunigen würde. Sie meinte, ihre Eltern könnten es schaffen, ihre Schwierigkeiten im Lauf der Zeit zu lösen und zusammenzubleiben.

Ich bat meine eigenen Engel um Rat, wie ich weitermachen sollte. Sie halfen mir, die Sache mit der Scheidung so anzudeuten, dass nur die Frau es verstehen würde. Ansonsten empfahlen mir die Engel, mich auf die Botschaft zu konzentrieren, die ihnen die Tochter übermitteln wollte: »*Ich bin glücklich und ich finde mich gut in meine Situation ein. Bitte gebt euch nicht die Schuld für das, was geschehen ist. Oma ist hier bei mir, und ich besuche euch ständig. Robby [der Familienhund] bellt sogar immer, wenn er mich sieht. Ich weiß, das alles ist sehr schwer für euch, und es tut mir so leid, dass der Unfall euch so viel Schmerz zugefügt hat. Aber ich kann in die Zukunft sehen und ich weiß, dass für unsere Familie alles heilen wird.«*

Himmlischer Rat für Menschen in Krisen

Ein verstörter Mensch tut sich oft schwer damit, die Stimmen seiner Engel zu hören. Die Intensität des inneren Aufruhrs blockiert leicht die himmlischen Kommunikationskanäle. Dies ist einer der Gründe, weshalb Menschen in Notsituationen die Stimmen ihrer Engel hören, als würden sie ihnen ins Ohr schreien. Die Engel drehen die Lautstärke auf, um durch den mentalen und emotionalen Lärm im Inneren dieses Menschen Gehör zu finden.

In einer Krise rufen viele Menschen Gott und die Engel um Hilfe. Unter Soldaten heißt es, im Schützengraben gibt es keine Atheisten. Wenn andere wissen, dass Sie mit den Engeln in Kontakt stehen, werden Sie auch von Menschen in Krisen und Notsituationen, von Depressiven und Menschen in anderen extrem emotionalen Zuständen um Unterstützung gebeten werden. Manche sind vielleicht sogar verzweifelt, suizidgefährdet oder haben sich nicht mehr unter Kontrolle. In solchen Krisensituationen können Sie sicher sein, sich auf heilende Weise zu verhalten – heilsam sowohl für Sie als auch für den anderen –, wenn Sie die folgenden vier Aspekte berücksichtigen. So werden Sie keinen schwerwiegenden Fehler machen.

1. *Sorgen Sie sich nicht um Ihren Fokus und Ihre Konzentration.*
Während eines Readings mit einer Person in einer schweren
emotionalen Krise haben Sie vielleicht das Gefühl, dass sich
Ihre bewusste Wahrnehmung spalte. Sie fühlen sich vielleicht
wie an zwei Orten gleichzeitig, oder Sie meinen, der Raum, in
dem Sie sich befinden, verändere sich. Das kommt daher, dass
sich ein Teil Ihres Bewusstseins auf die leidende Person konzentriert, während der andere gleichzeitig mental mit den Engeln
kommuniziert. Machen Sie sich darum keine Sorgen; es ist nicht
viel anders, als wenn Sie mit einem Freund reden und zugleich
fernsehen. Bei Schwierigkeiten bitten Sie den Himmel, Ihnen
Unterstützung zu schicken.

2. *Konzentrieren Sie sich nicht auf die Probleme der Person, sondern
auf ihre Stärken.* Tun Sie Ihr Bestes, um im anderen Menschen
sein wahres Selbst zu erkennen, ihn als vollkommenes, heiliges
Kind Gottes zu sehen. Lassen Sie sich nicht von der menschlichen Illusion einfangen, diese Person sei bedürftig, gebrochen
oder beeinträchtigt. Wenn Sie Schwächen wahrnehmen, verstärken Sie die Schwächen. Wenn Sie die Stärken in ihr sehen, werden Sie die Stärken unterstützen.

3. *Spielen Sie nicht Arzt.* Sie können in der Welt viel Gutes
bewirken, wenn Sie ein Kanal für göttliche Botschaften sind.
Manchmal ist es jedoch angebracht, jemanden an andere Erd-
Engel, zum Beispiel an Therapeuten, weiterzuleiten, die speziell
für Kriseninterventionen ausgebildet sind. Versuchen Sie nicht,
für jemanden psychotherapeutisch tätig zu werden, wenn Sie
keine entsprechende Ausbildung haben. Versuchen Sie nicht, die
Situation zu analysieren, es sei denn, Gott und die Engel geben
Ihnen diesbezüglich klare Botschaften.
Wenn eine Person klare Anzeichen oder Symptome eines schwe-
ren physischen oder emotionalen Traumas hat, leiten Sie sie bitte

an einen anerkannten Therapeuten weiter. Wenn die Person davon spricht, sich das Leben zu nehmen oder anderen Schaden zufügen zu wollen, alarmieren Sie bitte sofort den Notdienst. Wenn Sie sich an diese Regeln halten, werden Sie sich bei der Beratung in Krisensituationen nicht überfordern.

4. *Reden Sie nicht über sich selbst.* Manche Anfänger sagen in Krisensituationen wohlmeinend Sätze wie: »Sie sind nicht allein mit diesem Problem«, und fangen an, über ihre eigenen Schwierigkeiten in der Vergangenheit zu reden und über die Anstrengungen, damit fertig zu werden. Diese Art hausgemachter therapeutischer Rat ist selten hilfreich. In einer Krise wirkt so etwas häufig eher irritierend. Wie würden Sie sich fühlen, wenn Sie mit starken körperlichen Schmerzen den Arzt konsultierten und dieser sagte: »Sie meinen, das tut weh? Ich will Ihnen mal erzählen, was ich letzte Woche aushalten musste.«
In einem Engel-Reading geht es nicht um Ihre vergangenen Schwierigkeiten und deren Überwindung. Im Mittelpunkt steht die Hilfe für den anderen. Der beste Weg dazu ist die Bitte um klare göttliche Botschaften, die Sie dann an die Betroffenen weitergeben.

Umgang mit Menschen, die sich von Engelbotschaften abhängig machen

Wer Engel-Readings durchführt, kann in die große Falle geraten, zu sehr mit Menschen verwickelt zu werden, die ein niedriges Selbstbewusstsein haben und schnell von äußeren Botschaften abhängig werden. Statt ab und zu mal um Rat zu bitten, fragen sie fast täglich nach, was sie tun und lassen sollen. Wenn Sie nicht aufpassen, können schon ein oder zwei chronisch problembelastete Menschen all Ihre Zeit blockieren, sodass Sie nicht mehr frei sind für den Rest Ihres Lebens.

Sie könnten jetzt sagen: »Aber dafür bin ich doch da, oder? Um Menschen zu helfen. Ich muss Linda helfen, mit ihren Problemen fertig zu werden, und dann kann ich dem Rest der Welt beistehen.« Das Problem könnte sein, dass Linda nicht die Absicht hat, ihr chronisch dramatisches Leben in nächster Zeit aufzugeben. Sie ist zu abhängig von den Adrenalinschüben ihres turbulenten Lebens. Sie ist darauf aus, Menschen zu finden, die ihr geduldig zuhören, sie stundenlang zum Mittelpunkt ihrer Aufmerksamkeit machen und ihr dann sagen, was sie tun soll, damit sie keine Verantwortung für ihr Leben übernehmen muss. Vielleicht sind Sie nur die neueste Anwerbung in einer langen Reihe von Rekruten.

Dazu kommt, dass die ständige Litanei des »Du bist der einzige Mensch, der mir helfen kann« Sie in eine gefährliche Ego-Falle locken könnte: Dann würden Sie anfangen, sich für etwas Besonderes zu halten, nur weil Sie Engelbotschaften für andere Menschen übermitteln. In dem Augenblick, da Sie sich selbst als herausragend betrachten, verlieren Sie das Bewusstsein Ihrer Einheit mit Gott und der Gesamtheit des Lebens. Die Gedanken der Getrenntheit werden Ihre Fähigkeit, die göttlichen Botschaften klar zu hören, blockieren, weil das Ego keinen Zugang zum Himmel hat, während das wahre Selbst vollständig mit dem Göttlichen verbunden ist.

Wenn ein Mensch Sie mit der Behauptung »Nur du kannst mir helfen« konfrontiert, können Sie ihn daran erinnern, dass er über dieselben Informationsquellen verfügt wie Sie, und ihm »Nachhilfe« anbieten, wie er selbst Botschaften der Engel empfangen kann.

Leute, die Ihre Zeit stark in Anspruch nehmen, weil sie immer wieder um Readings bitten, können Sie auch noch in eine weitere Falle leiten: Sie selbst könnten anfangen, unbewusst die

Zeit, die Sie für diese Person brauchen, als Entschuldigung dafür zu nehmen, dass Sie mit Ihrem eigenen Leben und Ihren Zielen nicht vorwärtskommen. Falls Sie vermuten, dass das der Fall sein könnte, bitten Sie Ihre Engel, Sie von allen Ängsten zu befreien, die Sie davon abhalten, Ihre eigenen Ziele zu verfolgen – zum Beispiel die Angst vor Erfolg, vor Versagen, vor Ablehnung oder davor, albern zu wirken. Reduzieren Sie dann die Zeit, die Sie mit der Rettung anderer verbringen. Schicken Sie ihnen stattdessen zusätzliche Engel zur Unterstützung oder bieten Sie an, ihnen zu zeigen, wie sie selbst mit den Engeln kommunizieren können.

Hinweis: Sofern Sie mehr als eine einstündige Sitzung pro Woche mit der Beratung einer »Drama-Queen« oder eines »Drama-Kings« verbringen – also mit Menschen, die ständig mit selbst erzeugten Krisen beschäftigt sind –, sollten Sie darüber nachdenken, ob Sie diese Beziehungen nicht als Ausrede benutzen, um die Verfolgung Ihres eigenen Lebensweges zu vermeiden. Dies trifft besonders dann zu, wenn sich die betreffende Person kaum jemals nach dem Rat richtet, den Sie ihr geben.

Hier sind einige Zeichen dafür, dass jemand von Ihnen und Ihren Engel-Readings abhängig geworden ist: Die Person

- … fragt Sie zwei- oder mehrmals wöchentlich nach der Meinung der Engel;
- … bittet Sie sogar bei alltäglichen Entscheidungen um die Ansicht der Engel;
- … bittet Sie häufig um ein Engel-Reading, statt ihre eigenen Gefühle und Engel zu befragen;
- … befolgt nicht die Ratschläge, die Sie während der Readings an sie weitergeben, und geht mit den Readings eher wie mit Wahrsagerei um;
- … bringt Sie dazu, ihr aus dem Weg zu gehen und ihre Anrufe nicht zu beantworten, weil sie Sie ständig um Engel-Readings bittet.

Wenn Ihnen so etwas passiert, haben Sie im Hinblick auf diese Person wahrscheinlich die Fähigkeit verloren, ihr wirksame Readings zu geben. Dann ist es am besten für beide Beteiligten, die Zusammenarbeit abzubrechen. Teilen Sie dem Klienten mit: »Meine Engel sagen, es ist am besten, wenn ich Ihnen eine Weile keine Engel-Readings mehr gebe, weil ich bestimmte Veränderungsprozesse durchlaufe.« Und bieten Sie nochmals an, ihm beizubringen, die Engel selbst zu konsultieren.

Nachwort

Auf dem Weg der Leichtigkeit und des Friedens

Gott und die Engel freuen sich, wenn wir sie in unser Leben einbeziehen und sie uns den benötigten Rat schenken können. Aber sie wollen uns nicht unserer Verantwortung entheben, uns schwächen oder uns unseren freien Willen nehmen. Letztlich lernen und wachsen wir durch unsere eigenen Entscheidungen. Der Himmel steht uns einfach als Berater zur Seite und unterstützt uns auf unsere Bitte hin. Nichtsdestotrotz ist es weiser, dem heilsamen Rat des Himmels zu folgen, als uns von unserem Ego, unseren Trieben und unserer niederen Natur leiten zu lassen.

Immer wieder betonen die Engel, dass wir mehrere mögliche Zukunftsalternativen haben, abhängig von unseren Entscheidungen. Sie vergleichen es mit dem Besuch in einem Multiplex-Kino, in dem wir uns zwischen verschiedenen Filmen entscheiden können. Die Engel sagen, unsere Erwartungen und Absichten bestimmen, welchem der verschiedenen »Szenarien« wir letztlich folgen. Hegen wir zornige, angsterfüllte Erwartungen, werden wir eher ein gewaltvolles Szenario, ein tragisches Drama oder eine Komödie voller Irrungen und Verwechslungen erleben. Konzentrieren wir uns hingegen auf liebevolle, positive Gedanken (gestützt durch Prozesse wie Meditation, Affirmationen und das Vermeiden von Drogen aller Art), werden wir vielmehr ein Szenario der Harmonie, des Friedens und der Erfüllung erfahren.

Ein Workshopteilnehmer sagte einmal zu mir: »Frau Doktor Virtue, ich war jetzt bei zwei Vorträgen von Ihnen und mir gefällt sehr, was Sie sagen. Aber wenn Sie davon reden, frei von

Angst zu leben, dann ist das eine unangenehme Vorstellung für mich.«

Der Mann erklärte, er glaube, dass ihm seine Angst Sicherheit gebe, weil sie aus schwer erarbeiteten Erfahrungen stamme. Er wolle nicht naiv oder leichtgläubig sein und in Fallen tappen, an denen er sich schon früher verletzt hatte. Stattdessen wolle er gegen zukünftige Schwierigkeiten gewappnet sein.

»An der Vergangenheit festzuhalten, ist keine Garantie für zukünftige Sicherheit«, erklärte ich freundlich. »Es ist eher so, dass wir die Situationen anziehen, vor denen wir uns am meisten fürchten.«

Die Engel haben mich gelehrt, dass wir in unserer Anhaftung an die Vergangenheit wie ein Pferd sind, das einen großen Pflug zieht. Das schwere Gewicht raubt uns unsere Energie und unseren Gemütsfrieden. Inneren Frieden zu finden, ist der Sinn unseres Daseins, deswegen sind wir hier. Sind wir mit uns im Frieden, läuft alles gut: Unsere Beziehungen gedeihen, unsere Gesundheit ist stabil, wir erleben Freude und Wohlstand und sind friedvolle Vorbilder für unsere Freunde, unsere Familie und völlig Fremde.

Doch hinsichtlich des Friedens kursieren viele Mythen und Missverständnisse. Wenden wir uns einmal dem zu, was innerer Frieden *nicht* ist: Friedfertigkeit ist nicht dasselbe wie Passivität oder Antriebslosigkeit. Es ist nicht langweilig, sich friedfertig zu fühlen, und es bedeutet nicht, keine Ziele, keine Richtung und keine Erfolge zu haben.

Ich will Ihnen von einem Beispiel erzählen, das meiner Ansicht nach perfekt illustriert, was Frieden ist und wie er auf andere wirkt. Kurz nachdem der schreckliche Sturm El Niño Südkalifornien verwüstet hatte, ging ich barfuß am Strand spazieren. Es war allerdings kein entspanntes Schlendern; der Sturm und die wütende Brandung hatten den sonst dort üblichen weichen Sand zum größten Teil weggespült und Ablagerungen aus kleinen, scharfen Steinen zurückgelassen.

Ich tippelte vorsichtig über die Steine, aber es schmerzte bei jedem Schritt. Innerlich jaulte ich jedes Mal auf, wenn mein Fußballen die scharfen Kanten berührte. »Wozu soll dieser Spaziergang gut sein?«, fragte ich mich nach einer Weile. »Ich beschäftige mich mit nichts anderem als meiner körperlichen Sicherheit und meinem Wohlbefinden. Ich sollte die Gedanken an meinen Körper und mich selbst loslassen und lieber die Weite der Natur hier genießen.«

Als ich gerade dabei war, meinen Versuch eines entspannten Spaziergangs endgültig abzubrechen, hörte ich über mir ein dumpfes, rhythmisches Geräusch. Ich wandte mich um und sah einen Mann mit seinem Hund über mir an der Steilküste einen Pfad entlangjoggen, von dessen Existenz ich keine Ahnung gehabt hatte. Dieser Mann bemerkte mich gar nicht und wird nie wissen, welchen Eindruck er auf mich machte. In diesem Augenblick wurde dieser Mann zu meinem Retter, denn er zeigte mir durch sein Beispiel, dass es einen höheren und angenehmeren Weg gibt. Kaum hatte ich das erkannt, fand ich schnell eine Möglichkeit, ebenfalls zu diesem Weg zu gelangen, und kurze Zeit später konnte ich meine Wanderung genauso angenehm und entspannt fortsetzen.

Die Engel fordern uns alle auf, wie dieser Mann zu sein. Unsere Aufgabe ist es, einen friedvollen Weg zu finden und dann in Frieden zu leben. Andere Menschen werden das bemerken. Selbst den am wenigsten spirituell gesinnten Menschen werden unser strahlender Ausdruck, unsere jugendliche Spannkraft und unser inneres Licht auffallen. Wenn wir uns darauf konzentrieren, in Frieden zu leben, tun wir mehr Gutes für die Welt als mit allen Friedensmärschen, Vorträgen und Selbsthilfebüchern. Bringen wir diese Qualitäten in uns selbst zum Ausdruck, dann werden wir zu Leuchtreklametafeln für das Licht.

In dieser Welt mag uns Frieden wie ein kaum erreichbares Ziel erscheinen. Doch in jeder Stadt, die ich besuche, treffe ich sehr glückliche Menschen, die gelernt haben, die Welt durch die Augen eines Engels zu sehen. Sie schauen unter die Oberfläche der Situationen und Menschen, mit denen sie zusammentreffen. Sie schauen hinter die oberflächlichen Persönlichkeiten und die Fassaden von Rasse und Religion. Sie konzentrieren sich nur auf die göttliche Liebe und das göttliche Licht: Beides ist für all jene sichtbar, die sich darauf ausrichten, die Wahrheit zu sehen und zu spüren.

Das Gebet der Engel – und auch das meine – dreht sich um das Anliegen, dass wir alle die wundervolle Welt entdecken, die parallel zu der unseren existiert. Direkt neben all der Zwietracht, dem Chaos und den Problemen schwimmen wir in einem Aquarium voller Engel, die uns beistehen möchten. Die geheilte Welt ist bereits manifest und wartet darauf, offenbar zu werden, wenn wir nur darum bitten.

Die Engel sagen, das englische Wort *angel* beginnt mit einem A wie *ask* und endet mit einem L wie *listen*.[*] »Wenn ihr daran denkt, zu fragen, zu bitten und dann zu lauschen«, sagen die Engel, »wird alles, was dazwischenliegt, anfangen, Gestalt anzunehmen. Also lassen Sie uns gemeinsam bitten:

Lieber Gott und alle Engel,
bitte helft uns, unsere Gedanken um Frieden und Liebe kreisen zu lassen. Bitte erinnert uns daran, wenn unser Geist abschweift. Helft uns, zu wissen, dass wir die Realität in jedem Augenblick wahrhaft kreieren, und leitet uns in unseren Gedanken und Taten zu den besten Entscheidungen. Wir bitten um zusätzliche Engel in unserem Leben und heißen sie willkommen. Bitte helft uns, eure Liebe zu spüren und zu erkennen, auf dass wir den Frieden, der euer Wille für uns ist, erfahren und weitergeben. Amen.

---

[*] Ins Deutsche übertragen: Das Wort *Engel* beginnt mit einem E wie *erfragen*, *erbitten* und endet mit einem L wie *lauschen*. (Anm. d. Red.)

Anhang A

Das Who's who der Engelwelt

Die Menschen empfangen die Hinweise Gottes durch drei Arten von spirituellen Wesen. Ich habe alle drei mehrfach in diesem Buch erwähnt, und wenn Sie um himmlischen Rat bitten, werden Sie ihnen wahrscheinlich auch begegnen. Es handelt sich dabei um …

- Engel (Schutzengel, Erzengel, spezialisierte Engel und andere)
- nahestehende Verstorbene
- aufgestiegene Meister

Über die Engel

Die Wesen, die ich Engel nenne, wurden direkt im Himmel von Gott erschaffen und sind nie als Menschen über die Erde gewandelt. Sie können jedoch als inkarnierte Engel erscheinen, die wie Menschen aussehen. Der Anblick der Engel übertrifft an Schönheit alles, was ich auf der Erde je gesehen habe. Sie sind schimmernd und transparent, ohne Fleisch, ohne Rasse, haben Flügel und eine leuchtende Ausstrahlung. Häufig sehen sie aus, wie einem Renaissance-Gemälde entsprungen. Die Engel verbreiten ein Gefühl unermesslicher Liebe und tiefen Friedens. Jeder Engel hat einen Namen, eine eigene Persönlichkeit und eine Aufgabe, genau wie die Menschen. Die Engel sprechen ständig zu uns und jeder hat dasselbe Potenzial, ihre Worte zu empfangen und zu verstehen.

Im Folgenden stelle ich verschiedene Arten von Engeln vor, darunter ...

- Schutzengel
- Erzengel
- spezialisierte Engel

Schutzengel

Jeder hat zwei oder mehr Schutzengel, die ihm bei seiner Geburt an die Seite gegeben werden. Die Aufgabe dieser Engel besteht darin, über ihren Schützling zu wachen und immer zu wissen, was am besten für ihn ist. Ihre Engel kennen Sie besser als Sie sich selbst, denn sie haben Sie Ihr ganzes Leben lang begleitet und beobachtet. Die Aufgabe Ihrer Schutzengel ist es, Ihnen mithilfe ihres Spezialwissens über Sie die grundlegende Unterstützung zu bieten, die Sie für ein gesundes, erfolgreiches Leben brauchen.

Wenn ich bei meinen Vorträgen von Schutzengeln erzähle, fragt immer irgendjemand: »Und was ist mit den bösen Menschen? Haben die auch Schutzengel?« Die Frage unterstellt die Annahme, man müsse sich das Recht auf einen Schutzengel irgendwie verdienen. Dem ist jedoch nicht so. Gott stellt jedem bei seiner Geburt Schutzengel zur Seite, und sie verlassen uns nie, egal wie viele Fehler wir machen mögen. Menschen, die wir für böse halten, verschließen sich nur vor ihren Schutzengeln, aber die Engel sind immer da.

Wenn Sie in einer ernsten Krise stecken und das Bedürfnis nach mehr als der üblichen Unterstützung haben, können Sie auch spezielle Engel um Hilfe rufen. (Mehr dazu im Verlauf dieses Anhangs.)

Erzengel

Die Erzengel sind die »Manager«, welche die Arbeit der anderen Engel überwachen. Sie können sie leicht daran erkennen, dass sie größer sind als die anderen Engel. Sie sind auch weniger durchscheinend und etwas farbiger als sie. Die meisten Engel strahlen ein weißes Leuchten aus, die Erzengel hingegen haben Heiligenscheine in glitzernden Farben.

Es gibt viele Erzengel, doch die bekanntesten sind diese:

Michael: Der Erzengel Michael hilft, Angst auszulöschen und Menschen Mut einzuflößen. Sein Schein ist kobaltblau mit etwas purpurviolett. Wenn Sie sich fürchten, können Sie innerlich sagen: »Erzengel Michael, bitte schütze und tröste mich jetzt.« Sie können Michael auch bitten, permanent an Ihrer Seite zu sein, damit Sie sich immer sicher unter seinem Schutz wissen. Weil Michael genau wie die anderen Engel und Aufgestiegenen Meister nicht an Zeit und Raum gebunden ist, kann er seine Präsenz gleichzeitig bei allen manifestieren, die um seinen Beistand bitten. Rufen Sie Michael, wann immer Ihr Seelenfrieden durch Angst, plötzliche Lebensumschwünge oder Negativität gefährdet ist. Michael wird Ihnen auch helfen, Auseinandersetzungen mit Freunden, Familienmitgliedern, Nachbarn, Institutionen oder Fremden zu einem friedvollen Abschluss zu bringen. Michael ist auch der Herr über alle mechanischen und elektrischen Geräte wie Computer, Autos, Radios oder Rohrleitungen. Bitten Sie um seine Hilfe, wann immer eines dieser Geräte nicht mehr funktioniert. Sie sollten dabei jedoch berücksichtigen, dass die Engel manchmal solche Zwischenfälle auch inszenieren, um uns etwas Wichtiges zu lehren oder uns zu schützen. Zum Beispiel könnten die Engel Ihr Faxgerät stören, um Ihnen die Chance zu geben, einen bedeutenden, potenziell zu größeren Missverständnissen führenden Fehler in dem Brief zu entdecken, den Sie gerade faxen wollten. Beten Sie um Hilfe, Führung und

Verständnis, wenn Sie Schwierigkeiten mit irgendwelchen Apparaten haben. Entweder wird Michael das Problem beheben oder er wird Ihnen helfen, zu verstehen, warum es nicht funktioniert.

Gabriel: Dies ist der einzige weibliche Erzengel, der mir bekannt ist. Gabriels Heiligenschein leuchtet kupferfarben, wie die Posaune, die »sie« spielt. Gabriel und ihre himmlischen Heerscharen helfen Menschen, deren Lebensaufgabe mit Kommunikation zu tun hat. Dazu gehören Schriftsteller, Lehrer, Redner, Schauspieler, Fotografen und andere.

Bitten Sie Gabriel um Hilfe, wenn es darum geht, anderen Ihre Ideen oder Eindrücke zu vermitteln. Rufen Sie sie, indem Sie innerlich sagen: »Gabriel, du Liebe, bitte hilf meiner inneren Wahrheit, ihren perfekten schöpferischen Ausdruck zu finden. Danke dafür!« Gabriel wird Ihre Bitte durch Inspiration, Motivation, Information und unvorhergesehene Chancen beantworten. Ich weiß, Gabriel wird in vielen Büchern als männlich dargestellt, während andere meinen, alle Engel seien geschlechtslos. Ich habe Gabriel jedoch viele Male gesehen und mit ihr gesprochen, und sie ist auf jeden Fall weiblich. Auf vielen frühen Gemälden von Mariä Verkündigung wird Gabriel ebenfalls weiblich dargestellt. Ich vermute, Gabriels Geschlecht wurde verändert, als alles in der Bibel patriarchisiert wurde. Selbst Gott, in frühen Versionen der Bibel noch als »Mutter« und »Vater« tituliert, wurde als männlich bezeichnet.

Raphael: Der Erzengel der Heiler und der Heilung umgibt die Menschen mit seinem nährenden, smaragdgrünen Licht. Er hilft Menschen, die mit dem Heilen gerade erst anfangen, und flüstert Chirurgen, Psychologen und Menschen in pflegenden Berufen hilfreiche Hinweise ins Ohr. Rufen Sie Raphael, wenn Sie unter Schmerzen irgendeiner Art leiden – körperlichen, emotionalen, intellektuellen oder spirituellen. Raphael hilft bei Ehe-

konflikten, Suchtproblemen, Kummer und Verlusten, Familienzwist und Stress. All diese Situationen werden durch Raphaels heilende Berührung positiv beeinflusst. Rufen Sie einfach seinen Namen oder formulieren Sie eine spezifische Bitte wie: »Erzengel Raphael, bitte komm an meine Seite und hilf mir, mich im Hinblick auf die Trennung von … [Name] besser zu fühlen. Bitte hülle mich in deine heilsame Energie und leite meine Handlungen und meine Gedanken, damit ich geheilt werde.«
Raphael ist ein viel beschäftigter Engel, der auch als Schutzherr der Reisenden und Touristen gilt. Er hilft Ihnen, sicher und bequem zu reisen, und sorgt auch dafür, dass Ihr Gepäck wohlbehalten ankommt. Bitten Sie Raphael bereits beim Check-in, über Ihr Gepäck und Ihre Reise zu wachen. Er kann Luftturbulenzen beruhigen, Ihnen den Weg zeigen, falls Sie sich verirrt haben, Sie trotz eines platten Reifens sicher nach Hause bringen und dafür sorgen, dass Ihr Benzin noch bis zur nächsten Tankstelle reicht.

Uriel: Der Erzengel Uriel mit seinem blassgelben Schein ist der Meister der Harmonisierung chaotischer Situationen. Er hilft Ihnen, sich wieder mit der inneren Gelassenheit zu verbinden, die in jedem von uns ruht. Uriel hilft auch, Naturkatastrophen wie Erdbeben, Wirbelstürme oder Überschwemmungen zu verhindern oder zu mindern.
Bitten Sie Uriel um Hilfe, wenn Ihr Leben so chaotisch erscheint, dass es Sie überwältigt. Sagen Sie: »Uriel, bitte hilf mir, in dieser Situation Harmonie und Frieden zu empfinden. Ich bitte dich, alle Auswirkungen irgendwelcher Fehler, die gemacht wurden, aufzulösen.«
Uriel wird Ihren Geist und Ihre Emotionen besänftigen und chaotische Situationen harmonisieren. Wenn Sie zum Beispiel das Gefühl haben, dass Ihre Finanzen oder Ihre Beziehungen zusammenzubrechen drohen, kann Ihnen Uriel helfen, wieder

klare Gedanken zu fassen. Dadurch sind Sie in der Lage, mit klarem, gesammeltem Geist nach einer Lösung zu suchen. Bitten Sie Uriel, Ihnen den Weg zu ebnen, wann immer Sie durch turbulente Lebensveränderungen gehen.

Spezialisierte Engel

Ähnlich wie wir Menschen sind auch viele Engel auf bestimmte Aufgaben spezialisiert, um den Erdenbewohnern besser helfen zu können, bestimmte Ziele zu erreichen. Zu diesen Spezialeinheiten gehören zum Beispiel Liebesengel, Arbeitsengel, Traumengel, Geldengel, Musikengel, Gesundheitsengel, Wohnungsengel, Mechanikerengel, Reiseengel, Sicherheitsengel, Freundschaftsengel, Zielengel (die Ihnen helfen, Ihre wichtigsten Ziele zu erreichen) und viele andere. Für jeden Aspekt und jede Unternehmung Ihres Lebens gibt es Engel, die Sie dabei unterstützen können.

Ich weiß oft, was im Leben eines Menschen los ist, indem ich Spezialengel wahrnehme, die ihn umgeben. Hat jemand mehrere Liebesengel um sich, sucht er wahrscheinlich nach einem Seelenpartner. Eine Person mit vielen Geldengeln arbeitet sich vielleicht gerade aus einer finanziellen Krise heraus oder spekuliert höchst erfolgreich an der Börse.

Zu den Spezialengeln gehören die folgenden:
Liebes- oder Romantikengel: All jene, die sich nach Liebe und Intimität sehnen, werden von diesen Liebesengeln unterstützt. Suchen Sie nach einem Seelenpartner? Dann bitten Sie die Liebesengel um Hilfe. Sie werden Sie zu der Person führen, die am besten zu Ihren Bedürfnissen passt. Möchten Sie in einer langjährigen Beziehung wieder die Leidenschaft entfachen? Dann bitten Sie die Liebesengel innerlich, mit Ihnen und Ihrem Partner zu arbeiten, um das Feuer neu anzuheizen.

Geldengel: Die Geldengel werden Ihnen bei finanziellen Herausforderungen und Bedürfnissen helfen. Durchleben Sie eine finanzielle Krise? Sehnen Sie sich nach mehr Einkommen und weniger finanziellen Verpflichtungen? Macht die Konkurrenz Ihrem Unternehmen das Leben schwer oder erleben Sie einen Auftragsrückgang? Die Geldengel werden Sie unterstützen, mehr zu sparen, weniger auszugeben, etwas über Vermarktung oder Buchführung zu lernen oder Ihre Schulden abzuzahlen. Sie können Ihnen jedoch auch helfen, in Notsituationen eine günstige Wendung anzuziehen und zu manifestieren. Die Geldengel unterstützen Sie, wenn die leise Stimme in Ihrem Hinterkopf flüstert: »Spare dein Geld«, »Verschleudere nicht, was du hast«, oder: »Baue ein neues Geschäft auf.«

Wohnungsengel: Diese Engel werden Ihnen helfen, auf ein neues Zuhause zu stoßen, das Sie brauchen, und zwar zu einem Preis, den Sie bezahlen können. Suchen Sie nach einem neuen Heim? Stellen Sie eine Liste der Faktoren zusammen, die Ihnen dabei wichtig sind, und bitten Sie die Engel, das passende Haus oder die geeignete Wohnung zu finden. Seien Sie offen für Hinweise. Um Sie und Ihr Heim zusammenzubringen, könnten die Engel Ihnen den Impuls geben, unerwartet eine andere Strecke als sonst zu gehen, vielleicht auf dem Heimweg eine kleine Umleitung zu nutzen oder nach langer Zeit wieder mal einen alten Bekannten anzurufen.

Parkplatzengel: Bitten Sie diese Engel, Sie zu einem bequemen Parkplatz in der Nähe Ihres Ziels zu führen. Haben Sie nur ein paar Minuten in der Mittagspause, um für Ihre Nichte ein Hochzeitsgeschenk zu kaufen? Wenden Sie sich an diese Engel, sobald Sie beschlossen haben, diese Tour zu machen, damit Sie ausreichend Zeit haben, alle Besorgungen zu erledigen. Achten Sie darauf, wie Sie um Hilfe bitten, denn diese Engel nehmen

Anfragen sehr wörtlich: Ich habe einmal um einen Parkplatz vor der Tür eines Geschäfts gebeten. Bei meiner Ankunft vor Ort war tatsächlich direkt vor der Tür ein Platz frei – allerdings durfte man dort nur zehn Minuten stehen bleiben.

Reiseengel: Die Aufgabe dieser Engel ist es, dafür zu sorgen, dass Sie auf Reisen Ihr Ziel sicher und geschwind erreichen. Sind Sie während des Urlaubsverkehrs unterwegs? Müssen Sie unbedingt pünktlich ankommen? Ihr Flug, Ihre Autofahrt und alle anderen Transportwege werden komfortabler verlaufen, wenn Sie die Reiseengel um Unterstützung bitten. Rufen Sie sie auch, wenn Ihr Flugzeug durch Turbulenzen fliegt; sie können es so stützen, dass es nicht zu sehr erschüttert wird. Und bitten Sie sie um Hilfe, falls Ihr Gepäck verloren ging und Sie für einen Empfang dringend Ihren Smoking brauchen. Oder wenn Sie im Stau stecken und unbedingt ans andere Ende der Stadt müssen, weil Ihre Tochter in den Wehen liegt.

Heilungsengel: Angeführt vom Erzengel Raphael, erscheinen die Heilungsengel überall dort, wo jemand unter Schmerzen leidet, sei es körperlich oder emotional. Haben Sie oder ein Ihnen nahestehender Mensch körperliche Probleme? Fühlen Sie sich emotional verletzt, verängstigt oder verwirrt? Kämpfen Sie mit einer Sucht? Dann rufen Sie die Heilungsengel. Sie werden Sie und Ihre Lieben sofort mit Gottes Liebe umgeben; sie lehren Sie auch die notwendigen Schritte, mit denen Sie Ihre Heilung selbst fördern können.

Naturengel: Diese winzigen, feenartigen Engel, die Disneys Fee Glöckchen ähnlich sehen, helfen den Pflanzen, zu wachsen und zu gedeihen. Haben Sie das Problem, dass Pflanzen bei Ihnen schnell dahinwelken? Sehnen Sie sich danach, öfter hinaus in die Natur zu kommen? Möchten Sie von Mücken in Ruhe gelassen werden? Wünschen Sie sich, einen seltenen Vogel zu erspähen? Möchten Sie einen entspannten Tag im Park verbringen? Dann rufen Sie die Naturengel um Hilfe.

Tierengel: Diese Engel hüten die Tiere, ähnlich wie Naturengel die Pflanzen hüten. Ihr Haustier hat seine eigenen Tierengel, und wenn Sie mit Ihrem Liebling spielen, sind Sie auch mit dessen Engeln in Kontakt. Hat Ihr Hund schlechte Angewohnheiten? Trauern Sie um den Verlust eines vierbeinigen Lieblings? Dann rufen Sie die Tierengel und bitten Sie sie um Hilfe.

Ortungsengel: Diese Engel arbeiten mit Gottes allmächtigem Geist zusammen, dem stets bekannt ist, wo sich alles befindet. Suchen Sie Ihr Portemonnaie oder Ihren Schlüssel? Regen Sie sich auf, weil Sie den Ring Ihrer Großmutter verlegt haben? Wollen Sie herausfinden, wo Sie Teile für das alte Auto bekommen, das Sie reparieren möchten? Wann immer etwas Verlorenes oder Erwünschtes unauffindbar scheint, bitten Sie die Ortungsengel um Hilfe. Sie werden Sie zu dem gesuchten Gegenstand führen, sei es durch Worte, die Sie innerlich hören, oder durch eine Idee, die Ihnen in den Sinn kommt, oder durch eine Vision oder ein Gefühl. Ortungsengel führen Sie auch zu einem Laden, wo Sie genau das Gewünschte erwerben können.

Kreativengel: Wenn Sie eine kreative Idee brauchen oder nicht wissen, wie Sie ein dringendes Problem lösen sollen, können Sie sich von den Kreativengeln inspirieren lassen. Träumen Sie davon, ein Konzertpianist oder professioneller Schriftsteller zu werden? Brauchen Sie eine gute Inspiration? Suchen Sie die richtige Software, um Ihrem Talent zum Drehbuchschreiben die passende Form zu geben? Dann rufen Sie die Kreativengel. Robert Louis Stevenson, der Autor von *Die Schatzinsel* und *Der seltsame Fall des Dr. Jekyll und Mr. Hyde,* behauptete, alle seine Ideen von »Brownies« (schottische Feenwesen; sollen einer Mischung aus Elfen und Kobolden gleichen) bekommen zu haben, die ihn im Schlaf besuchten. Der berühmte Komponist Wolfgang Amadeus Mozart hörte »seine« Melodien oft durch die Luft schweben, bevor er sie festhielt.

Sportengel: Diese Engel kümmern sich um Sie, wenn Sie Sport treiben, egal ob professionell oder als Freizeitbeschäftigung. Möchten Sie Ihren Golf-Abschlag verbessern oder Ihre Korbbälle perfektionieren? Ist olympischer Zehnkampf Ihr Ziel? Träumen Sie von einer Karriere als Stürmer? Oder wollen Sie einfach beim Betriebssport eine bessere Figur machen? Dann bitten Sie die Sportengel um Hilfe.

Über nahestehende Verstorbene

Während meiner Engelsitzungen beschreibe ich meinen Klienten in der Regel die himmlischen Wesen, die ich um sie herum wahrnehme. Viele sind dann sehr überrascht, dass auch nahestehende Verstorbene (im Weiteren spreche ich der Einfachheit halber nur von den »Verstorbenen«), wie Opa Paul oder Großtante Martha, bei ihnen sind. Es ist leicht zu verstehen, warum diese zurückkehren, um uns zu helfen. Genauso wie Sie sich weiterhin für das Wohlergehen Ihrer Kinder und Enkel, Cousinen und Tanten interessieren würden, wenn Sie morgen dieses Leben hinter sich ließen, so dauert auch das Interesse Ihrer Eltern und Großeltern für Sie nach deren Tod weiter an.

Gewöhnlich handelt es sich bei diesen Verstorbenen um Großeltern oder Urgroßeltern, die vor Ihrer Geburt gestorben sind und die sich bereit erklärt haben, für Ihre Familie als Schutzgeister zu wirken. Es könnten jedoch auch Ihre Eltern, Cousins oder Cousinen, Tanten, Kinder oder andere Ihnen nahestehende Personen sein, die vor Ihnen ins himmlische Reich hinübergegangen sind. Kürzlich Verstorbene werden in der Regel nicht andauernd bei Ihnen bleiben. Es dauert eine Weile, bis sie sich auf das Dasein in der geistigen Welt eingestellt haben, und sie erhalten darin Unterweisungen und haben auch andere Pflichten. Kürzlich Verstorbene sind jedoch in Hörweite. Wenn Sie den Namen der Person aussprechen oder innerlich rufen, wird sie Sie hören und sofort an Ihre Seite eilen.

Diese Verstorbenen widmen ihre Zeit auf Erden der sanften Unterstützung und Begleitung ihrer Familienmitglieder. So wie Sie durch diese Unterstützung lernen und wachsen, lernen und wachsen auch sie, indem sie Sie dabei beobachten, wie Sie Entscheidungen treffen und mit den Konsequenzen leben. Wenn zum Beispiel eine Verstorbene gerne Pianistin werden wollte und gestorben ist, bevor sie diese Lebensaufgabe erfüllte, kann sie einer Verwandten zugeordnet werden, die vielleicht auch Musikerin werden will. Indem sie der Verwandten hilft, auf dem Weg zu diesem Ziel etwaige Ängste und Hindernisse zu überwinden, erfüllt die Verstorbene auch ihren eigenen Daseinssinn. Ich stelle oft fest, dass Verstorbene zwar über alle ihre Nachkommen wachen, aber sich besonders jenen widmen, die gerade eine schwere Krise durchmachen.

Wenn ich Klienten sage, dass ein Verstorbener bei ihnen ist, fürchten sie oft, dieser könnte ihren heutigen Lebensstil verurteilen. »Schaut mir meine Großmutter immer zu?«, fragen sie bestürzt nach. Sie fühlen sich nicht wohl bei der Vorstellung, dass die Verstorbenen auch in den intimsten Augenblicken ihres Lebens anwesend sein könnten.

Ich versichere ihnen dann, dass die Verstorbenen keine Voyeure sind! Sie ziehen sich taktvoll zurück, wenn sie das Gefühl haben, ihre Anwesenheit könnte unpassend sein. Ich weise auch darauf hin, dass sich die Verstorbenen auf einer himmlischen Ebene befinden und die Dinge aus dieser Perspektive beurteilen. Daher verstehen sie unsere körperlichen Bedürfnisse. Sie sorgen sich nur, wenn Sie sich selbst oder anderen aus der Familie Leid zufügen.

Weil Verstorbene einst Menschen waren, unterliegen sie immer noch bestimmten Persönlichkeitsmerkmalen und Einschränkungen der körperlichen Inkarnationen. Deshalb kann ihr Rat manchmal gefärbt und nicht in Ihrem besten Interesse sein. Ihre verstorbene Mutter ist vielleicht Ihrem Alkoholkonsum gegenüber zu großzügig, und Ihr verstorbener Großvater kann zu viel Wert auf unternehmerischen Erfolg legen. Ich empfehle, den Rat von Verstorbenen mit ähnlicher Vorsicht zu berücksichtigen, wie Sie es mit dem Rat eines Lebenden tun. Wenn Sie sich nicht ganz sicher sind, bitten Sie die Engel, Ihnen ein Zeichen zu senden, das den Rat der Verstorbenen entweder bestätigt oder widerlegt. Meistens wird der Rat von Verstorbenen Ihnen helfen, ein glückliches, gesundes Leben zu führen. Manche Verstorbene haben jedoch ihre eigenen Probleme und Vorlieben. Bitten Sie in solchen Fällen immer erst um eine Bestätigung der Engel, bevor Sie dem Rat folgen.

Als Warnsignal kann Ihnen Folgendes gelten:

- ein Rat, der Ihnen nicht völlig richtig erscheint oder bei dem Sie sich unwohl fühlen;
- die Aufforderung, Ihr Leben umzukrempeln, obwohl Sie dafür noch nicht bereit sind;
- ein Rat, wie Sie schnell zu großem Reichtum kommen könnten;
- ein Rat, der aus einer »Ich gegen den Rest der Welt«-Haltung stammt;
- ein Rat, etwas zu tun, das Sie, Ihre Familie oder Freunde verletzen könnte;
- die Verwendung abfälliger, missachtender oder unflätiger Begriffe (Engel und liebevolle Menschen tun das nie; sie behandeln jeden mit Respekt).

Über die Aufgestiegenen Meister

Aufgestiegene Meister haben einst als Menschen auf der Erde gelebt, aber dabei ein so außerordentlich hohes Niveau ihrer spirituellen Entwicklung erreicht, dass sie nach ihrem Tod in Seelenform zur Erde zurückkehrten, um mit ihrer Weisheit und Heilkraft die Menschen zu unterstützen, die noch mit dem irdischen Dasein ringen. Zu den Aufgestiegenen Meistern gehören Lehrer und Heiler wie Jesus, Buddha, Moses, Mutter Maria, Krishna, Mohammed, St. Germain, Kuan Yin, Johannes der Täufer, Laotse, Paramahansa Yogananda, die heilige Helena und die meisten Heiligen und Propheten der verschiedenen Weltreligionen.

Ähnlich wie die nahestehenden Verstorbenen lassen die Aufgestiegenen Meister alle Konfessionszugehörigkeit zurück, wenn sie in den Himmel aufgestiegen sind. Sie arbeiten mit Menschen aller Glaubensrichtungen, auch wenn sie natürlich die Mission haben, den Angehörigen ihres eigenen Glaubens besonders oft beizustehen. Sie reden jedoch kaum je von kirchlichen Dingen oder Moscheen oder Synagogen, höchstens wenn sie jemanden ermutigen wollen, dorthin zu gehen, um ein liebevolles Miteinander und Gemeinschaft zu erfahren.

Ein Wort über gefallene Engel

Viele Menschen fürchten, sie könnten unwissentlich mit einem gefallenen Engel in Kontakt gelangen statt mit einem wahren Engel. Sie befürchten, getäuscht zu werden und gefährlichen oder zerstörerischen Ratschlägen zu folgen, und fragen mich: »Wie kann man sicher sein, dass man wirklich mit Gottes Engeln spricht und nicht mit einem gefallenen Engel?«

Ich halte den Begriff des gefallenen Engels für einen Widerspruch in sich. Jene Wesen, die sich an die Dunkelheit klammern und die von manchen irrigerweise »gefallene Engel« genannt werden, sind nie Engel gewesen. Sie sind negative Gedankenformen, die wie mittelalterliche Wasserspeier aussehen. Etwa einen guten halben Meter groß, mit fledermausartigen Flügeln und gequetschtem Gesichtsausdruck, sind sie aus angstvollen Gedanken der Menschen entstanden und nicht von der Hand Gottes erschaffen. Sie haben groteske, verzerrte Gestalten mit großen Krallen, mit denen sie sich an den Schultern der Menschen festhalten, was starke Schmerzen verursachen kann. Manchmal haben sie auch die Gestalt von dunklen Drachen, die wie eine schwarze Wolke über den Köpfen der Menschen schweben und sie in düstere Stimmungen versetzen.

Keiner dieser sogenannten gefallenen Engel kann sich auch nur eine Minute lang als echter Engel ausgeben. So wie es kein Problem ist, eine Mücke von einem wunderschönen Schmetterling zu unterscheiden, ist es auch leicht zu erkennen, wann es sich um diese Wesen oder um strahlende Engel handelt. Diese Wesen haben kein Licht in sich, mit dem sie das Leuchten eines Engels imitieren könnten.

Manche halten diese Gestalten für Schutzwesen. In den letzten Jahren sind solche Wasserspeier wieder populär geworden. Ich würde jedoch aus Vorsicht darauf verzichten, eine Statue oder ein Bild von ihnen in meinem Haus oder meinem Büro aufzustellen. Solche Bilder könnten die entsprechenden Wesen anziehen. Ich würde sie auf keinen Fall um mich haben wollen.

Im Allgemeinen fühlen sich diese Gestalten eher zu Menschen hingezogen, die egozentrisch, unehrlich oder drogenabhängig sind – und nicht zu Menschen, die Engel-Readings geben. Sie halten sich von Engeln eher fern. Sie brauchen sich also keine Sorgen zu machen, solange Sie Liebe im Herzen tragen und darum bitten, alle Ihre Engel mögen von Gott persönlich kommen, und solange Sie anderen mit ehrlicher Absicht begegnen.

Sie können auch den Erzengel Michael bitten, sicherzustellen, dass nur Wesen von höchster Integrität um Sie sind. Wie der Türsteher eines Nachtklubs wird er dann darüber wachen, dass nur geladene Gäste Zutritt erhalten.

Sie wissen, dass wahrhaftig ein Engel des Lichts mit Ihnen spricht, wenn der Austausch voller Liebe und Wärme geschieht und Sie viele Empfehlungen entgegennehmen, wie Sie Ihre Probleme auf eine Weise lösen können, die zum Wohl aller Beteiligten ist. Die auf Angst beruhenden Botschaften der »Wasserspeier« lösen eher Kälteschauer aus und implizieren immer, dass andere Menschen besser oder schlechter seien als Sie. Echte Engel wissen, dass jeder von uns gleich wertvoll und liebenswert ist.

Wir sind alle von himmlischen Helfern aller Art umgeben. Es ist ihnen eine Freude, uns Hinweise zu geben, wie wir stärkere, glücklichere und besser zentrierte Individuen werden. Unser freier Wille gestattet es uns, den himmlischen Rat anzunehmen oder abzulehnen. Ich hoffe, wir werden eines Tages alle lernen, den himmlischen Rat der Engel zu erkennen und mit seiner Hilfe gesünder und erfolgreicher zu leben.

Anhang B

Wie Nahrungsmittel und Getränke Ihre Wahrnehmung der himmlischen Botschaften verstärken können

Ähnlich wie sich unser spirituelles Wachstum auf unsere Beziehungen mit anderen Menschen auswirkt, kann es auch unsere Ernährung beeinflussen. Der spirituelle Weg bringt eine positivere Sicht auf uns selbst und unser Leben mit sich. Dadurch fühlen wir uns körperlich und emotional leichter und freier. Doch egal wie sehr wir spirituell an uns arbeiten: Unsere Ernährungsweise spielt eine bedeutsame Rolle dabei, wie wir uns fühlen. Eine schwere, mit Chemikalien belastete Nahrung kann auch den leichtesten Geist beschweren, während andere Arten von Lebensmitteln die Entwicklung von Körper, Geist und Seele beflügeln. Viele spirituell orientierte Menschen empfangen intuitiv Hinweise, welche Produkte sie weglassen sollen. Andere vertragen niedrigfrequente Nahrungsmittel wie Kaffee oder Zucker immer schlechter oder entwickeln eine starke Abneigung dagegen.

Die Engel erklären, dass jedes Nahrungsmittel und jedes Getränk eine bestimmte Schwingung hat, in der sich spiegelt, wie viel »Lebenskraft« darin enthalten ist. Lebenskraft entsteht durch den Sonnenschein und die Luft, in der die Pflanze gewachsen ist. Auch die Verarbeitung spielt dabei eine Rolle. Nahrungsmittel mit viel Lebenskraft fördern das spirituelle Wachstum einer Person. Sie helfen uns, uns leichter und energiegeladener zu fühlen und uns der göttlichen Führung bewusster zu werden.

Am reichsten an Lebenskraft sind biologisch angebaute Nahrungsmittel, die über der Erde und bei viel Sonnenlicht wachsen. Wenn Sie solche Früchte regelmäßig zu sich nehmen, werden Sie feststellen, dass Ihre Sensibilität für spirituelle Intuition zunimmt.

Nahrungsmittel, die weniger Sonnenlicht zum Wachsen brauchen, enthalten etwas weniger Lebenskraft. Dazu gehören Gemüsesorten, die unter der Erde wachsen. Biologisch angebaute Lebensmittel haben mehr Lebenskraft als konventionelle, weil die Pestizide die Energie des Tötens in sich tragen, was die Schwingung der Nahrungsmittel mindert. Kochen, Einmachen und andere Verarbeitungsmethoden mindern die Lebenskraft ebenfalls. Im Gefrierfach überlebt nichts Lebendiges – daher auch nicht die Lebenskraft in der Nahrung. Die Engel ermuntern uns, Nahrung in einem Zustand zu essen, der ihrem natürlichen Vorkommen möglichst nahe kommt, zum Beispiel rohes oder leicht gedämpftes Gemüse.

Brot aus gekeimtem Getreide enthält mehr Lebenskraft als solches aus Weißmehl. Mahlen tötet die Lebenskraft des Getreides genauso wie das Bleichen des Mehls.

Zucker, Kaffee und Schokolade enthalten keine Lebenskraft und blockieren eher Ihre Fähigkeit, göttliche Führung zu empfangen. Fleisch und andere tierische Produkte (auch Milchprodukte) enthalten keine Lebenskraft, da sie tot oder inaktiv sind. Wurde das Tier in seinem Leben oder während der Schlachtung schlecht behandelt, wird die Energie seines Leidens im Fleisch oder in seinen Produkten gespeichert. Die Energie des Leidens mindert die Schwingung unseres Körpers. Falls Sie Fleisch oder Milchprodukte zu sich nehmen wollen, sollten Sie sie deshalb immer segnen, um die Energie des Leidens zu transmutieren. Oder Sie kaufen nur Freilandeier und Fleisch von Tieren, die artgerecht gehalten wurden, um sicherzugehen, dass die Tiere unter würdigen Bedingungen lebten und mit möglichst wenig Schmerz geschlachtet wurden.

Die Engel sagen, Fisch biete eine höher schwingende Proteinquelle als Fleisch oder Geflügel. Das Wasser, in dem die Fische schwimmen, erzeugt elektrochemische Reaktionen, die alle Energie des Leidens, das der Fisch vielleicht beim Sterben empfunden hat, transmutiert. Wer den spirituellen Weg geht und Rücksicht auf die energetische Wirkung seiner Ernährung nehmen möchte, kann auch Halbvegetarier werden und sich von gekochtem Gemüse sowie von Obst, Vollkorn und Fisch ernähren.

Lebenskraft in Getränken

Die Engel sagen, wir sollten unser Wasser in möglichst natürlichem Zustand zu uns nehmen. Sie wünschten, wir könnten alle direkt aus einem Bach oder Brunnen trinken. Da das jedoch nicht möglich ist, empfehlen sie abgefülltes Wasser, das als »Quellwasser« oder »artesisches Wasser« ausgezeichnet ist, weil es viel mehr Lebenskraft enthält als Tafelwasser oder Wasser aus Umkehrosmose. Sie raten uns auch, künstlich mit Kohlensäure versetztes Wasser zu meiden.

Saft enthält ebenfalls viel Lebenskraft, vorausgesetzt, er wird unmittelbar nach dem Auspressen konsumiert. Schon nach zwanzig Minuten verlässt der Geist der Früchte den Saft. Biologisch angebaute Früchte und Gemüse ergeben einen Saft mit mehr Lebenskraft als konventionell angebaute. Saft aus Konzent rat enthält keine Lebenskraft.

Alkohol, Kaffee und Getränke mit Zucker, mit Schokolade oder mit künstlicher Kohlensäure enthalten ebenfalls keine Lebenskraft. Im Gegenteil, sie rauben dem Körper sogar noch etwas von der Lebensenergie, die er durch andere Nahrungsmittel aufgenommen hat.

Himmlische Hilfe bei Gier
nach bestimmten Lebensmitteln

Sollten Sie gierig auf fettreiche, stark verarbeitete oder niedrig schwingende Nahrungsmittel oder Getränke sein, bitten Sie Erzengel Raphael und die Heilungsengel um ihr Eingreifen. Bevor Sie heute Abend schlafen gehen, könnten Sie Raphael bitten, in Ihre Träume zu kommen und Sie von ungesunden Begierden zu heilen. Sobald Sie die Gier nach etwas Ungesundem überkommt, können Sie innerlich den Himmel um Hilfe bitten.

Dank dieser Methode haben Gott und die Engel all mein Verlangen nach Fastfood geheilt. Mit himmlischer Unterstützung habe ich hinsichtlich meiner Ernährung nie das Gefühl, auf irgendetwas verzichten zu müssen. Stattdessen genieße ich es, gesunde, leichte Nahrung zu mir zu nehmen. Mein Körper ist dadurch bestens vorbereitet, himmlische Botschaften zu empfangen, und viele meiner Schüler berichten von ähnlichen Erfolgen.

Anhang C

Zwei Engelorakel, um sich auf himmlische Botschaften einzuschwingen

Wenn es Ihnen schwerfällt, den Rat des Himmels klar zu empfangen, könnte es leichter für Sie sein, sich durch Engelkarten oder durch Ihre Träume dafür zu öffnen. Beides sind altbewährte Techniken, um sich mit den Botschaften der Engel in Verbindung zu setzen. Die Karten sind besonders nützlich, wenn es darum geht, in einem Reading mehr Klarheit zu gewinnen. Ich habe beide Methoden schon vielen Menschen vermittelt und empfehle Ihnen, beides auszuprobieren, um herauszufinden, welcher Ansatz für Sie am besten funktioniert.

Engelkarten

Karten sind ein altbekannter Kanal, um göttliche Botschaften zu empfangen. Man kann Engelkarten nehmen oder das Tarot, das I Ging oder ein anderes Orakel. Ich verwende die Karten nicht in allen Engelsitzungen (hauptsächlich weil ich aufgrund der Hellsichtigkeit ausreichend Details wahrnehme), aber wenn ich es tue, finde ich es immer sehr bereichernd.

Die Engelkarten helfen mir, meine Empfindungen, Botschaften, intuitiven Wahrnehmungen und Interpretationen zu bestätigen oder zu korrigieren. Im Lauf der Jahre habe ich festgestellt: Wenn ich zu erschöpft bin, um die Botschaft der Engel zu verstehen, oder wenn sie unklar oder verwirrend scheint, kann ich mich stets auf meine Engelkarten verlassen. Für mich sind sie ein diagnostisches Instrument, das ich ähnlich nutze wie ein Arzt ein Ultraschall- oder Blutdruckmessgerät.

Wenn Sie an Engel glauben, aber die Vorstellung des Kartenlesens Sie zu okkult anmutet, könnte Ihnen die folgende Geschichte vielleicht weiterhelfen: Als ich die Orakelkarten entdeckte, habe ich mit verschiedenen Kartensets experimentiert, darunter auch Engelkarten, Tarotkarten und andere. Ich fand ihre Informationen über mich sowie über meine Freunde und Klienten alle sehr zutreffend. Allerdings bemerkte ich, dass ich mich nach der Verwendung der Engelkarten besser fühlte als nach der Arbeit mit anderen Karten. Bei manchen hatte ich hinterher gemischte, bei einigen sogar negative Gefühle. Ich merkte schnell, dass ich persönlich am liebsten mit den Engelkarten arbeite, und gab alle anderen Kartensets weg.

Sofern Sie nicht bereits eigene Karten haben, aber Ihre Engel-Readings gerne absichern möchten, empfehle ich Ihnen, Karten mit Engelbildern zu kaufen; heutzutage gibt es viele wunderschöne zur Auswahl, sowohl in Buchhandlungen und esoterischen Läden als auch im Internetversandhandel. Ich persönlich mag sehr gerne die Karten *Engel – Himmlische Helfer* (von Kimberly Marooney) und *Das Engel-Orakel* (von Ambika Wauters). (Ich habe auch meine eigenen Engelkarten veröffentlicht.)

Wie kann Ihnen ein Kartenset helfen, leichter mit den Engeln in Kontakt zu treten? Jede Karte trägt ein Bild, eine Zahl oder ein Wort (bei den Engelkarten in der Regel das Bild eines Engels und ein oder zwei Worte über die Bedeutung der Karte). Beim Ziehen einer Karte wirken die Engel durch Sie und die Karten hindurch und sorgen dafür, dass Sie die Karte mit der Botschaft aufnehmen, die die Engel Ihnen zukommen lassen möchten.

Ich habe beobachtet, dass die Engelkarten immer zutreffen, wenn folgende Punkte befolgt werden:

1. *Stellen Sie eine Frage.* Je spezifischer sie ist, desto spezifischer wird auch die Antwort. Falls Sie keine bestimmte Frage haben, können Sie den Himmel einfach um eine allgemeine Stellungnahme bitten und sich dafür öffnen, dass die Botschaft zu Ihnen kommt, die im Moment für Sie am wichtigsten ist. Wiederholen Sie die Frage innerlich zwei- oder dreimal, bevor Sie die Karten mischen.

2. *Verbinden Sie sich mit Ihren Engeln, während Sie die Karten mischen.* Halten Sie innerlich die Absicht aufrecht, dass der Himmel Sie leiten möge. Ich empfehle besonders, den Heiligen Geist (oder das Entsprechende in Ihrer Religion) um Beistand zu bitten. Nach meiner Erfahrung ist die Unterstützung durch den Heiligen Geist neben den Engeln höchst kraftvoll. Sie können diese Bitte in Form eines Gebets oder in der Meditation äußern oder indem Sie sie laut oder leise aussprechen, während Sie die Karten mischen. Mischen Sie die Karten so lange, bis ein Gefühl Ihnen sagt, es ist genug.

3. *Folgen Sie bezüglich der Anzahl der Karten, die Sie auf den Tisch legen, Ihrer inneren Führung.* Die Engel haben mich gelehrt, im Hinblick auf die Anzahl der Karten meiner Intuition zu folgen. Traditionelle Methoden des Kartenlesens legen eine bestimmte Anzahl fest. Um die Botschaft so klar wie möglich zu machen, könnten Ihre Engel Sie jedoch bewegen, weniger oder mehr Karten aufzudecken, als in den Büchern empfohlen. (Die meisten Readings bestehen aus einer bis zwölf Karten.) Bitten Sie Ihre Engel um deutliche Anweisungen dazu. Sie werden die Antwort fühlen, hören, sehen oder wissen.

4. *Decken Sie die Karten auf.* Legen Sie sie in einer geraden horizontalen Reihe vor sich auf den Tisch.

5. Interpretieren Sie die Bedeutung jeder Karte. Beziehen Sie sich dabei auf die Abbildung auf der Karte und den Text im Begleitbuch. Nutzen Sie auch Ihre eigene Intuition und Ihre Interpretation, zumal sie manchmal zutreffender sind als die allgemeinen Formulierungen in Büchern.

6. Interpretieren Sie die Position der Karte. Die Karte ganz links steht für die unmittelbare Vergangenheit des Betroffenen. Die nächste Karte (also die Karte rechts von der ersten Karte) steht für die Gegenwart. Die dritte Karte beschreibt die unmittelbare Zukunft. Die vierte Karte zeigt den Zustand in drei Monaten, die nächste in sechs Monaten – und so weiter, immer in Drei-Monats-Schritten. Verbinden Sie die Bedeutung der Karte mit ihrer Position. Eine Kummer-Karte als zweite von links könnte auf Kummer in der Gegenwart hinweisen. Bei einem Reading zu einem geschäftlichen oder finanziellen Thema könnte eine Erfolgskarte in der vierten Position heißen, dass der Erfolg bereits hinter der nächsten Ecke wartet.

7. Interpretieren Sie die Muster. Wenn Sie das Reading fortsetzen, werden Sie einen roten Faden oder bestimmte Muster bemerken. Bitten Sie Ihre Engel, Ihnen zu helfen, diese Gemeinsamkeiten zu erkennen und den Zusammenhang mit der Ausgangsfrage zu verstehen.

Und noch ein Tipp der Engel: Achten Sie darauf, welche Karten richtig herum liegen (in Bezug auf Sie, der die Karten liest) und welche auf dem Kopf stehen. Die »korrekt« liegenden Karten weisen auf Bereiche hin, in denen die betroffene Person mit wenig Hindernissen rechnen muss, während jene, die auf dem Kopf stehen, Bereiche anzeigen, in denen es Blockaden geben könnte. Eine umgedrehte Karte zum Thema Vergebung kann darauf hinweisen, dass die Person Groll hegt und sie die negativen Gefühle loslassen und vergeben lernen sollte, um die Blockade aufzuheben.

Träume

Für die Engel ist die Arbeit mit Ihnen besonders leicht während Sie schlafen, denn dann sind Ihr Herz und Ihr Geist für himmlische Botschaften vollkommen offen. Im Wachzustand ist Ihr bewusster Verstand vielleicht so von Gedanken und Zweifeln erfüllt, dass er die Stimmen der Engel nicht durchlässt. Hier ist eine einfache Anleitung, um im Traum Botschaften der Engel zu erfahren:

1. *Laden Sie die Engel ein, in Ihren Träumen mit Ihnen zu sprechen.* Bitten Sie Ihre Engel um Antwort, indem sie mit den für Sie wichtigen Informationen in Ihre Träume kommen mögen. Bitten Sie sie auch, Ihnen zu helfen, sich am Morgen an Ihre Träume und an die Antwort zu erinnern.

2. *Stellen Sie die Frage.* Schreiben Sie Ihr Anliegen auf einen Zettel und stecken Sie ihn unter Ihr Kopfkissen. Wiederholen Sie die Frage innerlich mehrmals, wenn Sie im Bett liegen. Dadurch wird die Frage in Ihr Unbewusstes einprogrammiert, sodass Sie sie mit in den Schlaf nehmen.

3. *Notieren Sie beim Aufwachen Ihren Traum.* Sobald Sie am Morgen die Augen öffnen, schreiben Sie alles auf, an was Sie sich erinnern. Selbst wenn es Ihnen im ersten Moment nur wenig erscheint, beginnen Sie einfach damit – sei es ein Bild, eine Handlung, ein Gefühl, eine Farbe, ein Geräusch oder eine Person. Wenn Sie ein kleines Erinnerungsstück notieren, wird es das nächste nach sich ziehen, und nach und nach werden Sie

sich ein viel größeres Stück des Traums ins Bewusstsein geholt haben, als Sie zuerst für möglich hielten.

4. *Bitten Sie die Engel bei der Interpretation Ihres Traums um Hilfe,* damit Sie verstehen, wie sich Ihr Traum auf die gestellte Frage bezieht. Träume sind ihrem Wesen nach symbolisch und ihre Bedeutung hängt vom Träumenden ab. Abgesehen von ein paar universellen Symbolen, sind die meisten Ihrer Traumbilder von Ihren Engeln auf Sie persönlich zugeschnitten. Die Deutung sollte Ihnen nicht allzu schwer fallen. Die Engel freuen sich, Ihnen bei allem zu helfen, das Sie nicht verstehen.

Danksagung

Im Lauf der letzten Jahre wurden meine Gebete um Hilfe und Unterstützung großzügig erhört. Ich kann unmöglich all die Menschen aufzählen, die mir Türen aufgeschlossen und mein Herz geöffnet haben. Einigen von ihnen möchte ich jedoch an dieser Stelle öffentlich meine Dankbarkeit aussprechen: Frederique, Winston, Michael, Pearl Reynolds, Emmet Fox, Michael Dietch, Steve Allen, Steve Prutting, Richard F. X. O'Connor, Jean Marie Stine, Bill Hartley, Mike Dougherty, Arthur Morey, Lisa Lenthall, Abigail Park, Kathryn Mills, Jill Whitesides, William Clark, Charles Schenk, Grant Schenk, Neale Donald Walsch, Justin Hilton, Gregory Roberts, Deb Evans, Bronwynn »Bronny« Daniels, William und Joan Hannan, Reid Tracy, Ariel Wolfe, Liz Dawn, Nick Bunick, Georgia Malki, Cathy Franklin, Wayne Dyer, Louise L. Hay, James und Salle Redfield, Gregg Braden, Jimmy Twyman, Marianne Williamson, John Edward, Rita Curtis, John Austin, Dannion Brinkley, Keilisi Gyan Freeman, Tiffany Lach, Lee Carroll, Jordan Weiss, Joe und Shanti Moriarty und allen von CSC.

Über die Autorin

Doreen Virtue hat Beratende Psychologie studiert und über die Verbindung zwischen Kindesmissbrauch und Essstörungen promoviert. Als Tochter einer christlichen spirituellen Heilerin ist sie Metaphysikerin in vierter Generation und wuchs mit Wundern und Engeln auf. Jahrelang war sie in leitender Position in einer psychiatrischen Klinik tätig. In ihrer Beratungspraxis für Engeltherapie und spirituelle Heilung verbindet sie Psychologie, spirituelle Kommunikation und die Prinzipien aus *Ein Kurs in Wundern*. Zum Thema »Himmlische Führung« hält sie viel gefragte Vorträge und Seminare. Dr. Virtue hat über ihre Erfahrungen mit Engeln sowie über andere spirituelle Themen bereits zahlreiche Bestseller veröffentlicht.
www.AngelTherapy.com

Doreen Virtue
Wie oben, so unten
Die Sieben Gesetze des Lebens

gebunden, 128 Seiten
€ 12,95
ISBN 978-3-86728-009-9

Die Sieben Hermetischen Gesetze – bearbeitet für das 21.
Jahrhundert. Das Kybalion umfasst die Studien der hermetischen Philosophie des Alten Ägypten. Es gilt als geheim-
nisvolles und zugleich bedeutungsvolles Werk, das sich auf
die Lehre des großen Weisen Hermes Trismegistos bezieht.
Bisher wurde es nur einmalig 1908 schriftlich veröffentlicht,
aber vielen ist die Sprache nicht mehr zugänglich. Um die
sieben hermetischen Prinzipien bewahren zu können, hat
Doreen Virtue dieses Wissen in eine Sprache übersetzt, die
dem 21. Jahrhundert, aber auch der modernen Spiritualität
entspricht.

Doreen Virtue
Engel begleiten deinen Weg
44 Karten mit Begleitbuch 72 Seiten
Schöne Engelbilder von alten Meistern
Karten mit Goldrand
€ 17,95
ISBN 978-3-936862-71-3

Engel begleiten unseren Weg, ob wir uns ihrer bewusst
sind oder nicht. Dieses Kartenset ist ein für jeden ganz
einfach zu praktizierender Weg, um herauszufinden,
welcher Engel gerade an unserer Seite steht, uns seine
Hilfe anbietet oder uns eine Botschaft zukommen lassen
möchte. Auf jeder Karte steht unter einer wunderbaren
Engeldarstellung eine kurze Botschaft, die im Begleitbuch
näher erläutert wird.